El mundo es un pañuelo
Die Welt ist ein Taschentuch

Weil die Kontinente zusammenrücken und weil ein Transatlantikflug für uns inzwischen fast alltäglich ist. Aber mit dem Hinkommen ist es nicht getan. Wer ankommen will in der fremden Welt, wer zu ihr Kontakt aufnehmen möchte, kommt ohne die Sprache nicht aus. Wer aber Spanisch spricht, der erschließt sich fast einen Kontinent, Lateinamerika, und ein europäisches Nachbarland dazu.

«Español Dos» setzt den Spanisch-Kurs fort, der mit «Español Uno» (rororo sprachen 8793) begonnen hat: nahe an der alltäglichen Umgangssprache und nahe am Geschehen. Eine Anleitung zur Kommunikation. Ein Einstieg, der den Weg zu 40 Millionen Spaniern verkürzt und zu 300 Millionen Latinos dazu.

Christof Kehr ist Hispanist, Lehrer und Autor («Deutsch Eins für Ausländer», «Anders reisen: Andalusien»). Ana Rodríguez Lebrón arbeitet als Lehrerin in Motril/Andalusien. Beide haben zusammen «Español Uno» und in der Reihe Anders reisen das «Sprachbuch Spanien» veröffentlicht.

Als unverzichtbaren, tönenden Begleiter zu «Español Dos» gibt es unter dem gleichen Titel eine neunzigminütige Cassette mit den gesprochenen Dialogen, Hörverständnisübungen und Musik (rororo sprachen 8846).

rororo sprachen
Herausgegeben von Ludwig Moos

Originalausgabe
Umschlagillustration
Gerd Huss
Umschlagtypographie
Büro Hamburg/Peter Wippermann
Layout und Grafik
Iris Christmann/Alexander Urban
Zeichnungen
Detlef Surrey
Veröffentlicht im
Rowohlt Taschenbuch Verlag GmbH,
Reinbek bei Hamburg, März 1991

Satz
Times und Futura
Gesamtherstellung
Clausen & Bosse, Leck
Printed in Germany
1680-ISBN 3 499 18845 7

ESPAÑOL

Christof Kehr
Ana Rodríguez Lebrón

ESPAÑOL DOS

Spanisch reden und verstehen
Ein Aufbaukurs

rororo

Rowohlt

ÍNDICE

INHALT

PRÓLOGO

BEVOR ES LOSGEHT

Es gibt nur einen Weg, der ermöglicht, über den Horizont der eigenen Heimat hinauszuschauen: Hinfahren in die Fremde, Kontakt aufnehmen mit den Menschen und sich mit ihnen austauschen. Was sich so locker dahersagt, stellt sich mitunter als gar nicht so leicht realisierbar heraus. Wer sich abschieben läßt in die Ghettos des Tourismus, wer in keiner Sprache mit den Einheimischen zu kommunizieren imstande ist und wer seine Vorstellung, wie die Welt zu sein hat, fest verpackt im Koffer mit sich führt, der wird sich «Land und Leute» nicht so einfach erschließen.

Wer wegfährt, der darf sich der Andersartigkeit anderer Länder nicht versperren, das heißt, er muß offen sein und Neues in sich aufnehmen. Bisher Geglaubtes muß hintangestellt werden, damit das fremde Land mit seinen Menschen allmählich den Hohlraum der eigenen Unkenntnis füllt. Wer kurz nach der Ankunft im Neuland anfängt, die Nase zu rümpfen, weil es anders riecht und schmeckt, anders funktioniert und anders sich mitteilt als zu Hause, der verbaut sich die Tür zu einem wirklichen Verständnis.

Unvoreingenommen mit den Menschen ins Gespräch kommen - dazu gehören auch ordentliche Sprachkenntnisse. «Wo kommste her? Wo gehste hin? Wann fährt der Bus?» - diese lebensnotwendigen Fragen reichen nicht aus, damit wir uns die fremde Welt erschließen. Dies erfordert tiefergehende Sprachkenntnisse, die sich auch fürs Zeitunglesen oder Fernsehen nutzen lassen. Der Weg zu diesen Kenntnissen ist für uns Erwachsene leider mit Anstrengung verknüpft. Um so bewußter ist dann unsere Freude, wenn wir uns unterhalten können, Filme oder Bücher verstehen und vielleicht sogar - weil wir uns die Sprache inzwischen genügend einverleibt haben – Freundschaften eingehen mit anders Sprechenden.

Dieser Band will und kann nicht mehr als eine weitere Hilfestellung sein auf dem abenteuerlichen Weg zu Spaniern und Südamerikanern und zum Verständnis ihrer jeweiligen Länder und Kulturen. Wer über Grundkenntnisse im Spanischen verfügt, «Español Uno» oder den ersten Band eines anderen Lehrwerkes durchgearbeitet hat, oder wer schon einmal leidlich Spanisch konnte und das vielleicht Verschüttete wieder hervorholen möchte, der ist richtig aufgehoben bei diesem Band.

GEBRAUCHS-ANWEISUNG

INSTRUCCIONES PARA EL USO

Español Dos ist der zweite Band eines dreibändigen Lehrwerkes, das bis zum Niveau für die in den meisten Ländern Europas anerkannte Zertifikatsprüfung führt.

Ein Lehrbuch kann nicht einen längeren Aufenthalt in einem anderen Land und den Umgang mit den dort lebenden Menschen ersetzen. Die Sprache geht durchs Ohr. Deswegen sind die Dialoge und Hörverständnis-Übungen auf der Audio-Cassette vor allem für Selbstlerner unverzichtbar. Wer ***Español Uno*** und ***Español Dos*** gründlich durchgearbeitet hat, der wird sich in jedem spa-nischsprechenden Land frei bewegen können und keine Schwierigkeiten haben, den wesentlichen Absichten, im Alltag Ausdruck zu verleihen. Dazu wird er einer Menge sprachlicher und kultureller Geheimnisse auf die Spur kommen. Gerade das macht das Eintauchen in eine andere Kultur zum spannenden Erlebnis.

Diese Gebrauchsanweisung ist ein Vorschlag, wie ein Selbstlerner mit Buch und Cassette vorgehen kann. Natürlich gibt es auch andere Möglichkeiten, vor allem für diejenigen, die in einer Gruppe mit Lehrer lernen.

Español Dos enthält acht Lektionen (***Tema 1-8***). Jedes Tema besteht aus Dialogen ***(Diálogo)***, dem Vokabular dazu (***¡Aprende!***), Grammatik und Übungen (***Teoría*** und ***Práctica***) und einem Text (***Lectura***), der das Vokabular des Temas wieder aufgreift und erweitert. Hinzu kommen noch Hörverständnis-(***¡Escucha!***) und Lesverständnis-

Als ergänzende Lektüre mit vielen Texten aus dem spanischen Alltag und Vokabelhilfen: **«Anders reisen: Sprachbuch Spanien»**

Übungen (*¿Sí o no?*). Nach jeweils zwei ***Temas*** folgt zur Wiederholung ein ***Test*** mit Übungen zu Hörverständnis, Wortschatz und Grammatik. Die Lösungen zu den Übungen (***Solución***) und der Schlüssel zu den Tests (***Clave***) stehen am Ende. Für Zweifelsfragen finden Sie unter ***Chequeo*** ein spanisch-deutsches Glossar mit allen Vokabeln der ersten beiden Bände und ein deutsch-spanisches mit allen neuen Vokabeln aus Band 2

Wir schlagen vor:

1. Sie hören zuerst den Dialog des ***Temas*** von der Cassette und achten darauf, worum es geht, was überhaupt passiert.

2. Dann beantworten Sie den ersten Teil der Hörverständnis-Fragen (***¡Escucha!***), die vor dem Vokabular zu finden sind.

3. Dann hören Sie den Dialog ein zweites Mal und beantworten den zweiten, schon detaillierteren Teil der Hörverständnis-Fragen (***¡Escucha!***).

4. Jetzt nehmen Sie sich den Dialog im Buch vor und arbeiten ihn mit Hilfe des Vokabulars (***¡Aprende!***) genau durch. Die Vokabeln sind immer spanisch- deutsch nach Zeilen getrennt aufgeführt, damit Sie sich selbst abfragen können. Dazu fahren Sie mit einem Zettelchen die Spalten von unten nach oben oder auch umgekehrt ab.

5. Wenn Sie die Wörter einigermaßen drauf haben, dann schauen Sie in der Grammatik (***Teoría***) das Neue nach, was Sie zuerst interessiert.

6. Jetzt hören Sie den Dialog ein drittes Mal und achten darauf, wie gesprochen wird (Verlauf der Satzmelodie, Pausen, Lautbildung).

Die Übungen werden, wenn es darum geht, einzelne Wörter einzusetzen, im Buch gemacht.
Ganze Sätze oder eigene Dialoge schreibt man in ein gesondertes Heft.
Manche Übungen sollen mit einem Partner ausgeführt werden – da bleibt dem Selbstlerner nur der Dialog mit sich selbst.

Umfassende Informationen zu Sprachreisen erteilt:
Aktion Bildungsinformation (ABI)
Postfach 100164
Alte Poststraße 5
7000 Stuttgart 1

Die ABI verschickt gegen Schutzgebühr die Broschüren «Alles über Sprachreisen» und «Spaniens Sprache lernen – Tips für den Alltag»

Und noch etwas. Wir haben uns bei den Anweisungen, die spanisch und deutsch vorkommen, für die Anrede «du» entschieden, weil in Spanien mehr geduzt wird, und diese Form von daher wichtig ist. Vielleicht trägt das auch dazu bei, im Unterricht das «ambiente» aufzulockern.

Übrigens sprechen auch Südamerikaner, so lernen Sie zu unterscheiden zwischen verschiedenen Varianten der Aussprache.

7. Jetzt nehmen Sie sich die ***Teoría*** vor und haben immer gleich auf der rechten Seite die ***Práctica*** dazu.
8. Sind die Übungen alle gemacht und mit Hilfe der Lösungen (***Solución***) korrigiert, dann ist es an der Zeit, sich zurückzulehnen im Sessel oder auf der harten Schulbank und das Buch im Buch aufzuschlagen: ***Lectura***. Diese Texte können Sie mit links lesen und verstehen, unbekannte Wörter sind am Rand mit Übersetzung aufgeführt.
9. Jetzt beantworten Sie die Fragen zum Text (***¿Sí o no?***)
10. Nach jeweils zwei ***Temas*** kommt ein Wiederholungs-***Test***. Die Hörverständnis-Übungen (***Comprensión auditiva***) auf der Cassette können durchaus öfters zurückgespult und mehrmals gehört werden. Der ***Test*** greift die zwei vorhergehenden Lektionen nochmals auf und vertieft das neu Gelernte.
11. Sie kaufen sich spanische Zeitungen, schauen die teilweise in Spanien produzierten Sendungen, die vierzehntägig im Fernsehen kommen, Sie suchen sich spanische Radiosender auf Mittel- oder Kurzwelle. Auch die ARD-Rundfunk-Anstalten bringen täglich Sendungen für Spanischsprechende.
12. Sie entschließen sich zu einem mehrwöchigen Aufenthalt in einem spanischsprechenden Land und belegen am besten einen Fortgeschrittenen- Sprachkurs.

Die Piktogramme im Übungsteil

Zur besseren Übersicht sind die praktischen Übungen durch Symbole gekennzeichnet. Im folgenden sind sie näher erläutert:

... heißt: Man soll die Übung in einem gesonderten Heft ausführen. Das Schreiben will geübt sein, in einem Taschenbuch ist dafür zuwenig Platz.

... heißt: reden, sprechen, murmeln, plappern, die Sprechwerkzeuge trainieren. Und es heißt: Sie müssen die Lösung zu der Übung nicht unbedingt schriftlich fixieren.

... heißt: zu zweit oder in einer Kleingruppe komunizieren, Dialog-Muster wiederholen und einschleifen und aufeinander reagieren.

... hier sollte der Denker von Rodin statt einem Piktogramm stehen, aber er paßt leider nicht ins Buch. Also, nachdenken ist hier angebracht, überlegen, die grauen Zellen anstrengen.

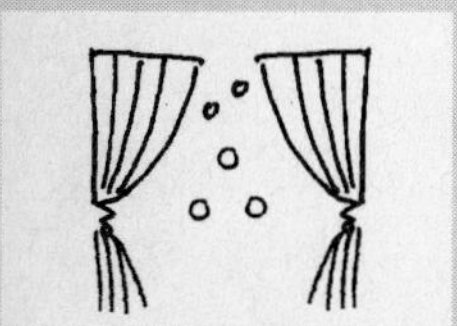

... das bisher Erlernte soll jetzt frei angewandt werden. Der Theatervorhang steht für szenisches Rollenspiel. Es geht darum, Hemmungen zu überwinden, sich frei auszudrücken in Situationen, die immer wieder vorkommen.

... bedeutet **¡Ojo!** Das heißt «Auge» und steht für Wachsamkeit. Besondere Aufmerksamkeit ist hier angebracht.

TEMA 1

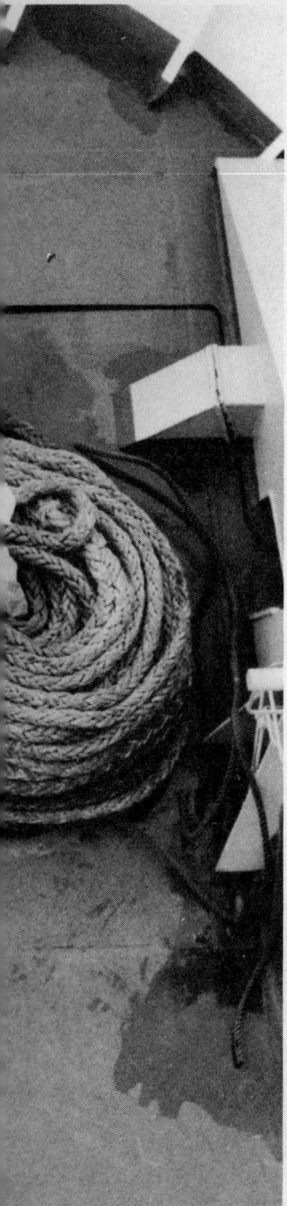

OTRO CONTINENTE

Antes del viaje

¿Cuándo te vas, Cristóbal?

Pues tengo un billete para el día 15.

¿Estuviste alguna vez allí?

No, es la primera vez que voy a Argentina.

¿Y no vas a ningún otro país?

Pienso hacer la vuelta desde Lima. Así que paso también por Bolivia y Perú.

¿En qué vas a viajar?

Bueno, por eso quería hablar contigo. Horacio, tú que eres argentino, seguro que me puedes contar algo.

No hay tantos trenes como aquí. Normalmente se viaja en ómnibus. Y la gente que tiene plata va en avión.

¿Son caros los transportes?

Bueno, para la gente de allá, bastante. Para la gente de Europa es regalado. Mucho más económico de lo que te piensas.

¿Cuánto tarda el autobús de Buenos Aires a Córdoba por ejemplo?

Un día entero o una noche entera. Tienes que tener en cuenta las distancias que hay. Desde el norte al sur sólo en Argentina ya hay más de cuatro mil kilómetros. Tanto como de Lisboa a Moscú.

¿Tú, dónde te criaste?

Yo nací en Neuquén, pero crecí en la capital. Vas a ir a Buenos Aires, ¿cierto?

Allí me quedo dos semanas. Tengo familia. ¿Tú crees que merece la pena bajar a Tierra del Fuego?

Depende. Si te gusta la naturaleza, los pingüinos,

los glaciares … entonces es lo más interesante que se puede ver. Pero si prefieres ver civilizaciones, diferentes culturas, mejor te vas al norte que parece más boliviano que argentino. ¿Cuánto tiempo vas a estar?

Unos dos meses más o menos. ¡Y dime!, ¿cómo se habla, me van a entender?

Bueno, claro, lo que pasa es que algunas palabras tienen otro sentido.

¿Como qué, por ejemplo?

Pues un colectivo es un autobús, la mina es una mujer, un pibe es un muchacho, una media luna es un croissant, morfar es comer… Y así hay un montón de expresiones en cada país.

Horacio, ¡dime una cosa!: ¿Se vive mejor allí?

Bueno, depende. Hay mucha pobreza. Hay barrios donde la gente tiene que vivir en chozas sin luz, sin agua, sin un mínimo de condiciones higiénicas. Peor que en los países más pobres. Lo que pasa es que hay mucha inseguridad política. No te puedes fiar de los militares. La inflación es tremenda, más alta que nunca. O sea que hay una crisis económica permanente. Te asomas a la ventana y ves como crece el dólar diariamente.

Tres meses más tarde

¿Qué tal te fue?

Muy bien, fue un viaje increíble.

¿Dónde estuvisteis?

Pasamos más de un mes en Buenos Aires y después nos fuimos poquito a poco al norte.

¿Qué es lo que más te gustó?

Hombre, en Buenos Aires hay una mezcla impresionante de razas. Se escucha hablar italiano igual que ruso o coreano. Tú ya lo sabes. Lo que más me impresionó fue la calle Corrientes con sus teatros, cines y cafés . El „Café de la Paz“ por ejemplo con esos tipos barbudos que llevan veinte años esperando la revolución. Total, un ambiente como me gusta a mí.

¡Y dime!, ¿fuiste a ver algún tango?

Hombre, claro, hubo un festival en La Boca y salieron los mejores artistas. Hablando de La Boca: los argentinos estáis locos con el fútbol. Así no me lo imaginaba. Me llamó la atención que se ve muchísima gente en la calle con el transistor en la oreja.

No es para tanto, ¿no? De vez en cuando puede verse alguno …

Pero esas son las cosas que se notan en los viajes.

¿No te robaron?
¡Mira!, no. Tuvimos suerte. No nos pasó nada.
¿Gastaste mucho dinero?
Como dijiste tú, menos de mil quinientos dólares. Para nosotros no es tanto. Por cinco dólares te hartas de comer. Oye, hablando de comida, esa carne es buenísima. ¡Qué cosa más rica! Es para volverse vegetariano aquí.
¿No es cierto?
Y como metí la pata cogiéndolo todo ...
Jjaaa, jjaa, jaaa ... nosotros tomamos o agarramos, pero eso que dices tú ni se nombra. Aparte de eso, ¿te gusta como hablamos?
Hombre ...

¡ESCUCHA!

A.

¿Qué es correcto?

1. Cristóbal y Horacio
   a hablan de España.
   b hablan de Argentina.
   c hablan de medicina.

2. Horacio
   a es español.
   b es argentino.
   c vive en Argentina.

3. Cristóbal
   a pasa sus vacaciones en Alemania.
   b pasa dos meses en Sudamérica.
   c conoce Argentina ya.

B.

¿Sí o no?

Antes del viaje	sí	no
1. Cristóbal quiere saber muchas cosas de Argentina.	☐	☐
2. Horacio le habla de los transportes.	☐	☐
3. Hay muchos trenes allí.	☐	☐
4. Los autobuses son más baratos que en Europa.	☐	☐
5. Argentina es un país pequeño.	☐	☐
6. Cristóbal tiene familia en Buenos Aires.	☐	☐
7. Horacio explica algunas palabras argentinas.	☐	☐
8. En el sur hay mucha naturaleza interesante.	☐	☐
9. Los indios no viven en el norte.	☐	☐
10. La situación económica es muy mala.	☐	☐
Tres meses más tarde		
1. Cristóbal hizo un viaje estupendo.	☐	☐
2. Le impresionó mucho la vida en Buenos Aires.	☐	☐
3. No ha visto ningún tango.	☐	☐
4. Los argentinos son muy aficionados al fútbol.	☐	☐
5. Le robaron a Cristóbal.	☐	☐
6. Para los europeos la vida es muy cara allí.	☐	☐
7. Una buena comida vale mucho para un europeo.	☐	☐
8. La carne no es muy buena.	☐	☐
9. No se dice «coger» en Argentina.	☐	☐
10. A Cristóbal le gusta el acento de los argentinos.	☐	☐

OTRO CONTINENTE

EIN ANDERER KONTINENT

Antes del viaje
Vor der Reise

estuviste (estar)
du warst
Argentina
Argentinien
pienso hacer la vuelta …
ich habe vor, die Rückfahrt … zu machen
desde
von, seit
Bolivia
Bolivien
Perú
Peru
el omnibús (argentinisch) der Bus
la plata
das Geld (Silber)
los transportes
die Verkehrsmittel
la gente de allá
die Leute dort
económico
preiswert
mucho más económico de lo que te piensas
viel preiswerter als du denkst
tardar
Zeit brauchen
por ejemplo
zum Beispiel
entero
ganz, vollständig
tener en cuenta
beachten
las distancias
die Entfernungen
desde … hasta …
(auch: desde … a)
von … bis …
más de 4000
mehr als 4000
te criaste (criarse)
du wuchst auf
nací (nacer)
ich wurde geboren
crecí (crecer)
ich wuchs heran
creer
glauben
cierto
wahr, gewiß
bajar
hinunterfahren
Tierra del Fuego
Feuerland
depende
es kommt drauf an
la naturaleza
die Natur

¡APRENDE!

el pingüino
der Pinguin (die Vögel, nicht die Nonnen)
el glaciar
der Gletscher
lo más interesante
das Interessanteste
prefieres
du hast lieber
la civilización
die Zivilisationen
diferente
unterschiedlich
la cultura
die Kultur
parece
es scheint
más o menos
mehr oder weniger
dime
sag mir
el sentido
der Sinn
un colectivo
(argentinisch) ein Bus
la mina ‹ › (argentinisch)
die Frau, die Tussi, die Puppe
un pibe ‹ › (argentinisch)
ein junger Kerl
una media luna
(argentinisch)
ein Croissant

morfar ‹ › (argentinisch)
essen
un montón de
ein Haufen
las expresiones
die Ausdrücke
la pobreza
die Armut
los barrios
die Vororte
las chozas
die Hütten
la luz
das Licht, der Strom
un mínimo de
ein Minimum an …
las condiciones higiénicas
die hygienischen Verhältnisse (Bedingungen)
peor
schlechter
la inseguridad
die Unsicherheit
fiar de
trauen
los militares
die Militärs
la inflación
die Inflation
tremendo
fürchterlich
alto
hoch
nunca
niemals
o sea
das heißt
una crisis
eine Krise
permanente
dauernd, permanent
asomarse a la ventana
sich zum Fenster rauslehnen
el dólar
der Dollar
diariamente
täglich

Tres meses más tarde
Drei Monate später

¿qué tal te fue?
wie ist es dir ergangen?
increíble
unglaublich
estuviste (estar)
du warst
pasamos más de un mes (pasar)
wir haben mehr als einen Monat verbracht
poquito a poco
nach und nach
una mezcla
eine Mischung
impresionante
eindrucksvoll
la raza
die Rasse
escuchar
zuhören, hören
igual que
genauso wie
lo que más me impresionó fue …
was mich am meisten beeindruckte, war …
la Calle Corrientes
große Kulturmeile in Buenos Aires
los tipos
die Typen
barbudo
bärtig
la revolución
die Revolution
total
kurz
un ambiente
Ambiente, eine Stimmung, Umgebung
¿fuiste a ver … ?
bist du … sehen gegangen?
Tango
Tango (was denn sonst?)
la Boca
1. italienisches Vorstadtviertel von Buenos Aires (wo um die Jahrhundertwende die Geburtshelfer des Tangos, die einsamen Machos, einsam mit

tief ins Gesicht gezogenem Hut an der Straßenecke vor den Bordells rumlungerten)
2. Fußballclub in BsAs

salir
auftreten

los artistas
die Künstler

estáis locos con
ihr seid verrückt mit

el fútbol
der Fußball

me imaginaba
ich stellte mir vor

me llamó la atención
mir fiel auf

muchísima gente
viele, viele Leute

el transistor
das Transistorradio

en la oreja
am Ohr

no es para tanto
so schlimm ist es auch wiederum nicht

de vez en cuando
ab und zu

puede verse alguno
man kann den einen oder anderen sehen

notar
bemerken, auffallen

¿no te robaron?
haben sie dich nicht beklaut?

tuve suerte (tener)
ich habe Glück gehabt

la suerte
das Glück

¿gastaste mucho dinero? (gastar)
hast du viel Geld ausgegeben?

menos de mil dólares
weniger als 1000 US $

como dijiste tú
wie du schon (damals) sagtest

es casi regalado
es ist fast geschenkt

te hartas de comer
du frißt dich voll

oye
horch, hör zu

hablando de
wo wir gerade von … sprechen

es buenísimo
es ist vorzüglich

¡qué cosa más rica!
was für eine wunderbare Sache

el vegetariano
der Vegetarier

¿verdad que sí?
wirklich?

como metí la pata
wie bin ich ins Fettnäpfchen getreten!

meter la pata
ins Fettnäpfchen treten

cogiéndolo todo
alles nehmend (coger bedeutet in einigen Ländern Südamerikas nur: bumsen – also Achtung mit diesem Verb außer halb Spaniens)

tomamos
wir nehmen

agarramos
wir nehmen, greifen

ni se nombra
wird erst gar nicht erwähnt

aparte de eso
abgesehen davon

TEORÍA

Pretérito indefinido

Es geht um Vergangenes: Das historische Perfekt

In der Vergangenheit abgeschlossene Handlungen werden im **indefinido** ausgedrückt. Nicht so sich wiederholende Handlungen und anhaltende Zustände **(imperfecto)** und Handlungen, die bis in die Gegenwart reichen **(perfecto)**. Beim indefinido stehen oft Zeitangaben wie: **«ayer, la semana pasada, en el año 1990 ...»**

Das **indefinido** ist neben **perfecto** und **imperfecto** die dritte eigenständige Vergangenheitszeit. Es gibt zwei Endungstypen, je nach Verbgruppe:

-ar	-er	-ir
pas**é**	met**í**	sal**í**
pas**aste**	met**iste**	sal**iste**
pas**ó**	met**ió**	sal**ió**
pas**amos**	met**imos**	sal**imos**
pas**asteis**	met**isteis**	sal**isteis**
pas**aron**	met**ieron**	sal**ieron**

Die Betonung immer auf der 1. Silbe der Endung.

Ganz einfach sind die Formen der 1. Person Plural der Verben auf -ar und -ir:

indefinido: tomamos una cerveza = wir tranken ein Bier
presente: tomamos una cerveza = wir trinken ein Bier
indefinido: discutimos = wir diskutierten
presente: discutimos = wir diskutieren

Es kommt bei diesen gleichen Formen in der ersten Person Plural also darauf an, im Zusammenhang zu erkennen, ob **indefinido** oder **presente** gemeint ist.

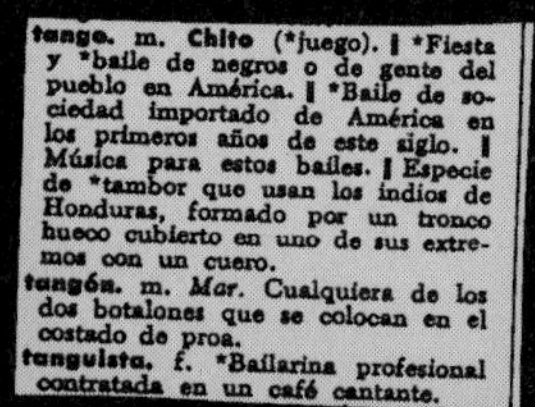
tango. m. **Chito** (*juego). ‖ *Fiesta y *baile de negros o de gente del pueblo en América. ‖ *Baile de sociedad importado de América en los primeros años de este siglo. ‖ Música para estos bailes. ‖ Especie de *tambor que usan los indios de Honduras, formado por un tronco hueco cubierto en uno de sus extremos con un cuero.
tangón. m. *Mar.* Cualquiera de los dos botalones que se colocan en el costado de proa.
tanguista. f. *Bailarina profesional contratada en un café cantante.

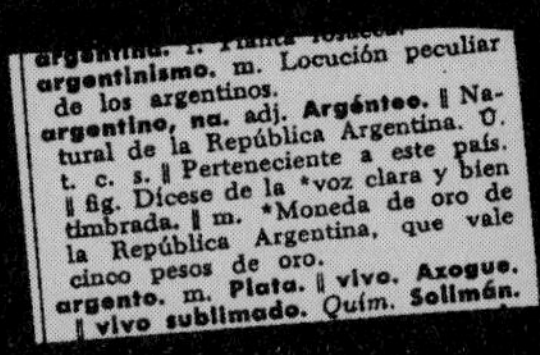
argentinismo. m. Locución peculiar
de los argentinos.
argentino, na. adj. **Argénteo.** ‖ Na-
tural de la República Argentina. U.
t. c. s. ‖ Perteneciente a este país.
‖ fig. Dícese de la *voz clara y bien
timbrada. ‖ m. *Moneda de oro de
la República Argentina, que vale
cinco pesos de oro.
argento. m. **Plata.** ‖ **vivo. Azogue.**
‖ **vivo sublimado.** *Quím.* **Solimán.**

1. *Pretérito indefinido*

Schreiben Sie zur Gewöhnung ein paar Verben in allen Personen
Vergessen Sie nicht: ¿-ar oder -er/-ir?

1. llevar

llevé
llevaste
llevó
llevamos
llevasteis
llevaron

genauso:

2. vivir

3. cambiar

4. vender

5. conocer

6. subir

2. *Indefinido*

Schreiben Sie alle Formen aus dem Dialog raus:

-ar	-ir
1.	1. ....
2.	**unregelmäßige**
3.	1. ...estuviste.....
4.	2. ....
5.	3. ....
6.	4. ....
7.	5. ....
-er	6. ....
1.	7. ....
2.	8. ....
3.	9. ....

TEORÍA

Leider – für denjenigen, der lernen muß – gibt es eine Menge unregelmäßiger Verben, die sich im indefinido besonders unregelmäßig ausnehmen. Da hilft nur eins: pauken und auswendig lernen.

ir	ser
fui	fui
fuiste	fuiste
fue	fue
fuimos	fuimos
fuisteis	fuisteis
fueron	fueron

«Aha», kombiniert der aufmerksame Beobachter, «ir und ser sind im indefinido gleich.» ¡Correcto!

Pedro fue estudiante.	Peter war Student.
(Ahora es médico.)	(Jetzt ist er Arzt.)
Pedro se fue a casa.	Pedro ging nach Hause.

estar	tener	decir
estuve	tuve	dije
estuviste	tuviste	dijiste
estuvo	tuvo	dijo
estuvimos	tuvimos	dijimos
estuvisteis	tuvisteis	dijisteis
estuvieron	tuvieron	dijeron

Wichtig ist der Akzent und damit die Betonung der 3.Person Einzahl: llamó = er rief im Gegensatz zu llamo = ich rufe.

Bei den ganz unregelmäßigen Verben hat die 3. Singular im indefinido keinen Akzent auf dem «o». Der Stamm ist ja so anders als im Präsens, daß keine Verwechslung mit der 1. Singular presente möglich ist.

haber
hay → hubo es gibt → es gab

Achtung:

regelmäßig	**unregelmäßig**
paso → pasó	estoy → estuvo
busco → buscó	digo → dijo
como → comió	tengo → tuvo

3. Wie heißt das indefinido?

Jetzt wie Übung 1, aber ohne Stift und konzentriert runtergerattert:

1. devolver **2.** mover **3.** coger **4.** fumar **5.** escribir **6.** levantarse **7.** tomar **8.** encontrar **9.** comprar

4. *Pretérito indefinido*

Transportieren Sie den folgenden Text in die Vergangenheit

Ayer me levanté a las seis...

1. Me levanto a las seis de la mañana.
2. Preparo el desayuno y despierto a mi compañera.
3. Desayunamos y después salgo a la calle.
4. Cojo el metro.
5. Al salir del metro meto la mano en el bolsillo de mi chaqueta y noto que falta el dinero.
6. Parece (das bleibt Präsens) que me han robado.
7. Llamo a la policía.
8. Pero nada, no cogen al chorizo.
9. Así pierdo cinco mil pesetas.
10. Pienso: «¡Qué lata! ¿Porqué me pasa esto precisamente a mí?»

5. *Hablar de tu país*

Tienes un amigo en Colombia que el quiere ir a Alemania. ¡Cuéntale algo de la nueva República Federal de Alemania!

1. como es la gente
2. la situación económica
3. el tráfico
4. los paisajes
5. la cultura
6. la cultura actual
7. la situación con lo que fue la RDA (República Democrática Alemana)
8. ....
9. ....
10. ....

Indefinido

rregular

Leider g s auch hier nicht ohne Ausnahmen. Die Liste gilt zum Nachschlagen und braucht erst nach und nach gepaukt zu werden.

dar	estar	haber
di	estuve	hube
diste	estuviste	hubiste
dio	estuvo	hubo
dimos	estuvimos	hubimos
disteis	estuvisteis	hubisteis
dieron	estuvieron	hubieron

hacer	poder	poner
hice	pude	puse
hiciste	pudiste	pusiste
hizo (!)	pudo	puso
hicimos	pudimos	pusimos
hicisteis	pudisteis	pusisteis
hicieron	pudieron	pusieron

querer	saber	ser
quise	supe	fui,
quisiste	supiste	fuiste
quiso	supo	fue
quisimos	supimos	fuimos
quisisteis	supisteis	fuisteis
quisieron	supieron	fueron

tener	traer	decir
tuve,	traje	dije
tuviste	trajiste	dijiste
tuvo	trajo	dijo
tuvimos	trajimos	dijimos
tuvisteis	trajisteis	dijisteis
tuvieron	trajeron	dijeron

Achtung
cuidado: nach «g» vor «e» muß ein «u» stehen, wenn es wie «g» und nicht wie «j» gesprochen werden soll.

ir	oír	venir
fui	oí	vine
fuiste	oíste	viniste
fue	oyó (!)	vino
fuimos	oímos	vinimos
fuisteis	oísteis	vinisteis
fueron	oyeron (!)	vinieron

6. Antworten Sie mit «sí» oder «no»:

1. ¿Estuviste ya alguna vez en Méjico?
   Por ejemplo: Sí, ya estuve dos veces.
2. ¿Te criaste en Alemania?
3. ¿Le dijiste la verdad a tu madre?
4. ¿Te robaron el coche en Barcelona?
5. ¿Pasaste un fin de semana agradable?
6. ¿Pagaste con un cheque?
7. ¿Cuánto dinero gastaste en las vacaciones?
8. Ayer llamaron por teléfono. Pero no lo cogí. ¿Llamaste tú?
9. ¿Te gustó la película?

7. Antworten Sie mit «sí» oder «no»:

1. ¿Le gustó su viaje a Francia?
   Por ejemplo: No, no me gustó nada.
2. ¿Estuvo de viaje la semana pasada?
3. ¿Dónde pasó sus últimas vacaciones?
4. ¿Fue al cine ayer?
5. ¿Dónde se crió?
6. ¿No tuvo problemas en Sevilla?
7. ¿Trabajó en Venezuela o sólo pasó las vacaciones?
8. ¿Comió langostas en la fiesta?

Belgrano: Villanueva 1107 - 4. St.
(Ecke Olleros) 771-2097. 10-12.30 Uhr
PM

LILIANA VOGELBAUM
Vereidigte Uebersetzerin. Sofortige Uebersetzungen aller Art in allen Sprachen.
Albarellos 2126, 5° "C"
Martinez
Telefon: 798-9354
5.12 al 26.12

TERESA E. de SCHMITT
Traductora Pública Alemán-Castellano. Partidas legalizadas. 768-8006. Misiones 246 - Villa Ballester 17 a 20 hs.
PM

LILIANA LOEWENSTEIN
Vereidigte Uebersetzerin
Dolmetscherin: Uebersetzungen aller Art.
Ciudad de la Paz 575, 2° "7" Belgrano
Telefon: 553-7907
PM

ROLF WERTHEIMER
Uebersetzungen aller Art
LAVALLE 1569 Of. 819
URKUNDEN
Beratung 49-4522 Priv. 543-1189.

ESTUDIO ENDE
Uruguay 546 - 6° 11. 40-8645/45-3708 sofortige Uebersetzungen in allen Sprachen. Dolmetscherdienst Urkun-

TEORÍA

La Comparación

Größer, stärker, schöner – der Vergleich

Zur Erinnerung:
bueno – mejor
malo – peor
grande – mayor
mucho – más
poco – menos

Zur Terminologie:
bueno,
gut → Positiv

mejor
besser → Komparativ

el mejor
der beste → Superlativ

Gorbachov es **más** importante **que** Gabriela Sabatini.
Alemania es **menos** grande **que** Colombia.

1.
Desigualdad – Ungleichheit:
más + adjetivo + **que** **menos** + adjetivo + **que**

Cojo el metro porque es más rápido.
(Man denkt sich dazu: más rápido que el tranvía, que el coche …)

más/menos + adjetivo kann auch alleine (ohne que) stehen, wenn der Zusammenhang klar ist.

El tren en primera clase es **tan** caro **como** el avión
Rambo es **tan** idiota **como** Julio Iglesias.

2.
Igualdad – Gleichheit:
tan + adjetivo + **como**

No tengo tantas primas como tú.

Beim Vergleich von Anzahl/Mengen etc. steht:
tantos/tantas + sustantivo + **como**

Achtung

tanto dinero
so viel Geld

tanta gente
so viele Leute

tantos billetes
soviele Fahrscheine

Tanto muß verändert werden, je nach dem Substantiv, das folgt.

Este vino es el mejor del mundo.	Dieser Wein ist der beste der Welt
Woody Allen es el más guapo.	Woody Allen ist der schönste.
Las películas de Almodóvar son las mejores.	Die Filme von Almodóvar sind die besten.

3.
Lo absoluto – das Absolute:
el/la + **más** + adjetivo los/las + **más** + adjetivo
el/la/los/las + **comparativo**

8. *¡Compara con más – menos – tan – tanto!*

1. No me gusta mucho mi oficina. La siesta me parece .... interesante que el trabajo.
2. El Ferrari es .... rápido como el Porsche.
3. Me da igual. El tinto es .... bueno o .... malo como el blanco.
4. Yo prefiero el blanco. El vino blanco es .... (bueno) que el vino tinto.
5. Un físico como Einstein es .... inteligente que un tenista como Becker o Villar.
6. El café es .... bueno para la salud que el té.
7. La vida en una capital es .... difícil y interesante que en la provincia.
8. En España no se producen .... películas como en la India.
9. A mí la vida en un piso compartido me parece .... libre que en la familia tradicional.
10. Pablo no tiene .... libros como piensan.

9. Vergleichen Sie

TEORÍA

La Frecuencia

Immer bis nie – die Häufigkeit?

siempre	immer
casi siempre	fast immer
muchas veces	oft
a veces	manchmal
alguna vez	ab und zu
casi nunca	fast nie
nunca	nie
todos los días	jeden Tag
dos veces por semana	zweimal pro Woche
una vez al año	einmal im Jahr

«La privatización de las líneas aéreas en Sudamérica me duele, son expresión de soberanía y se están vendiendo a empresas estatales de otras naciones»

El verbo irregular c → zc

crecer – (auf)wachsen	**genauso:** conocer, merecer, nacer, pertenecer, reconocer
cre**zco**	
cre**ces**	
cre**ce**	**und**
cre**cemos**	agradecer – bedanken, ofrecer – anbieten,
cre**céis**	aparecer – erscheinen, parecer – scheinen,
cre**cen**	desaparecer – verschwinden

10. *¡Mucho o poco!*

Fragen Sie sich gegenseitig, antworten Sie mit *nunca ... siempre!*

1. ¿Vas mucho al cine?
2. ¿Te gusta ver la televisión?
3. ¿Tienes problemas con tu coche?
4. ¿Cuántas veces vas de vacaciones al año?
5. ¿Sueles leer el periódico?
6. ¿Escuchas las informaciones en la radio?
7. ¿Coméis mucha carne?
8. ¿Sueles leer novelas literarias?
9. ¿Te despiertas con música por la mañana?
10. ¿Tomas mucho té?

11. Wie heißt das Verb?

agradecer – desaparecer – merecer – nacer – ofrecer – pertenecer

1. Muchas gracias, señora, se lo .... de verdad.
2. Yo .... a un grupo político poco importante.
3. ¿Quieres estar solo con ella? Eso no es problema. Yo te .... mi casa.
4. Este chico siempre hace lo mismo: se presenta en la fiesta y luego .... sin decir nada.
5. Nosotros nos .... el gobierno que tenemos.
6. ¿Sabes cuántos niños .... en un día?

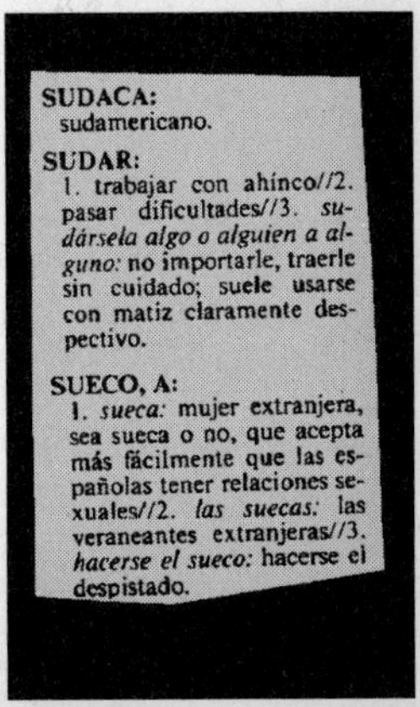

SUDACA:
sudamericano.

SUDAR:
1. trabajar con ahínco//2. pasar dificultades//3. *sudársela algo o alguien a alguno:* no importarle, traerle sin cuidado; suele usarse con matiz claramente despectivo.

SUECO, A:
1. *sueca:* mujer extranjera, sea sueca o no, que acepta más fácilmente que las españolas tener relaciones sexuales//2. *las suecas:* las veraneantes extranjeras//3. *hacerse el sueco:* hacerse el despistado.

TEORÍA

¡Ojo!

Esto no lo tiene en cuenta.	Das berücksichtigt er nicht.
No me fío de los militares.	Ich traue den Militärs nicht.
Bueno, pienso irme a Perú.	Nun, ich habe vor, nach Peru zu fahren.
Ya llevamos escuchando cuatro meses lo mismo.	Wir hören uns das gleiche schon seit vier Monaten an.

Zur Wiederholung

Alle drei regelmäßigen Verbgruppen in allen drei bisher bekannten Zeiten

Verbgruppe auf	**-ar**	**-er**	**-ir**
infinitivo:	tom**ar**	com**er**	viv**ir**
presente:	tom**o**	com**o**	viv**o**
	tom**as**	com**es**	viv**es**
	tom**a**	com**e**	viv**e**
	tom**amos**	com**emos**	viv**imos**
	tom**áis**	com**éis**	viv**ís**
	tom**an**	com**en**	viv**en**
perfecto:	he tom**ado**	com**ido**	viv**ido**
	has		
	ha		
	hemos		
	habéis		
	han		
imperfecto:	tom**aba**	com**ía**	viv**ía**
	tom**abas**	com**ías**	viv**ías**
	tom**aba**	com**ía**	viv**ía**
	tom**ábamos**	com**íamos**	viv**íamos**
	tom**abais**	com**íais**	viv**íais**
	tom**aban**	com**ían**	viv**ían**

12. *¿El indefinido ... con o sin acento?*

1. El señor Escribano estuvo en Cádiz.
2. Busco un hotel barato.
3. No encontro nada.
4. Al final tuvo suerte:
5. Dijo a un taxista que le hacía falta un hotel.
6. Y el taxista le encontro algo muy económico.

Efemérides

1555: El escritor y soldado Alonso de Erci-
lla, autor de «La Araucana», embarca para
América en una expedición destinada a com-
batir a los araucanos. 1582: España y Fran-
cia adoptan el calendario Gregoriano en sus-
titución del Juliano. 1717: Felipe V ordena
que de todo cuanto se publique en España
se deposite un ejemplar en la Biblioteca Na-
cional. 1749: Se suprime la pena de galeras
en España. 1815: Napoleón Bonaparte llega
a la isla de Santa Elena, lugar de su destierro
hasta su muerte. 1775: Nace en Sevilla el es-
critor y poeta Alberto Lista. 1901: Nace en
Madrid el novelista y comediógrafo Enrique
Jardiel Poncela, considerado el precursor del
teatro de humor contemporáneo en España.
1902: Se inaugura el tranvía de vapor entre
Madrid y El Pardo. 1908: Muere en su esca-
ño del Congreso el diputado y periodista es-
pañol José del Perojo, fundador de la popular
revista «Nuevo Mundo». 1934: Muere en Pa-
rís el ex presidente francés Raymond Poinca-
ré. 1946: Se suicida en Nuremberg, dos ho-
ras antes de su ejecución, el mariscal nazi
Hermann Goering.

13. Kleine Übersetzung

1. Tut mir leid. Ich traue meinem Chef nicht. Deswegen habe ich die Polizei gerufen.
2. Was, du warst im Kino? Ich traue dir nicht.
3. Acht Jahre lebten wir in München (Munich). Jetzt sind wir schon drei Jahre in Madrid.
4. Ich werde nicht lange (= viel Zeit) hierbleiben. Ich habe vor, die Arbeit (sein) zu lassen.
5. Manchmal gehen wir aus, um einen zu trinken.
6. Ich habe fast immer Glück.
7. Bis jetzt ist er noch nie in Santiago de Chile gewesen.
8. Sie gehen nicht oft ins Theater - viermal im Jahr.
9. Hin und wieder trinken wir Kognak.
10. Wir lesen fast nie die Zeitung.

TEORÍA

Ein paar Worte zum Südamerikanischen

Wer den Dialog dieses «Temas» auf Cassette hört, dem fällt gleich auf, wie unterschiedlich Horacio und Cristóbal aussprechen. Das Argentinisch von Horacio ist eine von vielen Varianten des südamerikanischen Spanisch. Wichtige andere Tonfälle sind Mexikanisch, Cubanisch, Colombianisch etc.

Südamerikanisch läßt sich im Gegensatz zum iberischen Spanisch daran erkennen, daß **z, ce** und **ci** nicht gelispelt, sondern immer als scharfes **s** und **j, ge** und **gi** weniger hart im Rachen und weich gehaucht gesprochen werden.

Jede Region Südamerikas hat auch ihre eigenen Wörter und Wendungen. Dadurch entstehen selbst unter Muttersprachlern manchmal Verständigungsprobleme. Lokale Ausdrücke fließen auch in die Literatur ein und machen so Spanisch zu einer der wortreichsten Sprachen überhaupt.

In Südamerika wird das Indefinido auch dann oft gebraucht, wenn auf Spanisch Perfectostehen würde.

Die Südamerikaner sagen übrigens von sich nicht, daß sie «español», sondern daß sie «castellano» sprechen. Das kommt von Kastilien, der Provinz im Zentrum Spaniens, deren Sprache zur Hochsprache wurde.

14. *Mini-Charla*

A: ¿Qué tal te fue en **París?**
B: Hombre, muy bien. Pasé **un mes agradable**.
A: ¿Dónde estuviste?
B: Primero fui a **París**, después bajé a **Lyon**. Y al final estuve unos días en **los Alpes**.

1. Francia, un mes agradable, París, Lyon, los Alpes
2. España, una semana estupenda, Barcelona, Madrid, Andalucía
3. Suiza, ocho días maravillosos, Basilea, Lugano, la parte francesa
4. Inglaterra, dos semanas con tiempo malo, Edimburgo, Londres, la costa
5. Rusia, tres meses muy interesantes, Leningrado, Moscú, el Mar Negro
6. los Estados Unidos, Nueva York, Florida, California

Dasselbe noch mal nach folgendem Modell:

A: ¿Qué tal os fue en **París?**
B: Hombre, muy bien. Pasamos **un mes agradable**.
A: ¿Dónde estuvisteis?
B: Primero fuimos a **París**, después bajamos a **Lyon**. Y al final estuvimos unos días en **los Alpes**.

PRÁCTICA

15. *Maxi-Teatro*

A ist Spanier. Er kennt Deutschland nicht. Er möchte in Deutschland Urlaub machen.
B ist spanischsprechender Deutscher. Er gibt **A** Tips.

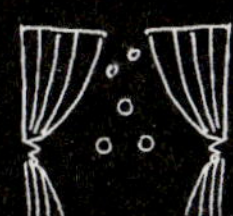

LECTURA

ESPAÑA Y EL NUEVO MUNDO[1]

Hay dos años muy importantes[2] en la historia[3] de España: 1492 y ~~1989~~. 1898

En agosto[4] de 1492 Cristóbal Colón salió con tres barcos[5] del puerto[6] de la Rábida en Huelva. El 12 de octubre[7] del mismo año bajó de los barcos y se encontró en tierra americana. Entonces empezó la conquista[8] de todo un continente. El poeta[9] chileno Pablo Neruda, refiriéndose a los españoles, resume: « … se llevaron[10] el oro y nos dejaron el oro, se lo llevaron todo y nos dejaron todo, nos dejaron las palabras[11]. » Cuando dice *nos dejaron las palabras*, se refiere a la lengua[12] española que después del chino[13] y del inglés[14], es la que más se habla en todo el mundo. Cuando dice *se llevaron el oro*, se refiere a cuatrocientos años de robos y matanzas [15].

En 1898 España perdió[16] sus últimas colonias[17] americanas: Cuba y Puerto Rico. Pero desde entonces[18] las cosas no van mucho mejor en el continente. Entre Méjico y Tierra del Fuego todavía hay más pobreza que riqueza, más enfermedad que salud. El continente entero sigue dependiendo de los países industrializados.

España es el país europeo que más relación tiene con Sudamérica. No sólo por la lengua y la cultura sino también porque hay muchísimos sudamericanos que tienen familia en España y claro, muchos españoles que también tienen familia „allí“.

Gente famosa[19] como Pablo Neruda o García Márquez vivieron unos años en España. Pero también miles y miles[20] de personas «normales» que quieren conocer lo que a veces llaman «la tierra madre»... No sólo para viajar y conocer sino también para huir y encontrar trabajo. No siempre se les trata[21] bien. En un tono[22] arrogante[23] se les llama «sudacas[24]». Sin embargo[25] los sudamericanos por lo general[26] tratan a los españoles y europeos con más respeto[27]. ¡A ver cuándo se cambia el clima entre los continentes!

¿Lo dice el texto? – ¿Sí o no?	sí	no
1. El año 1492 es muy importante en la historia española.	■	■
2. En agosto Colón descubrió América.	■	■
3. Los españoles empezaron la conquista de Sudamérica.	■	■
4. Colón se llevó todo el oro.	■	■
5. Se habla más español que chino en el mundo.	■	■
6. A los 400 años se acabó el imperio español.	■	■
7. Sudamérica sigue siendo un continente con muchos problemas.	■	■
8. No hay muchos contactos entre España y Sudamérica.	■	■
9. Los sudacas son arrogantes.	■	■
10. Los españoles tratan con mucho respeto a todos los sudamericanos.	■	■

1 **mundo** Welt
2 **importante** wichtig
3 **historia** Geschichte
4 **agosto** August
5 **barco** Schiff
6 **puerto** Hafen
7 **octubre** Oktober
8 **conquista** Eroberung
9 **poeta** Dichter
10 **llevarse** mitnehmen
11 **palabra** Wort
12 **lengua** Sprache
13 **chino** chinesisch
14 **inglés** englisch
15 **matanza** Abschlachterei
16 **perder** verlieren
17 **colonia** Kolonie
18 **desde entonces** seitdem
19 **famosa** berühmt
20 **miles y miles** Abertausende
21 **tratar bien** gut behandeln
22 **tono** Ton
23 **arrogante** arrogant
24 **sudaca** südamerikanischer Kanake
25 **sin embargo** dennoch
26 **por lo general** im allgemeinen
27 **respeto** Respekt

TEMA 2

VIAJES CON AVENTURAS

Preparando el viaje

¿Entonces en qué quedamos?

¿Me recoges mañana?

Vale, procura tenerlo listo todo para que no lleguemos tarde a la estación. Yo a las doce en punto voy a estar en la puerta de tu casa.

Es mejor que vengas un poquito antes. Siempre es posible que haya atascos a esa hora.

De acuerdo, Gustavo, hasta mañana.

En la estación

¿De qué andén sale el tren, Javi?

Voy a mirar en el tablero. ¡Mira tú el equipaje!, que aquí es donde suelen trabajar los chorizos.

¿Has visto el tipo que acaba de pasar? Te apuesto un botella de champán que es un carterista de primera.

Seguramente tiene una pila de críos que quieren comer todos. Por eso te digo que mires el equipaje.

¿Sabes qué le pasó a Encarna el otro día? Iba a coger el último tren a Bilbao y haciendo cola para sacar el billete, se dio cuenta de que le habían quitado de su bolso cerrado la cartera con todo el dinero y todos los papeles. Así que la pobre no pudo viajar.

¿Y no pudo pedirle prestado dinero a alguien?

Claro, pero el tren lo perdió. Se fue sin ella.

–

Por fin viene el tren.

¡Súbete tú primero, Javi, sin las maletas! Yo te las paso por la ventana.

En el compartimento

¿Señor, sabe usted de qué lado está el vagón restaurante?

Me parece que está dos vagones más atrás.

¿Le importa echar un vistazo a nuestras maletas? No vamos a tardar mucho en volver. Sólo vamos a tomar una cervecita.

Como quieran, pero yo creo que va a pasar el chico de las bebidas.

No es lo mismo. En el vagón restaurante uno se divierte más, se cambia de sitio, se ve otra gente. Así matamos el tiempo.

En el vagón restaurante

¿Sabes qué leí el otro día en el periódico, Gustavo?

¿Nnnn ...?

Ocurrió en un tren hace dos semanas. No me acuerdo dónde. Era de noche. Y cuando el revisor pasó pidiendo los billetes nadie los encontraba. ¿Qué es lo que había pasado? Alguien había robado todos los bolsos de todos los viajeros del vagón. Claro, nadie tenía el billete entonces.

¿En serio, cómo puede ser?

Parece que habían echado un spray especial para dormir a la gente y así se llevaron tranquilamente todo lo que les podía ser útil.

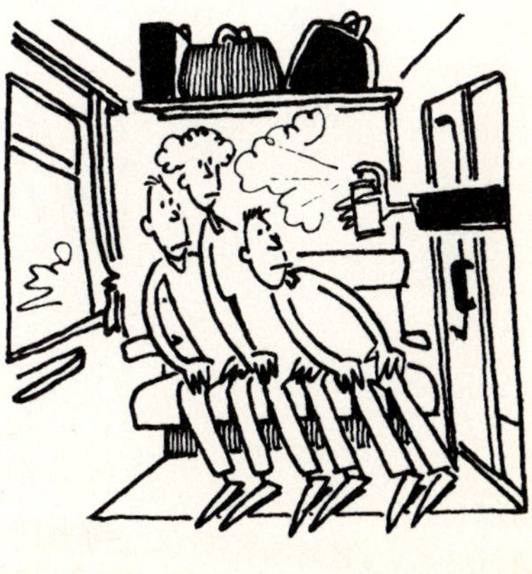

Yo no creo que sea verdad esa historia. Un vagón entero, ¿cómo es posible que nadie se entere?

Hombre, venía en el periódico. Y además parece que no era la primera vez.

¿Tren o avión?

¡Cómo me gusta viajar en tren! Es lo más agradable que hay.

Pues yo no tengo paciencia para eso. Prefiero subirme a un avión y llegar en un ratito.

Yo no, los vuelos me dan miedo. Desde hace dos años no cojo un avión. Y no creo que volando se ahorre tanto tiempo. Primero tienes que ir a una agencia y pedir los billetes. Luego, cuando los tienen preparados, volver a recogerlos. Presentarte una hora antes de la salida del avión. Y así, antes de salir, has perdido ya cinco o seis horas.

¡Qué exagerado eres!

Es que es así. Y la comida que te dan, mejor es que no hablemos de eso. ¿Sabes qué me pasó en

el último vuelo que hice?
Me imagino que te secuestraron y te llevaron por lo menos a Libia.
Hombre, ¡escúchame!, te lo digo en serio. En un vuelo que hice a Milán no llegó mi maleta. Era un viernes y me pasé el sábado esperando, a ver si llegaba. El domingo tampoco llegó. El lunes era festivo y yo pensando todo el día en esa maldita maleta. Llevaba cuatro días ya con la misma camisa y los mismos calzoncillos.
Ja ... ja ... jaaa, ¿y el portero del hotel no te podía prestar unos?
A mí no me importa que hagas los viajes en avión. Yo desde entonces no me subo en un aparato de esos. Me quedo con el tren.

¡ESCUCHA!

A.

¿Qué es correcto?

1. Esta historia pasa
a en tren.
b en avión.
c en bicicleta.

2. Gustavo y Javi
a trabajan en el tren.
b duermen en el tren.
c viajan en el tren.

3. Gustavo y Javi
a juegan a las cartas.
b se cuentan historias.
c toman champán.

B.

¿Sí o no?

Preparando el viaje	**sí**	**no**
1. Los dos amigos salen mañana en tren.	☐	☐
2. Se encuentran a las dos en punto.	☐	☐
3. Puede haber muchos coches.	☐	☐
En la estación		
1. En la estación suelen trabajar los chorizos.	☐	☐
2. Encarna iba a coger un tren a Bilbao.	☐	☐
3. Encarna perdió su tren.	☐	☐
En el compartimento		
1. No hay vagón restaurante en el tren.	☐	☐
2. Gustavo y Javi van a tomar café.	☐	☐
3. En el vagón restaurante el viaje es más agradable.	☐	☐
En el vagón restaurante		
1. Javi cuenta una historia.	☐	☐
2. Por la mañana robaron un tren entero.	☐	☐
3. Se llevaron todos los bolsos de todos los viajeros.	☐	☐
¿Tren o avión?		
1. A Gustavo le gusta viajar en avión.	☐	☐
2. No le gusta la comida en el avión.	☐	☐
3. En Milán se quedó sin ropa.	☐	☐

VIAJES CON AVENTURAS
REISEN MIT ABENTEUERN

Preparando el viaje
Die Reise vorbereitend

¿en qué quedamos?
wie verbleiben wir?
recoger
abholen
¡procura!
versuche, sieh zu, daß ...!
listo
fertig
procura tenerlo listo todo
versuche alles fix und fertig zu haben
para que
damit
para que no lleguemos tarde
damit wir nicht zu spät kommen
a las doce en punto
um Punkt zwölf
en punto
genau (Uhrzeit)
vengas (subjunctivo von venir) du kommst
es mejor que vengas
besser du kommst
el atasco
der Stau
es posible que haya atascos
es ist möglich, daß es Staus gibt
haya (haber)
es gibt
a esa hora
um diese Zeit

En la estación
Im Bahnhof

el andén
der Bahnsteig
el tablero
die Schautafel
el equipaje
das Gepäck
soler
zu tun pflegen
los chorizos ‹ ›
die kleinen Gauner, die einen z.B. anrempeln, und wenn sie sich entschuldigen, dir schon längst die EC-Karte mit Geheimnummer aus der Brieftasche gefummelt haben (eigentlich: Paprikawürste)
apostar
wetten
un carterista
ein Langfinger
de primera
erstklassig
seguramente
sicherlich
una pila de críos ‹ ›
ein Haufen Kinder
la pila
der Haufen
por eso te digo que mires ...
deswegen sage ich dir, du sollst auf ... achtgeben (schauen)
el equipaje
das Gepäck
iba a coger el tren
sie wollte den Zug nehmen
iba
er/sie ging
haciendo cola
beim Schlangestehen
se dió cuenta que
er/sie bemerkte, daß
le habían quitado
sie hatten ihm/ihr weggenommen
sacar el billete
den Fahrschein lösen
el bolso
die Tasche

la cartera
die Brieftasche
la pobre
die Arme
pudo
er/sie konnte
pedir prestado
sich ausleihen
perder el tren
den Zug verpassen
sin ella
ohne sie
por fin
endlich
primero
zuerst
las maletas
die Koffer
la ventana
das Fenster
pasar
reichen

En el compartimento
Im Abteil

¿de qué lado está?
auf welcher Seite ist?
el vagón restaurante
der Speisewagen
atrás
hinten
más atrás
weiter hinten
le importa
würde es Ihnen etwas ausmachen
echar un vistazo
einen Blick werfen, im Auge behalten
tardar en
Zeit brauchen für
no vamos a tardar mucho
wir werden nicht lange brauchen
una cervecita
ein Bierchen
como quieran (querer)
wie Sie wollen
el chico
der Junge
las bebidas
die Getränke
uno se divierte más
man vergnügt sich mehr
cambiar de sitio
den Platz ändern
matar
töten
matamos el tiempo
wir bringen die Zeit rum

En el vagón restaurante
Im Speisewagen

leí (leer)
ich las
el otro día
kürzlich
ocurrir
geschehen
hace dos semanas
vor zwei Wochen
era de noche
es war nachts
el revisor
der Kontrolleur
¿qué es lo que había pasado?
was war geschehen?
en serio
im Ernst
¿cómo puede ser?
wie ist das möglich?
echaron
sie sprühten
un spray
ein Spray
especial
besonders, speziell
tranquilamente
ruhig
útil
nützlich
yo no creo que sea verdad esa historia
ich glaube nicht, daß diese Geschichte wahr ist
sea (ser)
sei, ist
enterarse
merken
venía en el periódico
das kam (sogar) in der Zeitung

Tren o avión
Zug oder Flugzeug

es lo más agradable que hay
das ist das Angenehmste, was es gibt
la paciencia
die Geduld
subirse a un avión
in ein Flugzeug steigen
un ratito
einen Moment
dar miedo
angst machen
desde hace
seit
ahorrar
sparen
volando
fliegend
pedir
bitten, bestellen
presentarse
sich einfinden
la salida
der Abflug (auch Ausgang)
exagerado
übertrieben
es que es así
das ist halt so
el vuelo
der Flug
hice (hacer)
ich machte
me imagino
ich stelle mir vor
te secuestraron (secuestrar)
sie entführten dich
te llevaron a Libia
sie brachten dich nach Lybien
¡escúchame!
hör mir zu!
Milán
Mailand
llegó
er/sie kam (an)
el festivo
Feiertag
pensar en
denken an
maldito
verdammt!
la camisa
das Hemd
los calzoncillos
die Unterhosen
el portero
der Portier
prestar
leihen
desde entonces
seitdem, seit damals
no me subo en un aparato de esos
ich steige nicht in so ein Ding
hagas (hacer)
du machest
me quedo con ...
ich bleibe bei ...

TEORÍA

Im Dialog kommt schon wieder einer neue Verbform vor. Zur Beruhigung sei gesagt: es ist eine der letzten. Die ganz Schlauen wissen schon, worum es sich handelt:

El subjuntivo

Tatsachen nicht gefragt: der Konjunktiv

In den germanischen und romanischen Sprachen gibt es drei Aussageweisen:

Indikativ	**– Wirklichkeitsform**	Du legst dich in die Badewanne.
Imperativ	**– Befehlsform**	Leg dich in die Badewanne.
Konjunktiv	**– Möglichkeitsform**	(Du sagst,) du legest dich in die Badewanne.

Auf deutsch klingt der Konjunktiv oft etwas antiquiert und ist teilweise sogar am Verschwinden. Im Spanischen kommt man aber auf keinen Fall um den subjuntivo herum.

Der **subjuntivo** drückt eine Möglichkeit oder Unmöglichkeit aus, und daß die Aussage subjektiv ist. Aber erst mal die Formen:

Las formas del subjuntivo del presente:

-ar	-er	-ir
(mirar)	(meter)	(subir)
mir**e**	met**a**	sub**a**
mir**es**	met**as**	sub**as**
mir**e**	met**a**	sub**a**
mir**emos**	met**amos**	sub**amos**
mir**éis**	met**áis**	sub**áis**
mir**en**	met**an**	sub**an**

Für die Bildung des subjuntivo gilt also:
Verben auf **-ar** bekommen **-e**-Endungen.
Verben auf **-er** und **-ir** bekommen **-a**-Endungen.

PRÁCTICA

1. *Subjuntivos*

¡Mira dónde encuentras los subjuntivos en el diálogo!
¡Busca las expresiones que acompañan el subjuntivo!
Schau, wo du die Konjunktive im Dialog findest!
Suche auch die Ausdrücke, bei denen er steht!

2. Bilden Sie die Konjunktiv-Formen von:

1. hablar

............hable............
............hables............
............hable............
............hablemos............
............habléis............
............hablen............

genauso:

2. vender

3. discutir

4. mandar

5. recibir

6. coger

3. *Pon la forma del subjuntivo que falta*

1. Es mejor que no ....comas.......... tanto. (tú, comer)
2. No creo que .... antes de las tres. (él, venir)
3. A mí me importa mucho que me .... mejor. (usted, pagar)
4. Es posible que esta noche no .... ningún tren. (salir)
5. Nos ha dicho que lo .... en el Bar Tirol. (esperar)
6. Te presto el libro para que lo .... (leer)
7. ¿Estás enfermo? Entonces es mejor que te .... en casa. (quedar)
8. Creo que los amigos de Pepa .... mañana. (venir)
9. Te llevo a Granada para que .... una maravilla. (conocer)
10. Señor, ¡le digo que no .... aquí! (fumar)
11. Im Satz 8 muß indicativo stehen, weil creer nicht verneint ist. (¿correcto?)
12. Me ha dado dos mil pesetas para que me .... un disco interesante. (comprar)
13. Es mejor que no .... nada. (tú, decir)
14. Hemos invitado a Vázquez Montalbán para que nos .... (hablar)
15. No creo que no .... dinero. ¡A ver la cartera! (usted, tener)

TEORÍA

Am Schluß des Gespräches übers Reisen sagt Gustavo: „A mí no me importa que hagas los viajes en avión." (Mir isses egal, daß du im Flugzeug reist.)

Wir sehen daran:

1. Der subjuntivo steht nach bestimmten Ausdrükken.
2. Die Form **haga** zeigt auf, wie der **subjuntivo** gebildet wird. Es ist ein subjektiver Modus, das heißt, er geht von der ersten Person aus.

hacer	(1. Person hago)	→	**haga**
venir	(1. Person vengo)	→	**venga**
salir	(1. Person salgo)	→	**salga**

Andere Formen:

entiendo → entienda
quiero → quiera
tengo → tenga
conozco → conozca
digo → diga

hacer	venir	salir
haga	venga	salga
hagas	vengas	salgas
haga	venga	salga
hagamos	vengamos	salgamos
hagáis	vengáis	salgáis
hagan	vengan	salgan

Achtung:

No creo que venga.
Ich glaube nicht, daß er kommt.
no creer + subjuntivo

Creo que viene mañana.
Ich glaube, daß er morgen kommt.
creer + indicativo

genauso: pensar

El uso del subjuntivo

Nach welchen Ausdrücken steht der subjuntivo? Dazu brauchen wir nur in den Dialog zu schauen:

para que	damit
es mejor que	es ist besser, daß
es posible que	es ist möglich, daß
no creo que	ich glaube nicht, daß
no me importa que	es ist mir egal, daß
es importante que	es ist wichtig, daß

4. *Más subjuntivos*

Und weil's so gut klappt, noch ein paar Formen:

1. ¡Perdone por favor, que .... a estas horas! (llamar)
2. Nosotros sentimos mucho que .... muerto tu madre. (haber)
3. ¿Te molesta que .... después de la comida? (nosotros, fumar)
4. Paca espera que su marido se .... con la otra. Ya no lo quiere. (quedar)
5. Antonio desea que Pepa .... con él. Pero ella no está segura. (casarse)
6. Mi jefe ordena que .... media hora antes. (nosotros, entrar)
7. Yo le recomiendo que no .... nunca más por aqui. (volver)
8. Te pido sólo que no me .... más. (hablar)
9. Y yo quiero que tú .... a mi casa. (volver)
10. Sólo quiero que los dos nos .... (entender)
11. No estoy hablando del libro entero. Sólo te pido que .... estas dos páginas. (traducir)
12. Hombre, te recomiendo que .... menos. (beber)

PRÁCTICA

5. *Temas para discutir:*

1. ¿Qué prefieres, viajar en tren o en avión?
2. ¿Te gusta conocer gente en los viajes o te molesta cuando te hablan?
3. ¿Te han robado alguna vez en algún viaje? ¡Cuenta lo que pasó!
4. ¿Qué piensa de un padre de familia (sin trabajo, sin dinero para su mujer y su niño) que roba a los turistas?
5. ¿Se pueden prevenir (vorbeugen) los robos en los viajes?

TEORÍA

Auch nach bestimmten Verben, die eine Willens- oder Gefühlsäußerung ausdrücken, steht der subjuntivo:

desear que	wünschen
esperar que	hoffen, erwarten
mandar que	befehlen
pedir que	bitten, fordern
perdonar que	entschuldigen
querer que	wollen
recomendar que	empfehlen
sentir que	(es einem) leid tun

Damit sich die Lücke des Unwissens füllt, noch ein paar unregelmäßige Formen:

ir	ser	estar	dar	ver
vaya	sea	esté	dé	vea
vayas	seas	estés	des	veas
vaya	sea	esté	dé	vea
vayamos	seamos	estemos	demos	veamos
vayáis	seáis	estéis	deis	veáis
vayan	sean	estén	den	vean

La Negación

Nicht jedermanns Sache – die Verneinung

Parece que no era la primera vez.	Das war (wohl) nicht das erste Mal.
Claro, nadie tenía el billete.	Klar, niemand hatte (mehr) die Fahrkarte, sagt Javi.

Verneinungspartikel außer «no» sind:	
nadie	niemand
nada	nichts
tampoco	auch nicht
nunca	niemals
ningún	(überhaupt) kein

6. *¡Relaciona!*

¿Cuántas posibilidades encuentras?

1.	No creo que	**a**	mañana no puede venir.
2.	El jefe dice que	**b**	no vamos a seguir con este trabajo.
3.	Nos pide que	**c**	vengan los García antes de las tres.
4.	El te dice que	**d**	los González vienen antes de las tres.
5.	Creo que	**e**	llames al aeropuerto.
6.	Nosotros pensamos que	**f**	sigamos con este trabajo.

7. *Ensalada de palabras*

Wortsalat

Ordnen Sie die Zutaten so, daß sinnvolle Sätze dabei herauskommen. Wenn Sie nicht gleich Lösungen finden, dann schreiben Sie einfach alle einzelnen Teile auf Zettelchen und schieben Sie so lange hin und her, bis es klappt.

1. con sus sacos – se ve mucho – de uniforme – en la carretera – lo que – son los soldados.

Lo que se ve mucho en la carretera son los soldados de uniforme con sus sacos.

2. difícil – el billete – el revisor – es cuando – llevas – otra cosa – te pide – y no lo.

3. dinero – muchos niños – necesitan – seguramente – tiene – y todos.

4. cinco – de que – de su bolso – la cartera con – le había – los papeles – más tarde – minutos – robado – se dió cuenta – todo el dinero – y todos.

5. ¿Señor, – vagón – de qué lado – restaurante? – sabe – usted – está el.

TEORÍA

Achten Sie auf die Stellung der Verneinungspartikel. Es gibt zwei Möglichkeiten:

Yo no quiero café.	**1.** Yo tampoco quiero café. **2.** Yo no quiero café tampoco.
¿Vas a misa? (Messe)	**1.** Nunca voy. **2.** No voy nunca.
¿Entonces qué pasó?	**1.** Nada pasó. **2.** No pasó nada.

Nadie, nada, nunca, ningún und **tampoco** stehen entweder vor dem Verb allein oder nach dem Verb mit einem vorausgehenden **no.**

La negación de ya: todavía no

¿Has visto a Manuel ya? Ha vuelto esta mañana.

1. No, todavía no lo he visto.
2. No , no lo he visto todavía.

Hablando del pasado

1, 2, 3 im Sauseschritt: Zeitpunkt und Zeitdauer in der Vergangenheit

desde 1987 desde el dos de julio desde el día de su muerte	**desde**	+	Zeitpunkt	seit
desde hace dos semanas desde hace un año	**desde hace**	+	Zeitraum	seit
hace siete meses hace una hora	**hace**	+	Zeitraum	vor
antes de la comida antes de 1898	**antes de**	+	Zeitpunkt	vor

8. *¡Dilo de otro modo!*

1. Tampoco he estado en Portugal.
No he estado tampoco en Portugal.
2. Nunca te voy a olvidar.
....
3. Nadie me quiere.
....
4. ¡Nada entiendo!
....
5. Nunca he visto un elefante con cinco piernas.
....
6. ¿Tampoco te gusta el rock?
....
7. ¡Nada he dicho!
....
8. Nadie pasa por aquí.
....
9. No he estado en Nueva York tampoco.
....
10. Ustedes no han visto nunca una casa así.
....

9. *Negación*

¡Completar con nadie, nunca, nada, tampoco, todavía no!

1. He ido de compras pero no he encontrado ....
2. Pues yo también he ido y no he encontrado ....
3. Te voy a decir una cosa: .... voy a volver a esta ciudad.
4. Oiga, ¿hay alguien en esta casa? – (*Krrrrr…*) ¡No, (*Krrrrr…*) ...... hay ....aquí! (copyright by Stephan King)
5. ¿Quién ha visto ya la última película de Saura? – Pues yo .... la he visto ....
6. .... en este mundo tiene el derecho de hacer una cosa así.
7. Yo a ese chorizo no lo conozco. No lo he visto .... en mi vida.
8. ¿Ha llegado Pepe ya? – Me parece que .... no ha llegado.

TEORÍA

El pluscuamperfecto

Was vor der Vergangenheit war: Das Plusquamperfekt

Entonces (damals) yo vivía y trabajaba en Granada. Antes *había estudiado* en Madrid.
Damals lebte und arbeitete ich in Granada. Vorher hatte ich in Madrid studiert.

Cuando llegué a la fiesta, casi todos se *habían ido* ya.
Als ich auf das Fest kam, waren alle schon (wieder) weggegangen.

Wenn wir über die Vergangenheit berichten und uns auf etwas beziehen, was vor dieser Zeit (in der Vergangenheit) war oder geschah, dann steht das **Plusquamperfekt.**

Pluscuamperfecto:
Imperfekt von
haber + Partizip II
había
habías
habías
habíamos
habíais
habían

Antes de ir a Barcelona terminé mi carrera.
Después de terminar mi carrera fui a Barcelona.

Ist in beiden Sätzen das Subjekt das gleiche, dann kann durch **antes de** oder **después de** eine Vor- bzw. Nachzeitigkeit hergestellt werden.

AUTOESTOP:
modo de viajar en que se solicita a los automovilistas que circulan por la carretera, que nos lleven en su coche hasta nuestro punto de destino o hasta un lugar que nos acerque a éste, sin que ellos se desvíen de su ruta. Para realizarlo, se hacen señales a los coches, situándose al borde de la carretera y girando la mano de derecha a izquierda, manteniendo rígido el dedo pulgar y cerrados en puño los restantes.

AUTOSTOP:
ver AUTOESTOP.

PRÁCTICA

10. *Pasado*

A ver si has comprendido lo de desde, desde hace, hace, antes de ...

1. Vor dem Essen rauche ich nie.
2. Vor zwei Wochen waren wir in Córdoba.
3. Vor dem 3. Juli gibt es keine Eintrittskarten.
4. Seit vier Jahren arbeitet er auf Gran Canaria.
5. Seit vier Wochen kommt er nicht mehr.
6. Seit dem 9.11. ist er nicht mehr aus dem Haus gegangen.
7. Seit vier Stunden höre ich dir zu. Aber bis jetzt hast du praktisch nichts gesagt.
8. Seit vier Uhr warte ich auf dich.
9. Vor vier Uhr kommt sie nicht.
10. Vor fünf Stunden ist er gestorben.

11. *Antes del pasado*

Schmücken Sie die folgenden Situationen aus und erzählen Sie sie auf spanisch:

1. Sie gingen mit Antonio essen. Sie hatten sich seit vier Monaten nicht mehr gesehen.
2. Sie bestellten vier Schnitzel, weil sie seit zwei Tagen nichts mehr gegessen hatten.
3. Sie gaben alles aus, was sie in einem halben Jahr gespart hatten.
4. Sie wollten nicht glauben, was Antonio gesagt hatte. Er hätte nämlich im Lotto eine Million gewonnen und im Casino auf den Kopf gehauen.
5. Sie wollten im Restaurant bezahlen, hatten aber ihr Geld zu Hause gelassen.
6. Sie kamen nach Hause und hatten ihre Schlüssel vergessen.

12. Drücken Sie's anders aus!

1. Cuando había leído el libro tenía ganas de ver la película. (Después de haber leído el libro ...)
2. Cuando llegué a la fiesta ya lo había llamado.
3. Paco había olvidado su dinero. No podía pagar la cuenta.
4. Elvira ya había dejado a Enrique cuando conoció a Carlos.
5. Habíamos vivido cuatro años en Tanger cuando por fin fuimos a Cádiz.
6. Se casaron hace dos años. Antes ya habían tenido tres niños.

TREN:
1. *estar como un tren, estar*
como para parar un tren:
ser muy atractivo física-
mente//2. *como para parar*
un tren: en gran canti-
dad//3. *a todo tren:* con
mucho lujo//4. *corta y va-*
cila, que viene el tren: ver
CORTAR//5. *ir alguien en*
tren: irle muy bien las co-
sas.

TRENA:
cárcel.

TEORÍA

Welches Verb paart sich mit welcher Präposition?

acabar + **de** + infinitivo	gerade etwas getan haben
acordarse + **de**	sich erinnern an
cambiar + **de**	austauschen, wechseln
darse cuenta + **de**	bemerken, gewahr werden
dejar + **de** + infinitivo	lassen, aufhören
fiar + **de**	trauen
informar(se) + **de**	(sich) informieren
terminar + **de** + infinitivo	aufhören zu …
ayudar + **a** + infinitivo	helfen zu …
empezar + **a** + infinitivo	anfangen zu …
llegar + **a** + infinitivo	erreichen, fertigbringen zu …
volver + **a** + infinitivo	wieder etwas tun
volver + **a**	zurückgehen/-kommen
pensar + **en**	denken an
quedar + **en**	sich verabreden + Ort, verbleiben
tardar + **en** + infinitivo	Zeit brauchen zu …
enfadarse + **con**	sich ärgern über
quedar + **con**	sich verabreden + Person
pasar + **por**	vorbeigehen/vorbeifahren

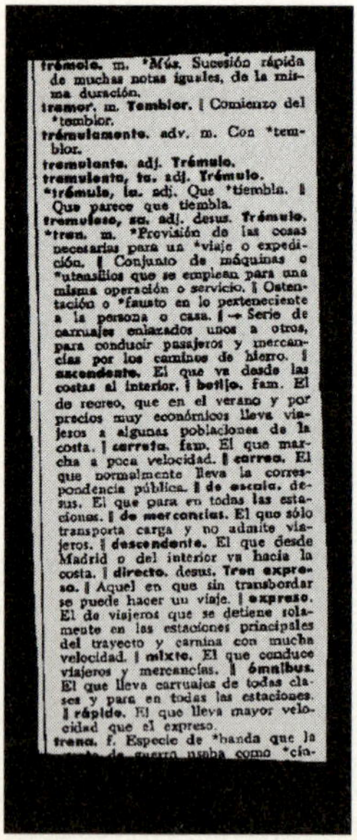

trémolo. m. *Mús. Sucesión rápida de muchas notas iguales, de la misma duración.
tremor. m. **Temblor.** ‖ Comienzo del *temblor.
trémulamente. adv. m. Con *temblor.
tremulante. adj. **Trémulo.**
tremulento, ta. adj. **Trémulo.**
***trémulo, la.** adj. Que *tiembla. ‖ Que parece que tiembla.
tremuloso, sa. adj. desus. **Trémulo.**
***tren.** m. *Provisión de las cosas necesarias para un *viaje o expedición. ‖ Conjunto de máquinas o *utensilios que se emplean para una misma operación o servicio. ‖ Ostentación o *fausto en lo perteneciente a la persona o casa. ‖ → Serie de carruajes enlazados unos a otros, para conducir pasajeros y mercancías por los caminos de hierro. ‖ **ascendente.** El que va desde las costas al interior. ‖ **botijo.** fam. El de recreo, que en el verano y por precios muy económicos lleva viajeros a algunas poblaciones de la costa. ‖ **carreta.** fam. El que marcha a poca velocidad. ‖ **correo.** El que normalmente lleva la correspondencia pública. ‖ **de escala.** desus. El que para en todas las estaciones. ‖ **de mercancías.** El que sólo transporta carga y no admite viajeros. ‖ **descendente.** El que desde Madrid o del interior va hacia la costa. ‖ **directo.** desus. **Tren expreso.** ‖ Aquel en que sin transbordar se puede hacer un viaje. ‖ **expreso.** El de viajeros que se detiene solamente en las estaciones principales del trayecto y camina con mucha velocidad. ‖ **mixto.** El que conduce viajeros y mercancías. ‖ **ómnibus.** El que lleva carruajes de todas clases y para en todas las estaciones. ‖ **rápido.** El que lleva mayor velocidad que el expreso.
trena. f. Especie de *banda que la [illegible]

13. Übersetzung

1. Tut mir leid, ich erinnere mich nicht an Sie.
2. Bemerkst du den Kerl (el tío) nicht?
3. Wir informieren uns über die neuen Bücher.
4. Warum ärgerst du dich immer über deine Schwester?
5. Ich habe aufgehört zu rauchen.
6. Wie lange brauchen wir, um den Text zu schreiben?
7. Wir haben uns um fünf Uhr im Schwimmbad verabredet.
8. Herr Rodríguez fängt jetzt an, verrückt zu werden.
9. Wir gehen zusammen essen, wenn du hier (in der Gegend) vorbeikommst.
10. Ich habe gerade einen großartigen Film gesehen.

14. Wie heißt das Verb?

devolver, doler, dormir, poder, soler, volver

1. Ayy, ¡cómo me .... mi pierna!
2. Ha dicho que no .... antes de las siete.
3. Lo siento, no .... decírtelo.
4. ¡Dime una cosa! ¿Tú .... fumar mucho?
5. Hoy los niños .... en casa de unos amigos.
6. Señorita, ¿me .... el resto del dinero, por favor?

TEORÍA

El verbo irregular

o → ue		
apostar wetten	**soler** pflegen zu	**dormir** schlafen
apuesto	suelo	duermo
apuestas	sueles	duermes
apuesta	suele	duerme
apostamos	solemos	dormimos
apostáis	soléis	dormís
apuestan	suelen	duermen

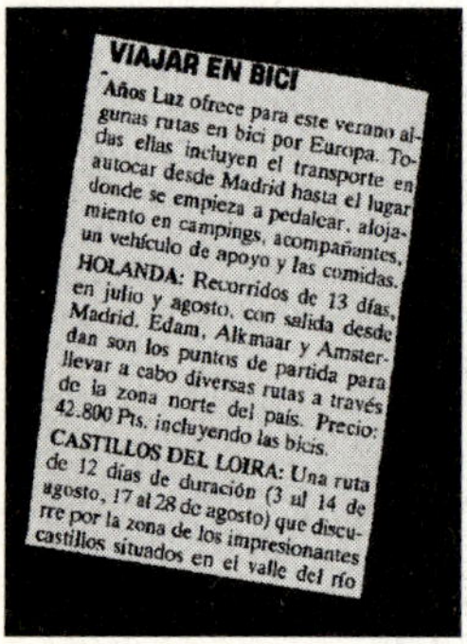
VIAJAR EN BICI
Años Luz ofrece para este verano al-
gunas rutas en bici por Europa. To-
das ellas incluyen el transporte en
autocar desde Madrid hasta el lugar
donde se empieza a pedalear, aloja-
miento en campings, acompañantes,
un vehículo de apoyo y las comidas.
HOLANDA: Recorridos de 13 días,
en julio y agosto, con salida desde
Madrid. Edam, Alkmaar y Amster-
dan son los puntos de partida para
llevar a cabo diversas rutas a través
de la zona norte del país. Precio:
42.800 Pts. incluyendo las bicis.
CASTILLOS DEL LOIRA: Una ruta
de 12 días de duración (3 al 14 de
agosto, 17 al 28 de agosto) que discu-
rre por la zona de los impresionantes
castillos situados en el valle del río

genauso	**und**
probar	acordarse - sich erinnern
contar	comprobar - beweisen
sonar	costar - kosten
volver	encontrar - finden
doler	volar - fliegen
devolver	llover - regnen
poder	mover - bewegen
morir	

¡Ojo!

¿Se dio cuenta de que le habían robado.	Er bemerkte, daß man ihn beklaut hatte.
Josefa quiere pedir prestado un disco.	Josefa möchte eine Platte ausleihen
Me quedo con el tren.	Ich bleibe beim Zug.
darse cuenta de pedir prestado quedarse con	bemerken sich ausleihen behalten, bleiben bei

15. *Mini-Charla*

A: ¿Sabes qué me pasó **el otro día**?
B: Ni idea, me imagino que **te robaron el coche**.
A: No, hombre, no. **Me regalaron un coche**.
B: Yo no creo que **sea verdad esa historia**.

1. el otro día – robarte el coche – regalarme un coche – ser verdad esa historia
2. la semana pasada – ofrecerte un trabajo en TV Española – invitarme a Acapulco – alguien pagarte un viaje tan caro
3. anteayer – cobrarte la luz dos veces – echarme de mi piso – hacer esto sin motivo
4. en las vacaciones – hacerte Mister Universum – presentarme a Madonna – Madonna hablar con un tipo como tú
5. hace cinco minutos – hacerte jefe de tu oficina – darme un contrato de cantante de ópera – ir cuatro personas a escucharte

A: No hay tiempo para ir al **concierto**.
B: Es mejor que **no vayamos**.
A: Pero yo quiero que **escuches a ese pianista**.
B: No creo que **merezca la pena**.

1. el concierto – nosotros, no ir – tú, escuchar a ese pianista – merecer la pena
2. la estación – nosotros, tomar un taxi – nosotros, pasar por el Corte Inglés – haber algo interesante
3. el cine – nosotros, quedarse en casa – tú, ver esa película – gustarte a tí
4. la fiesta de Pepe– nosotros, llamarlo – tú, conocer a su novia – ella, poder interesarme mucho
5. tomar café – nosotros, ir directamente – tú, conocer a ese bar nuevo – ellos, tener los croissants que me gustan a mí.

PRÁCTICA

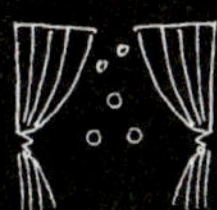

16. *Teatro*

A fährt im Talgo (der TEE Spaniens) von Santander nach Madrid. Er frühstückt im Speisewagen.
B sitzt A gegenüber, trinkt sein zweites Bierchen. Beide unterhalten sich über ihr Leben.
C ist der Kellner. Er kommt und geht, nimmt die Bestellung auf und rechnet ab. Ab und zu imitiert er das Zuggeräusch «tak tak ... tak tak ... tak tak ...»

LECTURA

VIAJAR[1] SIN DINERO

Lo transportes se ponen cada vez más caros. No hay un año que no suban las tarifas de trenes, aviones y autobuses. Hay un medio[2] de transporte que sin embargo siempre sigue igual de barato: Hacer dedo[3] o también, como se dice, hacer autoestop.

Claro, no sale completamente[4] gratis. Cuando el chófer[5] para, no queda mal[6] invitarlo a tomar algo. Hay algunos que viajan con poquísimo dinero. Entonces cuando el chófer para en un restaurante de primera[7] no saben qué hacer: «Le digo que no me espere y me quedo fuera, o va a pagar él? Y si me invita y no voy, es posible que me pierda una buena comida.»

Los chóferes no lo tienen muy fácil. Normalmente viajan solos y están aburridos[8]. Si llevan a alguien no saben quien les toca[9]: «¿Merece la pena hablar con este o es mejor que no lo coja[10]?»

Los „clientes[11]“ tampoco lo tienen fácil. Tal vez llevan cuatro horas esperando. Para un coche y por fin se suben muy cansados. Lo único que quieren es estar tranquilos y (si puede ser) dormir un ratito. Entonces el chófer hace preguntas, cuenta cosas. A uno se le caen los ojos[12] mientras el otro quiere charlar[13].

Otra cosa difícil es cuando el chófer le baja[14] a uno a la entrada de un pueblo y hay que ir al otro lado. Hay que caminar tres cuartos de hora hasta la salida para seguir otra vez. Y la gente en el pueblo, ¡cómo mira! Mejor que no hablemos de esto.Cuando se hace autoestop en pareja hay dos problemas: el novio y el equipaje. La solución[15] es muy fácil: se esconden[16] a los dos para que no se vean y se pone la chica sola. Lo que se ve mucho en las carreteras[17] son los soldados de uniforme con sus sacos[18]. Estos generalmente no tienen problema porque la gente es más amable con ellos. Los que han viajado mucho dicen que no es muy fácil hacer dedo en España a no ser que[19] una chica sola se atreva[20]. Es posible que la confundan[21] con otras que se ponen en la carretera para hacer la calle[22] ...

1 **viajar** reisen
2 **medio** Mittel
3 **hacer dedo** per Anhalter fahren
4 **completamente** ganz
5 **chófer** Fahrer
6 **no quedar mal** keinen schlechten Eindruck machen
7 **de primera** erstklassig
8 **estar aburrido** sich langweilen
9 **quien le toca** an wem er da dran ist
10 **coger** (mit)nehmen
11 **cliente** Kunde
12 **se le caen los ojos** die Augen fallen ihm zu
13 **charlar** reden
14 **bajar** rauslassen
15 **solución** Lösung
16 **esconder** verstekken
17 **carretera** Landstraße
18 **saco** Seesack
19 **a no ser que** wenn nicht ...
20 **atreverse** wagen
21 **confundir** verwechseln
22 **hacer la calle** ‹ › auf den Strich gehen

¿Lo dice el texto? - ¿Sí o no?	sí	no
1. Cada año hay que pagar más para los transportes públicos.	■	■
2. Lo más barato es hacer dedo.	■	■
3. Es un problema cuando el chófer para para comer.	■	■
4. A los chóferes no les gusta hablar con los autoestopistas.	■	■
5. A la gente que viaja haciendo dedo les gusta conversar.	■	■
6. En los pueblos la gente es aburrida.	■	■
7. Es dificil hacer dedo con novio y equipaje.	■	■
8. No se coge a una chica sola.	■	■
9. Los soldados son amables.	■	■
10. También hay prostitución en la calle.	■	■

TEST 1

Der Schlüssel (Clave) zu den Tests ist im Anhang. Die Hörverständnisübungen finden Sie auf der Cassette.

1. *Comprensión auditiva*

Hören Sie die folgenden Sätze von der Cassette und tragen Sie die fehlenden Wörter ein. Spulen Sie die Cassette dann zurück und hören Sie die Sätze zur Sicherheit ein zweites Mal.

1. Yo .... en Neuquén, pero .... en la capital. **2.** Hay barrios donde la gente tiene que vivir en chozas sin luz, sin agua, sin un mínimo de .... **3.** Lo que pasa es que hay mucha .... **4.** En 1898 España .... sus últimas .... americanas: Cuba y Puerto Rico. **5.** Entre Méjico y Tierra del Fuego todavía hay más .... que riqueza, más .... que salud. **6.** Siempre es posible que .... a esa hora. **7.** Y cuando el .... pasó .... los billetes nadie los encontraba. **8.** Y no creo que volando .... tanto tiempo. **9.** Para los .... no es muy fácil. **10.** Es posible que la .... con otras que se ponen en la carretera para ....

2. *Gramática*

Falta la forma del indefinido:

1. ¿No sabías que yo .... en Río? (nacer)
2. Ayer nosotros .... a ver un espectáculo de tango. (ir)
3. En las últimas vacaciones .... suerte. (tener)
4. No nos ....(robar)
5. ¿Sabes lo que le .... a Ricardo? (pasar)
6. En agosto mis amigos Luis y Fernanda .... en Mallorca. (estar)

Falta la forma del subjuntivo:

7. Yo no creo que .... problemas allí. (haber)
8. Es muy importante que ustedes lo .... bien. (comprender)
9. Es mejor que vosotros .... mañana. (venir)
10. Por eso te digo que .... en casa. (quedarse)
11. Te pido que .... tú. (ir)
12. Siento que lo que dice Pablo no .... verdad. (ser)

3. *Comprensión auditiva*

Was hören Sie, was hören Sie nicht? Kreuzen Sie **correcto** oder **falso** an.

	correcto	falso
1. En Buenos Aires se habla también coreano.		
2. En la calle Corrientes hay mucha vida.		
3. El Café de la Paz existe desde hace 20 años.		
4. En 1989 España perdió sus últimas colonias.		
5. En España todavía hay más riqueza que pobreza.		
6. España depende del mundo industrializado.		
7. Encarna viajó a Bilbao.		
8. Le robaron todos sus documentos en la estación.		
9. Se quedó sin dinero.		
10. En la carretera se ven raramente soldados.		
11. Los soldados lo tienen bastante fácil haciendo autostop.		
12. Para una chica sóla no es muy seguro.		

4. *Gramática: ¿Qué es correcto?*

1. Antonio no … esto.

a dijo
b dije
c decío

2. El año pasado yo … en Chile.

a estuve
b esté
c estuvo

3. ¿Por qué no … tú sólo, Paco?

a ibo
b fuisteis
c fuiste

4. ¿Cuándo … Colón de España?

a salgo
b salió
c saló

5. Yo no tengo tanto dinero … tú.

a que
b como
c menos

6. No te parece que Manuela es … de todo el grupo.

a más simpática
b la más simpatico
c la más simpática

7. ¿Ir al cine esta noche? ¡Como … , Juan!

a quieres
b quieras
c quieran

8. Señor, le digo que no … antes de las tres.

a llama
b llame
c llaman

9. No creo que el jefe … mucho en llegar a la oficina.

a tarde
b tarda
c tardé

10. Lo siento, nosotros tampoco … dinero.
a tenemos
b no tengamos
c no tenemos

11. Llegó a Madrid … cuatro semanas .
a hace
b desde hace
c antes de

12. Les digo que no … antes de las ocho de la tarde.
a vengan
b vengamos
c veniron

13. No tenemos tiempo. Hemos quedado … el señor Rojas.
a en
b con
c al

14. Antes de llegar a Galicia, José … estudiado en Valencia.
a he
b habían
c había

15. Hombre, ¡ … ya!
a subete
b súbese
c súbete

16. Lo vi … dos días.
a desde hace
b desde
c hace.

5. *Comprensión auditiva*:

Lesen Sie alle Antworten 1-10 konzentriert durch. Hören Sie dann die Fragen von der Cassette und kreuzen Sie die jeweils einzig passende Antwort an.

1. Sí, tengo un billete de avión. **a**
Hombre, para mí bastante. **b**
No me gusta viajar en avión. **c**

2. Pues si te gusta Andalucía ... **a**
Yo conozco Sevilla. **b**
Tengo un Ford Granada. **c**

3. Francia tiene 60 millones de habitantes. **a**
Yo tampoco hablo francés. **b**
Muy mal, me robaron el coche. **c**

4. ¿No sabías que mi hermano toca el violín? **a**
¿Como qué, por ejemplo? **b**
¿No te gustan los museos? **c**

5. Todo es tan bonito. **a**
No llevo dinero. **b**
No gastamos mucho. **c**

6. No nos quedamos en casa. **a**
Te recogemos mañana por la tarde. **b**
En la puerta del Banco Central. **c**

7. Sale a las ocho y media. **a**
No voy en tren. **b**
Voy a mirar en el tablero. **c**

8. No tengo hambre. **a**
Soy cocinero. **b**
Dos vagones más atrás. **c**

9. Ni idea. **a**
No soy rápido. **b**
La Coruña me gusta. **c**

10. Tal vez es muy caro. **a**
Pienso que es posible. **b**
No sé qué hacer. **c**

Test 1 – Gesamtpunktzahl aller richtigen Antworten:

TEMA 3

MARTES Y TRECE

Por la mañana en casa

Cariño, esta mañana no hay café.

¿Cómo que no hay café, Charo? Anteayer traje dos paquetes.

Café hay, lo que pasa es que la cafetera no sirve.

Pero si la compramos la semana pasada.

La otra ya la he tirado.

Yo sin café no puedo ir a la oficina.

¡Vete a tomar un café por ahí y llévate la cafetera para que te la cambien por otra. ¡Y no te olvides de la factura!

Jo, ¡qué lata!

En la oficina

Carlos, dice el jefe que te pases por su despacho.

¿Qué es lo que quiere?

Parece que te tienes que ir a Alicante esta noche.

¡No me digas!

Es urgente. Tienes que llevar un contrato para que te lo firmen. Es muy importante que esté aquí de vuelta mañana por la tarde.

Pero yo tengo un compromiso para esta noche. ¿No puedo coger un avión mañana por la mañana y volver por la tarde?

No, Carlos, ¿es que no escuchas la radio? Están de huelga en Iberia. No tienes más remedio que ir en coche.

¡Maldita sea, me cachis … !

A mediodía en casa otra vez

¿Oiga, estoy hablando con FECSA?

Sí, dígame ...

Me pone con una persona que esté encargada de los recibos de luz.

¡Espere un momento, no corte!

–

FECSA, dígame ...

Buenas tardes, soy Carlos Larrea. Resulta que ustedes me han cortado la luz de mi casa.

Seguro que usted no ha abonado los recibos.

Pero si todos los meses los pago por el banco.

A ver, ¡déme sus datos! Un momento y lo miro.

Pero, por favor, estamos sin luz en el piso. Temo que se nos estropee la comida en el congelador. ¡Así que haga el favor de mandar a alguien ahora mismo!

Lo siento pero le he dicho que primero tengo que mirarlo.

Espero que vengan más rápidamente que la última vez ...

Yendo a la oficina, en la tienda

¡Mire!, compré esta cafetera la semana pasada y resulta que no funciona.

¿Qué es lo que no funciona?

Bueno, al calentarla se sale el agua por la válvula.

Hombre, si usted le echa mucha agua, hay mucha presión y por algún sitio tiene que salir.

No, no, yo lo he hecho según las instrucciones.

¿Y qué es lo que quiere?

Eh, que me la cambien por una que funcione!

Lo siento, ya ha sido utilizada. Así que no se la puedo cambiar.

Pero, ¿cómo va a ser eso si no me ha servido ni una vez? ¡Hágame el favor de llamar al gerente!

Lo siento, ahora no está.

Y yo, ¿qué hago?

¡Vuelva usted mañana y hable con él ... !

Por la tarde al salir de la oficina

(el coche): Phop, phoop, phoooop

Por favor, no. ¡No me hagas esto! A ver, otra vez.

(el coche): Php, php, php

¡Mieércoles, me cago en diez! Me temo que no quiere arrancar. ¿Ahora qué hago?

En el taxi

¡Taxiiii¡

¿Dónde le llevo?

¡Vamos a la Estación de Sants!

–

Son seiscientas veinte.

¿El qué? ¿Cómo seiscientas veinte? El taxímetro no pone nada.

Es que está averiado. Pero yo le cobro lo que vale.
Hombre, ¡no me tome el pelo! Yo sé perfectamente lo que vale el viaje desde Muntaner hasta aquí.
Hombre, pero le tengo que cobrar el equipaje del maletero, más luego el atasco, la subida de la gasolina.
Esto es un robo. No se lo voy a pagar. ¡Déme el libro de reclamaciones!
A mí me paga eso y si quiere quejarse, aquí tiene la tarjeta de mi empresa.

En la cola

¡Oiga! No le toca a usted. ¡A la cola, a la cola!
¡Perdone!, es que mi tren va a salir en cuatro minutos y todavía no tengo billete. ¿Me permite que lo saque?
Yo llevo media hora esperando como todo el mundo en esta cola. Si usted llega tarde ...

¡No se ponga así! Lo siento, pero es que acabo de salir del trabajo y por eso llevo tanta prisa.
Yo también llevo mucha prisa. ¡Así que espere su turno!
Vale hombre, muchas gracias, es usted un caballero muy amable ...

¡ESCUCHA!

A.
¿Qué es correcto?

1. Hoy Carlos tiene
a el mejor día de su vida.
b mucha suerte.
c un día muy malo.

2. Su día empieza
a con el desayuno.
b sin café.
c normalmente.

3. Luego tiene problemas con
a su coche y un taxista.
b un colega.
c su mujer.

B.
¿Sí o no?

	sí	no
Por la mañana en casa		
1. Hay café en casa pero la cafetera no funciona.		
2. Charo manda a Carlos a tomar café en casa de un amigo.		
En la oficina		
3. Carlos tiene que ir a Valencia.		
4. No puede coger el avión.		
A mediodía en casa otra vez		
5. Le han cortado la luz.		
6. Carlos paga los recibos de luz por el banco.		
Yendo a la oficina, en la tienda		
7. Carlos tiene problemas en la tienda.		
8. Le cambian la cafetera por otra.		
Por la tarde al salir de la oficina		
9. El motor del coche arranca en seguida.		
10. Carlos no sabe qué hacer.		
En el taxi		
11. Toma un taxi para ir a la estación.		
12. El viaje en taxi le cuesta muy poco a Carlos.		
En la cola		
13. El tren sale en pocos minutos.		
14. Carlos no quiere esperar en la cola.		

MARTES Y TRECE

FREITAG DER DREIZEHNTE

Por la mañana en casa
Morgens zu Hause

cariño
Liebling, Schatzi
anteayer
vorgestern
traje (traer)
ich brachte
la cafetera
die Kaffeemaschine
cambiar por
austauschen gegen
tirar
wegwerfen
la factura
die Rechnung
¡qué lata ! ⟨ ⟩
was ein Scheiß! (Dose)

En la oficina
Im Büro

¡no me digas!
mach Sachen!
urgente
dringend
firmar
unterschreiben
un compromiso
eine Verabredung
coger un avión
ein Flugzeug nehmen
estar de huelga
streiken
es que no escuchas
hörst du denn nicht zu?
Iberia
spanische Fluglinie
maldita sea
verdammt
me cachis ⟨!⟩
Schei...

A mediodía en casa otra vez
Mittags wieder zu Hause

a mediodía
mittags
FECSA
katalanische Elektrizitätsgesellschaft
me pone con
verbinden Sie mich mit
encargado
beauftragt
el recibo
die Abrechnung
la luz
der Strom, das Licht
¡no corte!
hängen Sie nicht auf!
cortar
abstellen
abonar
Gebühr bezahlen
los datos
die Daten
temer que
fürchten
estropear
schlecht werden, kaputtgehen

Yendo a la oficina, en la tienda
Auf dem Weg zum Büro, im Geschäft

calentar
erwärmen
la válvula
das Ventil
echar
einfüllen
la presión
der Druck
por algún sitio
irgendwo
según
laut, gemäß
las instrucciones
die Gebrauchsanweisung
utilizar
gebrauchen
cambiar
umtauschen

el gerente
der Geschäftsführer
¡vuelva usted mañana!
kommen Sie morgen wieder

Por la tarde al salir de la oficina
Nachmittags beim Verlassen des Büros

¡no me hagas esto!
tu mir das nicht an!
mieércoles
Schei..benkleister (Mittwoch)
me cago en diez ‹ ›
Scheiße!
arrancar
anspringen
la Estación de Sants
der Sants-Bahnhof (in Barcelona)
el taxímetro
die Zähluhr im Taxi
no pone nada
da steht nichts geschrieben
averiado
defekt, kaputt
cobrar
kassieren
tomar el pelo
auf den Arm nehmen, verscheißern
perfectamente
perfekt
Muntaner
große Straße in Barcelona
el maletero
der Kofferraum
más luego
dazu noch
el atasco
der Stau
la subida
die Erhöhung
un robo
ein Diebstahl
el libro de reclamaciones
das Beschwerdebuch
la tarjeta
die Visiten-Karte (weitverbreiteter Ersatz für mangelndes Selbstbewußtsein, vor allem wenn *presidente* oder *gerente* irgendeines Tischfußballvereins draufsteht)
la empresa
das Unternehmen

En la cola
In der Schlange

no le toca a usted
Sie sind nicht dran
a la cola
ans/am Ende (der Schlange)
no se ponga así
führen Sie sich nicht so auf
llevo mucha prisa
ich habe es sehr eilig
espere su turno
warten Sie bis Sie dran sind
un caballero
ein Herr
amable
nett, liebenswürdig

¿Para qué tenemos los nervios?

Los nervios son la "línea telefónica" del cuerpo. Llevan al cerebro la información de los órganos de los sentidos: la vista, el oído, el gusto, el olfato y el tacto. Según sea esta información, el cerebro envía instrucciones a los músculos y a las glándulas para que el cuerpo adopte las medidas adecuadas.

LOS NERVIOS, RED DE COMUNICACIONES. El sistema nervioso comprende el cerebro, la médula espinal y los nervios que de allí irradian. El cerebro en unión de la médula espinal forman lo que se conoce por sistema nervioso central. Los demás nervios forman el sistema nervioso periférico. El sistema nervioso central funciona en forma similar a la de una centralita sumamente complicada y una computadora. Recibe un torrente continuo de mensajes y ejerce control sobre todas las actividades corporales.

¿Tenemos nervios en todas las partes del cuerpo?

El sistema nervioso periférico se extiende por todas las partes del cuerpo. Los nervios de los órganos sensoriales responden a sus propios estímulos particulares (las causas que los ponen en acción). Los ojos responden a las ondas luminosas, el oído a las ondas sonoras y así sucesivamente. Otros nervios, los de la piel o los de cualquier otra parte, responden al calor, al frío y a la presión. Si los estímulos son demasiado fuertes, los nervios lo acusan con una sensación de dolor, señal de que algo no funciona bien.

Arriba: Nervios de la mano. Entre los minúsculos órganos que les envían información están los receptores táctiles, de los que hay más de mil en cada yema de los dedos.

A la izquierda: Los nervios se extienden por todo el cuerpo. Sus células pueden ser *sensoriales* (las que reciben información de los órganos de los sentidos), *motoras* (las que dan instrucciones a los músculos y a las glándulas) o ambas a la vez.

TEORÍA

Imperativer Dschungel

¡Espere un momento!	Warten Sie einen Moment!
¡Espera!	Warte!
¡No me hagas esto!	Tu mir das nicht an!
¡No corte!	Legen Sie nicht auf!
¡Perdone!	Entschuldigen Sie!
¡No me tome el pelo!	Verkackeiern Sie mich nicht!
¡No me digas!	Sag mir (das) nicht! – Mach Sachen!
¡Vuelva usted mañana!	Kommen Sie morgen wieder!
¡Vete a tomar café por ahí!	Geh irgendwo Kaffee trinken!

Keine Angst, es ist gar nicht so kompliziert, in dieses Chaos von Aufforderungen, Ordnung zu bringen. Sie müssen sich nur klarmachen: «Wie funktioniert das, nach welchem System?» und am Anfang müssen Sie alle Formen, die Ihnen begegnen, abklopfen auf:

1. *tú* oder *usted* ? **2.** *bejaht* oder *verneint* ?

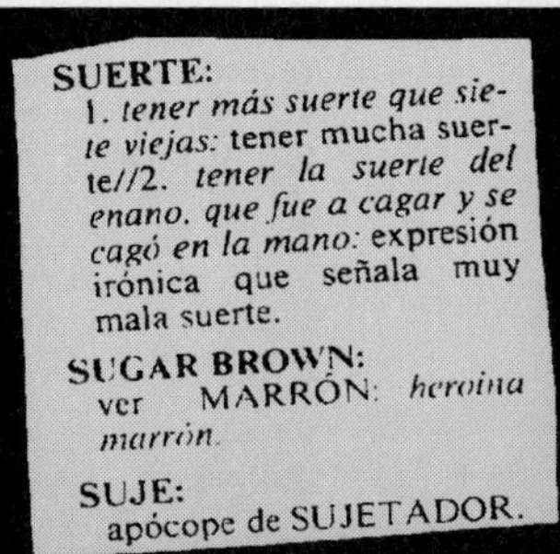
SUERTE:
1. *tener más suerte que siete viejas:* tener mucha suerte//2. *tener la suerte del enano, que fue a cagar y se cagó en la mano:* expresión irónica que señala muy mala suerte.

SUGAR BROWN:
ver MARRÓN: *heroína marrón.*

SUJE:
apócope de SUJETADOR.

1. *Imperativos*

¡Busca todos los imperativos en el diálogo!
Es sind ca. 23 an der Zahl. (Einer davon erste Person Plural.)

2. *Dile a un amigo lo que tiene que hacer*

1. escribir una carta
¡Escribe una carta!

2. no hacer esto
¡……………………………!

3. tomar un vino
¡……………………………!

4. no fumar tanto
¡……………………………!

5. comprar cigarrillos
¡……………………………!

6. escuchar la radio
¡……………………………!

7. no llamar antes de la una
¡……………………………!

8. pagar con tus dólares
¡……………………………!

9. no mandar un cheque
¡……………………………!

10. no ponerse así
¡……………………………!

11. irse en avión
¡……………………………!

12. no coger el tren
¡……………………………!

13. esperar dos minutos
¡……………………………!

14. no volver nunca más
¡……………………………!

15. llevar la cafetera a la tienda
¡……………………………!

16. poner las cartas en la mesa
¡……………………………!

17. no hablar con el jefe
¡……………………………!

18. pasar por la oficina
¡……………………………!

TEORÍA

El imperativo

(tú y usted)

Sagen, wo's langgeht: Der Imperativ im Singular

bejaht + und verneint –

	-ar		-er		-ir	
	+	–	+	–	+	–
tú	habla	**no** hables	come	**no** comas	escribe	**no** escribas
usted	hable	**no** hable	coma	**no** coma	escriba	**no** escriba

Die bejahte Imperativform von tú ist wie die Indikativ-Form ohne «s». Alle anderen Formen entsprechen dem Konjunktiv.

tomas	→	¡toma!	– nimm!
vendes	→	¡vende!	– verkauf!
abres	→	¡abre!	– mach auf!

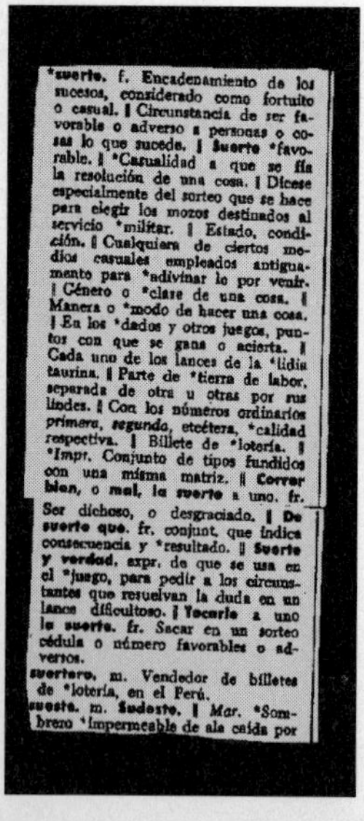
***suerte.** f. Encadenamiento de los sucesos, considerado como fortuito o casual. ‖ Circunstancia de ser favorable o adverso a personas o cosas lo que sucede. ‖ **Suerte** *favorable. ‖ *Casualidad a que se fía la resolución de una cosa. ‖ Dícese especialmente del sorteo que se hace para elegir los mozos destinados al servicio *militar. ‖ Estado, condición. ‖ Cualquiera de ciertos medios casuales empleados antiguamente para *adivinar lo por venir. ‖ Género o *clase de una cosa. ‖ Manera o *modo de hacer una cosa. ‖ En los *dados y otros juegos, puntos con que se gana o acierta. ‖ Cada uno de los lances de la *lidia taurina. ‖ Parte de *tierra de labor, separada de otra u otras por sus lindes. ‖ Con los números ordinarios *primera*, *segunda*, etcétera, *calidad respectiva. ‖ Billete de *lotería. ‖ **Impr.* Conjunto de tipos fundidos con una misma matriz. ‖ **Correr bien, o mal, la suerte** a uno. fr. Ser dichoso, o desgraciado. ‖ **De suerte que.** fr. conjunt. que indica consecuencia y *resultado. ‖ **Suerte y verdad.** expr. de que se usa en el *juego, para pedir a los circunstantes que resuelvan la duda en un lance dificultoso. ‖ **Tocarle a uno la suerte.** fr. Sacar en un sorteo cédula o número favorables o adversos.

suertero. m. Vendedor de billetes de *lotería, en el Perú.

sueste. m. **Sudeste.** ‖ *Mar.* *Sombrero *impermeable de ala caída por

Unregelmäßig sind die bejahten tú-Formen von:

1. hacer	**¡haz!**	(aber):	¡no hagas!
2. decir	**¡di!**		¡no digas!
3. ir	**¡ve!**		¡no vayas!
4. poner	**¡pon!**		¡no pongas!
5. salir	**¡sal!**		¡no salgas!
6. venir	**¡ven!**		¡no vengas!

3. *Dígale a su jefe lo que tiene que hacer*

1. pagar más

¡.....................................!

2. no tomar vino malo

¡.....................................!

3. dejar de fumar

¡.....................................!

4. venir a comer con nosotros

¡.....................................!

5. quedarse en casa

¡.....................................!

6. no protestar

¡.....................................!

7. vender la computadora

¡.....................................!

8. comprar otra

¡.....................................!

9. irse de vacaciones

¡.....................................!

10. no olvidarse del concierto

¡.....................................!

11. no volver a la oficina

¡.....................................!

12. tirar (wegwerfen) el coche

¡.....................................!

13. no coger el tren para ir a Almería

¡.....................................!

14. hacer café para todos

¡.....................................!

15. Cuidado: 2x muß ein «u» eingefügt werden und 2x ein Akzent.

16. hablar con el presidente de la empresa

¡.....................................!

17. no quejarse

¡.....................................!

18. no llegar tan tarde

¡.....................................!

19. trabajar más

¡.....................................!

TEORÍA

¡Si oder sí?

Labyrinth zweier Buchstaben: Fünfmal si

Die Kaffeemaschine ist kaputt und Carlos will es nicht glauben:

Pero si la compramos la semana pasada.	Wir haben sie doch (erst) letzte Woche gekauft.

Und später, als der Beamte des E-Werkes fragt, ob er die Stromrechnung bezahlt hat:

Pero **si** todos los meses pago por el banco.	Aber ich überweise doch jeden Monat über die Bank.

1. Si beteuert und verstärkt, es entspricht in diesen Fällen dem deutschen «doch».

No sé **si** lo he pagado.	Ich weiß nicht, ob ich es bezahlt habe.

2. Si steht in indirekten Fragesätzen und entspricht dem deutschen «ob».

Me quedo **si** me haces un café.	Ich bleibe, wenn/falls du mir einen Kaffee machst.

3. Si steht als Konjunktion im Bedingungssatz und entspricht dem deutschen «wenn» / «falls».

¿Me quieres? - **¡Sí, sí, síííí!**	Liebst du mich? Ja, ja, jaaaaaa!

4. Sí mit Akzent bedeutet entweder ja ....

Manolo sólo habla de **sí** mismo.	Manolo spricht nur von sich selbst.

5. ... oder **sí** ist selbständiges Reflexivpronomen - sich - und wird immer mit mismo verstärkt.

PRÁCTICA

4. *¿Si o sí?*

Setzen Sie Punkt oder Akzent

1. Te pregunto sı vienes mañana.
2. ¿Sabes sı estoy invitado a esa fiesta?
3. Creo que sı.
4. Pero yo no sé sı de verdad me ha invitado.
5. Yo se lo he preguntado. Y Pepe dice que sı.
6. Pues sı voy le tengo que llevar un regalo.
7. Qué te parece sı le compras un libro interesante.
8. Sı, me parece una buena idea.

5. *¿Cómo aguanto los días malos?*

Una pequeña redacción – ein kleiner Aufsatz:

¿Qué es lo que no puede funcionar?,¿cómo reaccionas en estos casos?, ¿puedes impedir que se repita?,¿merece la pena quedarse en la cama un día así?

Was kann danebengehen?, wie reagierst du darauf?, kannst du's das nächste Mal verhindern?, lohnt es sich, an so einem Tag im Bett zu bleiben?

6. *¡Contesta!*

¿Qué haces cuando ....

1. ... pierdes un tren?
2. ... tienes un accidente en coche?
3. ... tu jefe te manda de viaje y no tienes ganas de ir?
4. ... tienes que pagar el hotel y te das cuenta de que te han robado el dinero y la tarjeta de crédito (plastic money)?
5. ... estás en la calle y empieza a llover?
6. ... estás tomando algo en la barra de un café y se pone a tu lado un hombre/ una mujer interesante y atractivo/a?
7. ... estás fuera de tu casa, tienes hambre pero no llevas dinero?
8. ... estás comiendo tranquilamente en un restaurante y te molesta la música?

TEORÍA

Órdenes y sugerencias

Der Ton macht die Musik: Gradwanderung zwischen Vorschlag, Aufforderung und Befehl.

1. Quiero que me hagas un café.	Ich will, daß du mir einen Kaffee machst.
2. ¡Hazme un café!	Mach mir einen Kaffee!
3. Me tienes que hacer un café.	Du mußt mir einen Kaffee machen.
4. ¡Hazme el favor de hacerme un café! Kaffee.	Tu mir den Gefallen und mach mir einen
5. ¿Me haces un café? Kaffee?	Machst du mir einen
6. ¿Qué te parece si me haces un café?	Was hältst du davon, wenn du mir einen Kaffee machst?

PRÁCTICA

7. Confusión

Welche Wörter gehören zusammen?

Fischen Sie aus jedem Kasten das, was zusammenpaßt, z.B. **primero – último**

día
gastar
policía
exótico
normal
un momento
arreglar
seguridad
arriba
regalo
carterista
igual
triste
primero
porque
aquí
algo
futuro

noche
ahorrar
policía
especial
todo el tiempo
inseguridad
conocido
abajo
diferente
alegre
robo
último
mafia
porque no
estropear
en otro sitio
nada
pasado

8. Befehle

Ziehen Sie alle Register von charmant bis zum Kasernenhofton, von der schroffen Aufforderung bis zum Um-den-kleinen-Finger-Wickeln:

a) tú

1. llevarme al aeropuerto
2. comprarme el periódico
3. no quedarse en la cama
4. poner la mesa

b) usted

1. llamarme mañana
2. dejar de fumar
3. leer este libro
4. no discutir tanto

Pronombre relativo

Kamasutra für Fürwörter: Die Stellung des Personalpronomens

Estoy llamándo**lo**.	Ich rufe ihn gerade an.
Quiero llamar**lo**.	Ich möchte ihn anrufen.
¡Llláma**lo**!	Ruf ihn an!
¡Dígame**lo**!	Sagen Sie es mir!

Pronomen werden an das Gerundium, den Infinitiv und den bejahten Imperativ angehängt und dann in einem Wort geschrieben.

¡No **lo** llames!	Ruf ihn nicht an!
¡No me **lo** diga!	Sagen Sie mir es nicht!

Beim verneinten Imperativ steht das Pronomen nach dem „no" und vor dem konjugierten Verb.

Voy a decir**te** una cosa. **Te** voy a decir una cosa.	Ich werde dir was erzählen.
¿Me quieres acompañar? ¿Quieres acompañar**me**?	Willst du mich begleiten?
Tu madre te está esperando. Tu madre está esperándote.	Deine Mutter wartet auf dich.

Bei den Konstruktionen mit ir a, poder und querer + Infinitiv kann das Pronomen vor dem Verb oder an den Infinitiv angehängt stehen. Genauso beim Gerundium.

9. *Pronombres*

Suchen und verpacken Sie die Pronomen:
(1x = eine , 2x = zwei Möglichkeiten)

1. Tengo un coche nuevo. (Querer ver 2x)

   ....quiero verlo............

   ....lo quiero ver............

2. Papá, ¡tengo un novio! ... (presentarte 1x)
3. Este libro me parece interesante, ¿ ... ? (yo, poder llevarse 2x)
4. ¿Qué sabes de esto? ¡ ...! (decirme 1x)
5. Es una casa muy bonita, ¿...? (querer venderme 2x)
6. ¿Dónde está Paco? – No sé, ... (yo, estar buscando 2x)

10. *Imperativos*

¡Dile a tu marido / a tu esposa lo que tiene que hacer (y no te olvides del pronombre)!

1. Aquí tienes una blusa nueva. (ponerse)

   ¡............Póntela............!

2. El vino está en la cocina. (ir a buscar)
3. Los recibos de la luz están pagados ya. (no pagar)
4. La cafetera está rota. (cambiar)
5. El avión vale más dinero. (no coger)
6. ¿Quién paga al taxista? (pagar)
7. Hay que darle una propina al camarero. (dar)
8. La abuela está enferma. (escribir a Paco)
9. He ganado 45 millones de pesetas en la primitiva. (no decir a nadie)
10. Esta tarde vamos a una isla del Pacífico. (no volver a tu trabajo nunca más)

TEORÍA

El verbo irregular

e → ie		
empez**ar**	entend**er**	sent**ir**
emp**ie**zo	ent**ie**ndo	s**ie**nto
emp**ie**zas	ent**ie**ndes	s**ie**ntes
emp**ie**za	ent**ie**nde	s**ie**nte
empezamos	entendemos	sentimos
empezáis	entendéis	sentís
emp**ie**zan	ent**ie**nden	s**ie**nten

genauso:

at**e**nder, cal**e**ntar, c**e**rrar, desp**e**rtar, div**e**rtir, emp**e**zar, fr**e**gar, p**e**nsar, qu**e**rer, recom**e**ndar, s**e**ntarse

außerdem:

def**e**nder – verteidigen
neg**a**rse – sich weigern
enc**e**nder – anzünden
m**e**ntir – lügen

1. tomar el pelo **auf den Arm nehmen**
2. me toca a mí **ich bin an der Reihe**
3. hacer el favor **den Gefallen tun**
4. echar un vistazo **einen Blick werfen**
5. hacer cola **Schlangestehen**
6. meter la pata **ins Fettnäpfchen treten**
7. olvidarsele a uno **vergessen**
8. es que (Frage) **denn**
9. es que **doch**

¡Ojo!

1. ¿Qué, tu hermano es el presidente de Nicaragua? ¡Hombre, no me tomes el pelo!
2. ¡Oiga, espere un momento! Ahora me toca a mí.
3. No hay tabaco. ¡Haga el favor de comprarme un paquete de Fortuna!
4. ¡Déjame el periódico! Voy a echar un vistazo.
5. Las ofininas de Correos son horrorosas. Uno se pasa la vida haciendo cola ahí.
6. Pero si este es el jefe mismo. Hombre, metiste la pata.
7. Oh, ¡perdóname! Se me ha olvidado cerrar la puerta.
8. ¿Es que no escuchas la radio?
9. ¿Es que la cafetera no sirve.

11. *El verbo irregular*

calentar – defender – despertar – empezar – pensar – referir

Wie heißt das Verb?

1. ¿Tienes hambre? Te......... la sopa que queda de ayer. **2.** No te entiendo. ¿A qué te ....? **3.** No me puedo concentrar. Sólo .... en tí. **4.** Los americanos nos .... contra el comunismo. **5.** Mi abuela siempre .... con la misma historia. **6.** Mañana a las seis te ....

12. *¿Cómo se dice en español?*

1. Schau, das Geschäft da. Warte einen Augenblick, ich werde mal reinschauen.
2. Wer ist dran? Jetzt ist die Dame dran.
3. Seien Sie so nett (tun Sie den Gefallen) und rauchen Sie hier nicht!
4. Du willst Geld wechseln? Da (entonces) mußt du dich anstellen (Schlangestehen).
5. Was? Sie ist verheiratet? Da bist du (aber) ins Fettnäpfchen getreten.
6. Du sagst, daß ihr ein Haus in Acapulco habt. Willst du mich verkackeiern?
7. Ich habe vergessen, sie anzurufen.

13. *¿Cómo se dice en alemán?*

1. ¿Qué, tu hermano es el presidente de Nicaragua? ¡Hombre, no me tomes el pelo!
2. ¡Oiga, espere un momento! Ahora me toca a mí.
3. No hay tabaco. ¡Haga el favor de comprarme un paquete de Fortuna!
4. ¡Déjame el periódico! Voy a echar un vistazo.
5. Las oficinas de correos son horrorosas. Uno se pasa la vida haciendo cola ahí.
6. Pero si este es el jefe mismo. Hombre, metiste la pata.
7. Oh, ¡perdóname! Se me ha olvidado cerrar la puerta.
8. ¿Es que no escuchas la radio?
9. Es que la cafetera no sirve.

Horóscopo
CÁNCER (21-22 de junio al 22-23 de julio). Algún asunto económico o laboral puede desencadenarse o precipitarse esta semana. Riesgos de que su tensión nerviosa suba más de lo aconsejable. Si tiene que hacer un viaje procure ir precavido.
LEO (22-23 de julio al 22-24 de agosto). Algún viaje por asuntos labo-

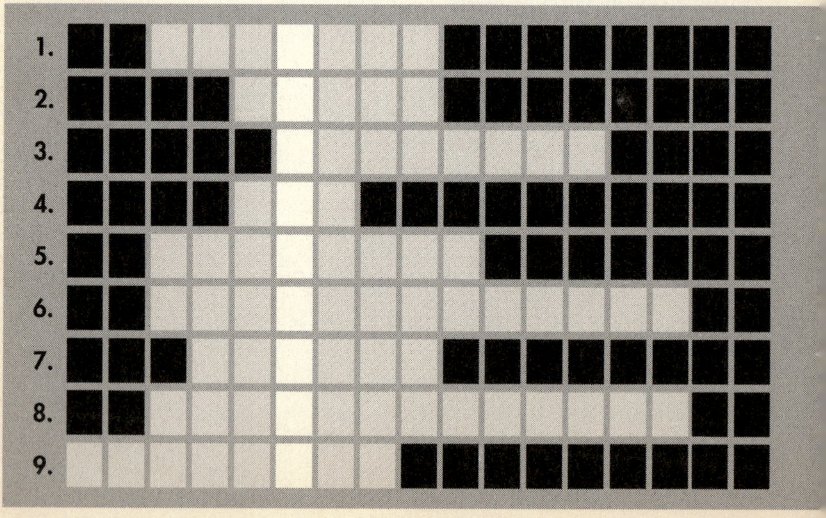
1.
2.
3.
4.
5.
6.
7.
8.
9.

14. *Mini-Charla*

Protest im Laden

A: ¡Mire!, compré esta **bicicleta** la **semana pasada** y resulta que **no funciona**.

B: ¿Qué es lo que no funciona?

A: Bueno, parece que **está rota**.

B: Yo no se la puedo cambiar. ¡Vuelva usted mañana y **hable con el jefe**!

1. bicicleta, semana pásada, no funcionar – estar roto – hablar con el jefe
2. libro, ayer – faltan 20 páginas – no estar el tercer capítulo – hablar con mi colega
3. esta corbata, hace dos días , no gustarme – ser muy larga para mí – dirigirse a la jefa
4. pescado, esta mañana, ya no ser bueno – tener dos semanas ya – preguntar por el jefe
5. vino, hace dos meses, ser malísimo – no se puede tomar – explicarle el problema a mi jefe
6. esta novela, el año pasado , ser idiota – el autor, ser alcohólico – hablar con el jefe

15. *Crucigrama*

1. Aquí tiene mi .... con mi número de telefóno.
2. Vamos a ....el avión.
3. Si no le gusta eso, puede .... en la oficina de mi empresa.
4. Electricidad o: ....
5. Sirve por la mañana para preparar algo muy importante: ....
6. ¿Usted se quiere quejar? Aquí tiene el libro de ....
7. Muchos, muchos coches y todos esperando: ....
8. ¿Cómo funciona? Pues mira en las .... de la máquina.
9. Todas las maletas, los bolsos, etc.:

PRÁCTICA

16. *Teatro*

1. A ist der Chef. Er hat viel zu tun, ist im Streß.
B ist sein Angestellter. Er soll noch heute nach Huelva fahren, will aber auf keinen Fall.

2. A fährt im Zug weg und muß noch die Fahrkarte lösen. Er hat's eilig und drängelt sich vor. **B** ist sauer, und sagt **A** solle sich hinten anstellen.

LECTURA

DE LOS DÍAS MALOS

«¡Cariño[1], no hay café esta mañana!», dice la mujer y a su marido se le cae el mundo al suelo[2]. Cada cual[3] tiene días en los que no merece la pena levantarse. «Mejor que me quede en la cama! Hoy no es mi día.» No todos piensan así. Unos dicen expresiones menos educadas[4], otros sueltan tacos[5]. Se «cagan en la virgen[6]», o «están hasta los huevos[7]».

Todos sabemos lo que pasa, cuando uno se levanta con el pie izquierdo, cuando uno se mira en el espejo[8] del cuarto de baño, cuando uno se da cuenta de sus ojeras y no se siente ni guapo ni inteligente ni admirado[9] por nadie. Isabel, la del Tema 6 del primer libro, lo pasa mejor: se vuelve a la cama y se olvida de todo.

Algunos intentan olvidar poniéndose los auriculares[10] del walkman. Eso no es tan peligroso[11]

1 **cariño** Schatz
2 **suelo** Boden
3 **cada cual** jeder
4 **educado** wohlerzogen
5 **tacos** Schimpfwörter
6 **me cago en la virgen** ⟨!⟩ ich scheiß auf die Muttergottes

como querer arreglarlo[12] con copas o botellas de lo que sea: coñac, guisqui o aguardiente[13]. Otros hablan por teléfono. Eso es lo mejor que se puede hacer: buscar la charla[14], hablar con los amigos, soltarlo todo[15]. Y si no, pedir hora en la consulta[16] de un sicólogo[17] o de un siquiatra[18]. ¡Para eso están[19]!

Lo que le hace falta a todo el mundo para salir de la «mala racha[20]» es la esperanza[21] de que algo cambie. Pero las cosas solas no cambian. Cuánta gente lo intenta con la primitiva[22], con otras loterías o con las máquinas tragaperras[23]: «¡A ver si me toca el gordo[24], a ver si tengo suerte!» Pero esa suerte, esos millones les tocan a muy pocos. Y normalmente no les cambia la vida. A los cuatro o cinco años lo han perdido todo otra vez.

Para estos males no hay receta. A veces conviene aguantarse[25]… y a veces escapar[26].

¿Lo dice el texto? – ¿Sí o no?	sí	no
1. Cuando no hay café el marido se cae al suelo.	■	■
2. Cada cual tiene días malos.	■	■
3. Algunos no quieren levantarse cuando tienen un día malo.	■	■
4. El espejo tiene ojeras.	■	■
5. Puede ayudar hablar por teléfono.	■	■
6. Es peligroso olvidar tomando alcohol.	■	■
7. Sin esperanza no cambian las cosas.	■	■
8. Mucha gente piensa que la primitiva puede cambiar su vida.	■	■
9. A muchos les toca la suerte.	■	■
10. Existe una receta para los días malos.	■	■

7 **estar hasta los huevos**(!) die Schnauze voll haben
8 **espejo** Spiegel
9 **admirado** bewundert
10 **auriculares** Kopfhörer
11 **peligroso** gefährlich
12 **arreglarlo** in Ordnung bringen
13 **aguardiente** Schnaps
14 **charla** Gespräch
15 **soltarlo todo** alles rauslassen
16 **consulta** Sprechstunde
17 **sicólogo** Psychologe
18 **siquiatra** Psychiater
19 **para eso están** dafür sind sie da
20 **salir de la mala racha** aus der schlechten Phase rauskommen
21 **esperanza** Hoffnung
22 **primitiva** 6-aus-49-Lotterie
23 **tragaperras** einarmige Banditen
24 **le toca el gordo** er zieht das große Los
25 **aguantarse** durchhalten
26 **escapar** entfliehen

TEMA 4

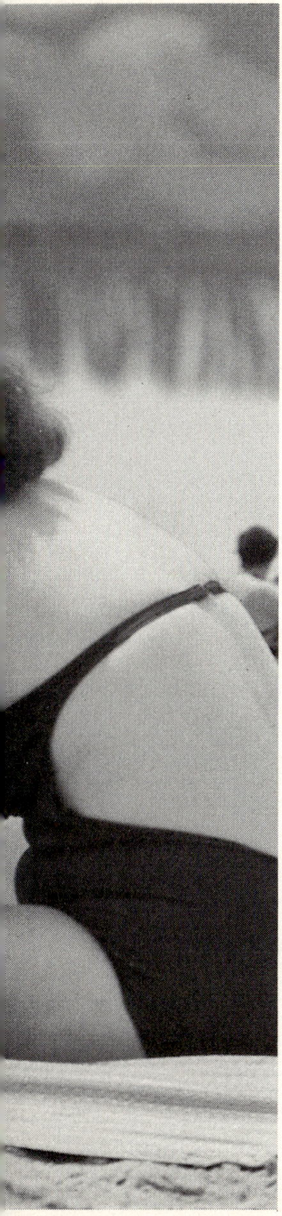

UN DOMINGO EN LA PLAYA

Las cuatro personas: P: el padre – M: la madre
JM: José María – MJ: María José

Los preparativos

JM: Papá, ¿qué vamos a hacer el domingo?

P: Yo que sé. Quedarnos en casa y pasar un día tranquilo.

JM: ¡Qué rollo! Llevamos dos meses sin ir a la playa. Venga, vamos a Matalascañas.

MJ: *Yo quiero ir al Coto,*

P: ¡Preguntadle a Mamá!, a ver que opina.

–

JM: Mamá dice que sí, a condición de que tú te ocupes de la comida.

MJ: *Papá, ¡haznos una paella!, ¿vale?*
Nnmm ...

En la caravana

JM: ¿Falta mucho para llegar?

M: *Hace diez minutos que salimos. Hasta allí tardamos por lo menos una hora mas.*

MJ: *Mamá, tengo hambre.*

M: *¡No empecéis, que acabamos de desayunar.*

JM: Yo quiero comerme un bocadillo.

MJ: *Yo también.*

M: *¡Dejadme en paz y no seáis pesados! La cesta de la comida está detrás en el maletero.*

–

P: Esto no adelanta. Como sigamos así no vamos a llegar nunca.

M: *¡Cuidado, papá, frena!*

P: Este idiota que va delante ....

M: *La culpa la tienes tú. ¡Estate más atento!*

En la playa

P: ¿Te parece bien aquí, María José?

M: *Bueno, hay muchísima gente, pero, ¿qué le vamos a hacer?*

JM: Mamá, ¡dame el flotador!

M: *¡Espera!, que voy a poner la sombrilla.*

JM: Mamá, ¡mira! Hay un pez muerto flotando.

MJ: *Allí hay otro.*

JM: Yo no me meto en el agua.

P: No pasa nada. Los peces también tienen que morir. Es una cosa normal.

JM: A mí me da asco, Papá.

–

JM: Papá, ¡mira aquel hombre! ¡Que tabla de surf más guay tiene!

MJ: *¡Yo quiero una!*

P: Tú eres muy chica para eso. Cuando tengas catorce años te regalo una.

M: *¡Cómo quema la arena!*

P: ¡Métete debajo de la sombrilla!

M: *¡Córrete un poquito p'allá, Nicolás! ¿Cuándo nos vamos?*

P: ¿Adónde?

M: *A comer.*

P: Cariño, es temprano todavía.

M: *Pues yo me aburro. ¡Tú leyendo todo el día, los niños por ahí!*

P: ¿No te has traído ninguna revista?

M: *¡Con el calor que hace!*

En el chiringuito

P: ¿Qué vamos a comer?

M: *¡Vamos a pedir una paella para tres!*

JM: Yo no quiero paella, yo quiero una tortilla de patatas.

M: *¡No empecemos! Vamos a aprovechar que estamos en la playa y pedimos una paella de mariscos.*

P: Pero si el niño no quiere. ¡Pídele lo que quiere, qué más te da!

M: *Siempre tienen que hacer ellos lo que les da la gana.*

Otra vez en la playa

JM: Papá, ¿por qué no alquilamos un patín?

MJ: *¡Sí, vale papá!*

P: ¡Dejadme en paz que yo después de comer me echo mi siesta!

JM: Entonces nos vamos solos.

M: *Ni hablar. ¡Solos no vais!*

P: ¿Por qué no? No les va a pasar nada.

M: *¡Que he dicho que no!*

P: ¡Entonces vete tú con ellos!

M: *Tú sabes muy bien que a mí no me gusta montarme en eso.*

P: ¡Iros con el colchón a jugar por ahí y cuando me despierte os acompaño.

JM: Yo no quiero jugar con el colchón, porque María José siempre me lo quita.

P: Basta ya, ¡callaos un ratito!

Otra vez en al caravana

MJ: *¡Dame mi tebeo!*

JM: Yo lo he cogido primero.

MJ: *Pero es mío, ¡dámelo!*

JM: ¡Déjame que lo termine!

MJ: *He dicho que me lo des.*

P: ¡A callar, que no paráis ni un minuto! A ver si aprendéis a comportaros.

JM: Pero si es verdad, Papá. Esta niña es tonta.

MJ: *El más tonto eres tú.*

M: *¡Dámelo a mí! Se acabó. Si no os ponéis de acuerdo …*

–

M: *Para un momento, que me estoy meando.*

P: Ahora no puedo. Pasado Bollulos hay una venta. Ahí paramos.

M: *Nicolás, te he dicho que pares ahora. No aguanto más.*

En casa otra vez

P: María José, ¡abre tú que yo no tengo llave!

M: *¿Dónde está mi bolso? José María, ¡acércate al coche y tráeme mi bolso!*

–

JM: Mamá, no lo encuentro.

M: *¡Mira en el maletero!*

JM: Ya he mirado y tampoco está.

P: En algún sitio tiene que estar.

M: *¡Adiós, no me digas que me lo he dejado en la venta!*

¡ESCUCHA!

A.

¿Qué es correcto?

1. La familia pasa su domingo
a en casa de la abuela.
b en el parque.
c en la playa.

2. Van a la playa
a andando.
b en tren.
c en coche.

3. Los niños
a se comportan bien.
b no se entienden bien.
c quieren quedarse en casa.

B.

¿Sí o no?

		sí	no
	Los preparativos		
1.	El padre quiere quedarse en casa.	■	■
2.	Los niños no quieren ir a la playa.	■	■
	En la caravana		
3.	Los niños tienen hambre.	■	■
4.	La madre tiene la comida en una bolsa.	■	■
	En la playa		
5.	Al niño no le gustan los peces muertos.	■	■
6.	La niña quiere una tabla de surf.	■	■
	En el chiringuito		
7.	Todos quieren comer una paella.	■	■
8.	Padre y madre están de acuerdo.	■	■
	Otra vez en la playa		
9.	Los niños quieren alquilar un patín.	■	■
10.	El padre va a echar su siesta.	■	■
	Otra vez en al caravana		
11.	Los niños están muy tranquilos.	■	■
12.	La madre dice al padre que pare enseguida.	■	■
	En casa otra vez		
13.	El padre no tiene la llave de la casa.	■	■
14.	La madre ha dejado las llaves en una venta.	■	■

¡APRENDE!

UN DOMINGO EN LA PLAYA
EIN TAG AM STRAND

Los preparativos
Die Vorbereitungen

tranquilo
ruhig
¡qué rollo! ‹ ›
ätzend!, o Mann!
Matalascañas
Strandbad zwischen Cádiz und Huelva
el Coto (Doñana)
großer Naturschutzpark
¡preguntadle a Mamá!
fragt Mama!
opinar
meinen
a condición de que
unter der Bedingung, daß
ocuparse de
sich kümmern um
una paella
Reisgericht aus der Pfanne, wird als spanisches Nationalgericht gehandelt, in vielen Familien sonntags auf dem Tisch

En la caravana
In der Autoschlange

¿falta mucho para llegar?
sind wir bald da?
hace diez minutos
vor zehn Minuten
¡no empecéis!
fangt nicht an! (eure Eltern zu nerven)
un bocadillo
ein belegtes Brot
¡dejadme en paz y no seáis pesados!
laßt mich in Frieden und seid nicht so nervig!
la cesta
der Korb
detrás
hinten
adelantar
überholen
como sigamos así no vamos a llegar nunca
wenn es so weitergeht, kommen wir nie an
el cuidado
die Achtung, Vorsicht
frenar
bremsen
el idiota ‹ ›
der Idiot
delante
vorne
la culpa
die Schuld
¡estate más atento!
gib mehr acht!

En la playa
Am Strand

hay muchísima gente
da sind ganz viele Leute
¿qué le vamos a hacer?
was sollen wir machen?, was können wir (daran) ändern?
el flotador
der Schwimmreif
poner la sombrilla
den Sonnenschirm aufstellen
un pez muerto
ein toter Fisch
flotar
(oben) schwimmen
meterse en el agua
ins Wasser gehen
es una cosa normal
das ist eine normale Sache
dar asco
ekeln
la tabla de surf
das Surfbrett

guay〈 〉
klasse (Teenie-Sprache)

qué tabla de surf más guay tiene
was der ein tolles Surfbrett hat

chico
klein, jung

regalar
schenken

quemar
(an/ver)brennen

la arena
der Sand

¡métete debajo de la sombrilla!
geh unter den Sonnenschirm!

¡córrete un poquito p'allá, Nicolás!
rück ein bißchen rüber, Nicolas

temprano
früh

aburrirse
sich langweilen

leyendo (leer)
lesend

la revista
die Zeitschrift

el calor
die Hitze

En el chiringuito
In der Strandkneipe

para tres
für drei

una tortilla de patatas
ein Kartoffel-Eierkuchen

¡no empecemos!
wir fangen nicht (schon wieder damit) an!

los mariscos
die Meeresfrüchte

¡pídele lo que quiere!
bestell ihm, was er will!

¿qué más te da?
was kümmert/juckt dich das?

siempre tienen que hacer ellos lo que les da la gana
immer müssen sie machen, wozu sie gerade Lust haben (hier ist die Mama so genervt, daß ihr kein besseres Argument einfällt)

Otra vez en la playa
Wieder am Strand

alquilar
mieten

un patín
das Tretboot

echarse su siesta
sein Mittagsschläfchen halten

a mí no me gusta montarme en eso
ich setze mich nicht gerne in so ein Ding

¡idos!
geht!

acompañar
begleiten

quitar
wegnehmen

basta ya
es ist genug

¡callaos!
seid ruhig!

Otra vez en la caravana
Wieder in der Autoschlange

el tebeo
der Comic

a callar, ¡que no paráis ni un minuto!
still, ihr haltet ja keine Minute ruhig!

a ver si aprendéis a comportaros
lernt euch mal zu benehmen

tonto
Dummkopf

¡se acabó!
Schluß jetzt!

si no os ponéis de acuerdo ...
wenn ihr euch nicht einigt ...

mearse
pinkeln (müssen)
pasado (+ Ort)
hinter
Bollulos
Name eines Dorfes in Richtung Sevilla
una venta
ein Gasthaus

En casa otra vez
Wieder zu Hause

la llave
der Schlüssel
acercarse
(hin/her)gehen
¡adiós, no me digas que me lo he dejado en la venta!
Mann, ich werde den doch nicht in dem Gasthaus vergessen haben (¡jetzt ist die Mama endlich eine *mujer al borde de un ataque de nervios,* eine Frau am Rande des Nervenzusammenbruchs. Wir blenden daher aus…)

El Sol es la carta de la creatividad. El dominio del espíritu sobre la materia. Señala un hecho inesperado en la vida de Madrid. Seguramente a Fin de Año.

Más imperativos

Alle Mann strammstehen: Der Imperativ im Plural

+		–
(nosotros)	hablemos	no hablemos
(vosotros)	habl**ad**	no habléis
(ustedes)	hablen	no hablen
(nosotros)	comamos	no comamos
(vosotros)	com**ed**	no comáis
(ustedes)	coman	no coman
(nosotros)	escribamos	no escribamos
(vosotros)	escrib**id**	no escribáis
(ustedes)	escriban	no escriban

Fast alle Imperativformen im Plural entsprechen dem subjuntivo. Ausnahme ist die bejahte Form von vosotros. Sie endet: **-ad**, **-ed**, **-id**. Gesprochen wird das «d» im Auslaut meist nicht. Die Zunge wird trotzdem an die oberen Schneidezähne gelegt – wie zum [-th], dann klingt aber nichts mehr.

Imperativ der 1. Person Plural

Die Konstruktion **vamos + a + Infinitiv** (Laßt uns …) ist gebräuchlicher als das steifer klingende **cantemos**, **pongamos**, oder **tomemos**. Achten Sie auch darauf, daß statt vayamos einfach **vamos** steht. (vamos a … bedeutet also 1. laßt uns … und 2. wir werden …)

¡Vamos a casa!	Gehen wir nach Hause!
¡Vamos a cantar!	Laßt uns singen!
¡Vamos a poner la mesa!	Decken wir den Tisch!
¡Vamos a tomar una copa!	Trinken wir einen!

1. *Más imperativos*

¡Busca en el diálogo todas las formas del imperativo en plural! Son dos de la primera y siete de la segunda persona.

2. *¿Cómo es la forma del imperativo?*

1. ¡Queréis callaros! ....¡callaos!........
2. ¡Queréis poner la mesa! ....
3. ¡Queréis meteros en el agua! ....
4. ¡Queréis mirar! ....
5. ¡Queréis dejar de discutir! ....
6. ¡Queréis parar! ....
7. ¡Queréis iros a comprar cerveza! ....
8. ¡Queréis pedir una paella! ....
9. ¡Queréis comer el bocadillo! ....
10. ¡Queréis quedaros en casa! ....
11. ¡Queréis preguntarle a mamá! ....
12. ¡Queréis hacerme caso! ....

3. Sagen Sie's ganz direkt!

1. ¡Queréis dejar de discutir! ....¡no discutáis!........
2. ¡Queréis dejar de tomar coñac! ....
3. ¡Queréis dejar de hacer ruido! ....
4. ¡Queréis dejar de llamarme «tonto»! ....
5. ¡Queréis dejar de quejaros! ....
6. ¡Queréis dejar de tomarme el pelo! ....
7. ¡Queréis dejar de decir idioteces! ....
8. ¡Queréis dejar de meter la pata! ....
9. ¡Queréis dejar de gastar tanto dinero! ....
10. ¡Queréis dejar de robarme cigarrillos! ....
11. ¡Queréis dejar de molestarnos! ....
12. ¡Queréis dejar de venir a estas horas! ....

Reflexive Verben im Imperativ

¡Levantémonos a las cinco!	Laßt uns um fünf aufstehen!
¡Movámonos!	Laßt uns uns bewegen!
¡Sentémonos!	Setzen wir uns!
¡Levantaos!	Steht auf!
¡Iros!	Geht weg!
¡Sentaos!	Setzt euch!
¡Comportaos!	Benehmt euch!
¡Despertaos!	Wacht auf!
¡Quejémonos!	Beklagen wir uns!

Cuidado:
In der Imperativform von reflexiven Verben fällt in der 1. und 2. Person Plural der Endkonsonant weg (**vamonos** statt vamosnos, **lavaos** statt lavados).

Achtung
Der Imperativ 2. Person Plural von irse: **iros**. Das **d** von **id** entfällt also nicht, sondern wird durch ein **r** ersetzt.

Ausrufezeichen

Anders als im Deutschen muß das Ausrufezeichen nicht beim Imperativ stehen. An der Verbindung ist der Imperativ ja eindeutig zu identifizieren. Das Ausrufezeichen dient dazu, daß eine besondere Betonung auf die Befehlsform gelegt wird, ist also eine Anleitung zum Sprechen. Trotzdem haben wir alle Imperativformen mit Ausrufezeichen versehen, damit Sie sie klar erkennen und von anderen Formen (indicativo y subjuntivo) unterscheiden lernen.

PRÁCTICA

4. *Más imperativos*

Fordern Sie einen Freund auf. Achten Sie darauf, all diese Verben sind nicht reflexiv, werden aber in der Umgangssprache so gebraucht:

1. pasar por aquí ¡ Pásate por aquí !
2. tomar una cerveza ¡.......................................!
3. escuchar esto ¡.......................................!
4. venir mañana ¡.......................................!
5. traer una botella de champán ¡.......................................!
6. desayunar en el bar ¡.......................................!
7. esperar un momento ¡.......................................!
8. echar la siesta ¡.......................................!
9. estudiar la lección ¡.......................................!
10. estar atento ¡.......................................!
11. subir al tren ¡.......................................!
12. bajar primero ¡.......................................!
13. salir de aquí ¡.......................................!
14. (zum Auto:) arrancar ahora mismo ¡.......................................!
15. cobrar lo que te debo ¡.......................................!

5. Hinweis:

Vielleicht machen die Übungen mit der Imperativ-Form in Tema 3 und 4 ein bißchen mürbe. Wir raten: ¡Durchhalten!, ¡durchhalten!, ¡durchhalten! Später werden Sie es uns danken: «Ach wie gut, daß wir die Imperative damals so gut gelernt haben!» (Ende der Übung)

6. *Vamos a hablar del domingo en la playa*

1. El padre de familia Nicolás, ¿cómo quiere pasar el domingo?
2. ¿Qué es lo que quieren los dos niños?
3. ¿Quién es el que tiene más trabajo ?
4. ¿Se viene la mamá sin condiciones?
5. ¿A los niños les gusta el viaje ?
6. ¿Los niños se meten en el agua enseguida ?
7. ¿Dónde comen?
8. ¿Qué pasa después de la comida?
9. ¿Se entienden bien los niños?
10. ¿Qué pasa al volver a casa?
11. ¿Recomiendas ir a la playa los domingos? ¿Por qué?
12. ¿Qué se puede hacer en vez de ir a la playa?

TEORÍA

Das Sprachfüllsel namens «que»

¡No empecéis que acabamos de desayunar!
Fangt jetzt nicht (damit) an, wir haben doch gerade gegessen!

¡Qué he dicho que no!
Nein habe ich gesagt!

¡Espere, que voy a cambiar el billete!
Warten Sie, ich gehe gerade den Schein wechseln!

¡Para un momento, que me estoy meando!
Halte mal einen Moment an, ich mach nämlich in die Hose.

Das **que** verstärkt die Aussage. Manchmal bedeutet es «doch», manchmal ist es gar nicht übersetzbar und einfach nur idiomatisch.

El acento

¡Diga!	Sagen Sie!
¡Dígamelo!	Sagen Sie es mir!

Zu beachten ist: die betonte Silbe des Verbes bleibt im Imperativ betont, das heißt, der Akzent bleibt an seiner Stelle, beziehungsweise muß an die betonte Stelle gesetzt werden, auch wenn zwei Pronomen an den Imperativ angehängt werden.

¡Deja!	Laß!
¡Déjalo!	Laß es!
¡Déjamelo!	Laß es mir!

Dasselbe gilt für Infinitiv und Gerundium.

¡A ver!

¡A callar!	Ruhe jetzt!
¡A comer!	Essen!
¡A jugar!	Jetzt wird gespielt!

a + Infinitiv wird auch als Imperativ gebraucht.

¡Estate quieto!	Sei ruhig!
¡A comer!	Essen!
¡A jugar!	Jetzt wird gespielt!

In der Umgangssprache werden viele Verben reflexiv gebraucht, auch wenn sie es eigentlich nicht sind. Nicht nur im Imperativ, sondern in anderen Formen auch:

Me como un bocadillo.	Ich esse ein belegtes Brot.
Tío, no quieres fumarte un canuto con nosotros?	Mann, willste nicht 'nen Joint mit uns rauchen?

7. Noch mehr Befehle

Verneinen Sie die Lösungen aus Übung 2!

1. ...... ¡No os calléis! ......

Drücken Sie die Lösungen aus Übung 3 positiv, d.h. ohne Verneinung aus!

2. ...... ¡Discutid! ......

8. *Ensalada de palabras*

Was hier folgt ist kein Wortsalat, sondern ein kaltes Buffet mit erheblichen mixed pickles. Schreiben Sie die Satzfetzen auf Zettel, um sie dann zu ordnen. Das erleichtert die Aufgabe.

1. Carmen – jefe – niño del – tener – un – va a
2. a la boloñesa – aprovechar – en un restaurante – espaguetis – italiano – para todos – que estamos – vamos a – y pedimos
3. debajo – del colchón – detrás – el flotador – en el maletero – está
4. a llegar antes – cinco – como – de las – de la – no vamos – sigamos así – tarde
5. No me – dejado – digas – en casa – las llaves – que me he
6. el colchón – jugar con – me lo quita – niña tonta – no quiero – porque esta – siempre – yo
7. abuela – de la – ir a casa – llevamos dos – semanas sin
8. chiringuitos – en los – muy bien – no me gusta – pedir – que a mí – sabes – tortilla – tú
9. casa de – ir a – la abuela – llevamos – meses sin – ya tres
10. comer me – dejadme – después de – echo – en paz – mi siesta– que yo
11. aprovechar – centro y – Corte Inglés – en el – pasamos – por el – que estamos – vamos a
12. a jugar – al chiringuito – el flotador – idos con – os acompaño – por ahí – y cuando – yo vuelva
13. hacer ellos – la gana – les da – lo que – siempre – tienen que

TEORÍA

Subjuntivo o indicativo

Konjunktionen mit und ohne subjuntivo

Hieran beißt sich manch einer die Zähne aus. Unser Tip zur individuellen Problemlösungsstrategie: Viele Fremdsprachenlerner vergleichen immer mit ihrer Muttersprache. Dabei kommt es dann zu Fragen wie etwa: «Wieso ist das Akkusativ, das ist im Deutschen doch Dativ?» Solche Fragen nützen niemandem, sondern lenken unnötig ab. Fremdsprachen lernen heißt: andere Systeme der anderen Sprache akzeptieren. Die Frage, die weiterhilft, heißt also: «Wie funktioniert das eigentlich auf spanisch?»

1. Immer steht der subjuntivo nach:

para que	um zu
sin que	ohne daß
antes que	bevor
a condición de que	falls, unter der Bedingung, daß

Beachten Sie: ohne **que** stehen **para**, **sin** und **antes de** auch direkt vor dem Infinitiv.

2. Es kann der subjuntivo stehen nach:

como	wie
cuando	wenn
donde	wo
hasta que	bis

mit subjuntivo:	ohne subjuntivo:
Lo hago como usted quiera. Ich tue es, wie Sie gesagt haben. **Es ist noch unklar, wie etwas ist.**	Lo hago como usted ha dicho. Ich tue es, wie Sie wünschen. **Es ist bereits klar, wie etwas ist.**

9. *¿Indicativo oder subjuntivo?*

1. Me quedo contigo hasta que no ....quieras.... más. (querer)
2. Camarero, un gin tonic por favor. – Como usted ....(querer)
3. Sabes dónde se .... comprar cigarrillos? (poder)
4. ¿Cuándo nos ....otra vez? (ver)
5. Cuando nos ...., te voy a contarlo todo. (ver)
6. Joaquín es muy duro. Trabaja hasta que no ....más. (poder)
7. Como .... siempre mi mamá: ¡No corras tanto en la vida! (decir)
8. Te doy el postre a condición de que .... el bocadillo. (terminar)
9. Lo he hecho tal como usted me .... dicho. (haber)
10. Quiero pasar mis vacaciones en un sitio donde .... tranquilidad. (haber)
11. Como .... así no vamos a llegar nunca. (seguir)
12. Cuando .... dinero te lo compro, ¿vale? (tener)

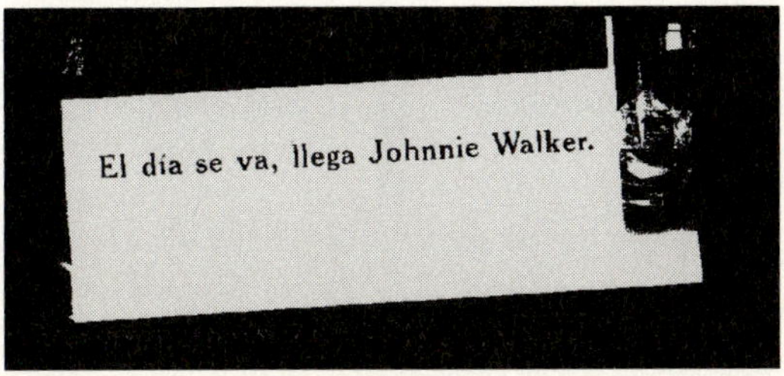

10. *Traducción:*

1. Schreibt euch ein!
2. Heiratet!
3. Wacht auf!
4. Setzt euch!
5. Bleibt zu Hause!
6. Beschwert euch!
7. Vergnügt euch!
8. Ärgert euch!
9. Benehmt euch!
10. Seid ruhig!

Das gleiche jetzt noch unbedingt und gnadenlos und unter keinen Umständen erläßlich in der ersten Person Plural!

TEORÍA

mit subjuntivo	ohne subjuntivo
Cuando tenga dinero ... Wenn ich (einmal) Geld habe.	(Siempre) Cuando tengo dinero me lo gasto en un día. (Immer) Wenn ich mal Geld habe, gebe ich es in einem Tag wieder aus.
Cuando ist unsicher und auf die Zukunft bezogen.	**Cuando** als Erfahrung, drückt Sicherheit aus, gilt für Vergangenheit, Gegenwart und Zukunft.
Vamos a volver a vernos donde sea. Wir sehen uns wieder, egal wo.	Nos vemos donde nos encontramos la última vez Wir sehen uns da, wo wir uns das letzte Mal trafen.
Donde drückt aus: wo auch immer.	**Donde** präzisiert.
Quiero vivir contigo **hasta que no quieras** más. Ich will mit dir leben, bis du nicht mehr willst.	Vivimos juntos **hasta que** me dejaste por Pepe. Wir lebten zusammen, bis du mich wegen Pepe verlassen hast.
Hasta que bezieht sich auf Gegenwart und Zukunft.	**Hasta que** bezieht sich auf Vergangenheit

Das redundante Pronomen

Doppelt gemoppelt hält besser

Dies ist eine besondere Eigenart im Spanischen. Die gleiche Person oder Sache wird in einem Satz zweimal ausgedrückt:

Este coche no **lo** vendo.
Dieses Auto verkaufe ich nicht.

La culpa la tienes tú.
Du hast die Schuld.
¿**A mí**, qué **me** importa?
Was juckt mich das?

Betonte Akkusativ-Objekte und Dativ-Personen stehen zusätzlich als Pronomen beim Verb.

PRÁCTICA

11. Betonen Sie, worum es geht

1. Quiero vender **esta bicicleta**.

   Esta bicicleta la quiero vender.

2. Tú tienes **las llaves**.
3. Papa tiene **la culpa**.
4. He dado cinco mil pesetas **a Emilio**.
5. No **nos** invitan.
6. ¿No has dicho **esto**?
7. **Me** dices esto?
8. No han pagado todavía **a Paco**.
9. ¿Quieres terminar **el café**?
10. Mujer, **me** vuelves loco.
11. ¡Yo hago **las preguntas**!
12. Yo arreglo **el motor** pero no puedo arreglar la cafetera.

12. *Traducción*

Übersetzen Sie den Lectura-Text auf Seite 118 im Anschluß an die Übungen ins Deutsche. Versuchen Sie nicht wörtlich zu übersetzen, sondern idiomatisch: «Wie würde man auf deutsch in dieser Situation sagen.» (Unser Lösungsvorschlag im Anhang ist natürlich nur eine von mehreren möglichen Übersetzungen.)

13. *¡Relaciona!*

1.	¿Sabes cuando empieza el concierto?	**a**	Ni hablar.
2.	Carmen va a tener un niño del jefe.	**b**	Con el calor que hace.
3.	Aquí no hay sitio para todos.	**c**	No paráis ni un minuto.
4.	¿Te vienes a la piscina?	**d**	me estoy meando!
5.	Mamá, Juan no me da mi tebeo. Mamá, Pepe es un tonto.	**e**	Qué rollo!
6.	Papá, ¿puedo ir a la fiesta?	**f**	¡Qué guay!
7.	¡Para el coche, ...	**g**	¡Córrete un poco p'allá!
8.	No hemos ganado nada en la lotería.	**h**	Yo que sé.
9.	No quiero hacer el amor contigo.	**i**	¿Por qué? No pasa nada.
10.	Niños, ¡mañana vamos a la playa!	**j**	Qué le vamos a hacer.

TEORÍA

Achtung im indefinido:
pedí, pediste, **pidió**, pedimos, pedisteis, **pidieron**
seguí, seguiste, **siguió**, seguimos, seguisteis, **siguieron**

Die dritte Person Einzahl und Mehrzahl hat also im indefinido als Stammvokal **«i»** statt **«e»**.

El verbo irregular

e → i

pedir	**seguir**
pido	sigo
pides	sigues
pide	sigue
pedimos	seguimos
pedís	seguís
piden	siguen

genauso:	despedirse	– sich verabschieden
	impedir	– verhindern
servir	reírse	– lachen
conseguir	repetir	– wiederholen

¡Ojo!

yo qué sé	keine Ahnung
qué rollo	wassen Ding, verdammt!
no seáis pesados	seid nicht so nervig
qué le vamos a hacer	da kann man nichts machen
no pasa nada	egal! Was ist schon dabei.
guay	bärenstark (Kindersprache)
córrete un poquito p'allá	rück ein bißchen rüber
con el calor que hace	bei der Hitze
que más te da	was ist schon dabei
ni hablar	auf keinen Fall
no paráis ni un minuto	ihr haltet aber auch nicht eine Minute still
se acabó	Schluß jetzt
me estoy meando	ich mach in die Hose

14. *El verbo irregular*

¿Qué forma de qué verbo falta?

conseguir – pedir – reírse – repetir – seguir – servir

1. Yo no te .... nada.
2. ¿De qué te .... ?
3. Me parece que así Victor y Ana no .... nada.
4. Esta maldita máquina no .... para nada.
5. ¡Vete tú primero! Nosotros te........... más tarde.
6. (Yo) ....la tercera vez: las cosas no son así, son más complicadas.
7. Los niños siempre .... lo mismo en los restaurantes: o tortilla de patatas o espague con salsa de tomate.
8. Señores, ¿les .... el pescado y el flan a la vez?
9. Con ese profe es muy divertido, nos .... mucho.
10. Sólo te .... que no me dejes.

15. *Mini-Charla*

A: Vamos a **pedir paella**.
B: Yo **no quiero comer** paella.
A: ¡No empieces!
B: **Quiero comer** lo que me da la gana.

1. pedir paella
2. al cine
3. comprar un vídeo
4. jugar con el colchón
5. tomar café
6. alquilar un patín

PRÁCTICA

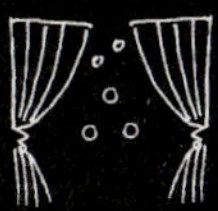

16. *Teatro*

1. A y **B** están en la playa.
A, el marido, está contento con su periódico.
B, su mujer, se aburre y le da la lata a **A**.

2. C y **D** están en casa.
C, la mujer, está contenta, está leyendo una novela interesante y tiene ganas de tomar café.
D, el marido, no se ha traído los papeles de su oficina, se aburre, no sabe qué hacer.

LECTURA

PEQUEÑAS GUERRAS[1]

El walkman

¡Escucha esto!

¡No, déjame tranquilo!

¡Hombre, venga, coge los auriculares!

¡No te he dicho que me dejes en paz[2]!

¡No te enfades! ¡Sólo quiero que escuches esta canción!

¡Por favor, no me des la lata[3]! ¿No ves que estoy leyendo?

El tabaco

¡Haga el favor de apagar su cigarrillo!

¡No se ponga así[4]!

¡Le he dicho que apague su cigarrillo! ¡No ve que está prohibido!

¡Espérese que ya lo termino!

¡No me provoque[5]!

¡Oiga, no me amenace[6]!

¡Sinvergüenza[7], váyase de aquí!

¿Sinvergüenza yo?, ¡retire[8] eso o le parto la cara[9]!

¿A mí? ¡Vamos fuera y vamos a arreglarlo como hombres!

La escuela

¡Niños, no habléis todos a la vez[10]!

–

¡Niños, callaos!

–

¡Que he dicho que os calléis!

–

¡Manolito, fuera, vete al patio[11]!

–

¡No comáis chicle[12] en la clase!

–

¡Paca y Pepe, despertaos[13] ya!

–

¡Préstale el libro a Sonia!

–

¡No molestéis!

–

¡Ven a la pizarra[14]!

–

¡Portaos bien[15]!

–

¡Copiad [16]el ejercicio ocho veces para mañana!
¡Y que no me venga nadie[17] diciendo que …!

¿Lo dice el texto? – ¿Sí o no?	sí	no
1. Uno quiere que el otro escuche algo.	■	■
2. El otro quiere leer.	■	■
3. Los dos hablan tranquilamente.	■	■
4. Uno no quiere apagar su cigarrillo.	■	■
5. El otro es amigo del tabaco.	■	■
6. El que no fuma no se siente provocado.	■	■
7. Los dos son buenos amigos.	■	■
8. Los niños hablan todos a la vez.	■	■
9. Manolito tiene que salir de la clase.	■	■
10. Paca y Pepe duermen en la clase.	■	■

1 **guerra** Krieg
2 **dejar en paz** in Ruhe lassen
3 **dar la lata** auf den Geist gehen
4 **no se ponga así** stellen Sie sich nicht so an!
5 **provocar** provozieren
6 **amenazar** bedrohen
7 **sinvergüenza** unverschämter Lümmel
8 **retirar** zurücknehmen
9 **partir la cara** verdreschen
10 **a la vez** zusammen, auf einmal
11 **patio** Hof
12 **chicle** Kaugummi
13 **despertarse** aufwachen
14 **pizarra** Tafel
15 **portarse bien** sich ordentlich benehmen
16 **copiar** abschreiben
17 **que no me venga nadie** daß mir keiner kommt und …

TEST 2

1. *Comprensión auditiva*

Hören Sie die folgenden Sätze von der Cassette und tragen Sie die fehlenden Wörter ein. Spulen Sie die Cassette dann zurück und hören Sie die Sätze zur Sicherheit ein zweites Mal.

1. Pero yo tengo un .... para esta noche. **2.** Me pone con una persona que esté .... de los .... de luz. **3.** Hombre pero le tengo que cobrar el .... del maletero, más luego el ...., la subida de la gasolina. **4.** Unos dicen expresiones menos ...., otros sueltan tacos. **5.** ¡Cuánta gente lo intenta con la ...., con otras loterías o con las máquinas ....: «¡A ver si me toca el gordo, a ver si tengo suerte!» **6.** Pues yo me aburro. ¡Tú .... todo el día, los niños por ahí! **7.** ¡Iros con el .... a jugar por ahí y cuando me .... os acompaño. **8.** ¿Dónde está mi bolso? José María, ¡........................ al coche y .... mi bolso! **9.** ¡No te .... ! ¡Sólo quiero que .... esta canción! **10.** ¿A mí?, ¡vamos fuera y vamos a .... como hombres!

2. Gramática:

Falta la forma del imperativo:

1. Por favor, Pili, ¡no me .... eso! (hacer)
2. Señor, ¡ .... ahora mismo! (venir)
3. Niños, ¡ no .... de aquí! (salir)
4. Pepa, ¡ .... ya! No aguanto esas tonterías. (callarse)
5. Nicolás, ¡no .... al patín ese! (subirse)
6. Niños, ¡ .... !, ahí hay un pez muerto. (mirar)

Falta la forma del subjuntivo:

7. Cuando Toni .... dinero, os invita a todos. (tener)
8. Cuando .... a Barcelona, te llamo enseguida. (llegar)
9. Vale, pero a condición de que me .... tú. (invitar)
10. Temo que mi mujer no .... conmigo. (quedarse)
11. Te digo que no .... (esperar)
12. Esperamos que los chicos .... antes de las cinco. (venir)

3. *Comprensión auditiva*

Was hören Sie, was hören Sie nicht? Lesen Sie die Fragen 1-8. Hören Sie dann den Text von der Cassette. Kreuzen Sie **correcto** oder **falso** an.

		correcto	**falso**
1.	Pepito pasa café por la aduana.	☐	☐
2.	Por la mañana siempre hay café en su casa.	☐	☐
3.	Pepito tuvo problemas con su mujer.	☐	☐
4.	Normalmente desayunan en la calle.	☐	☐
5.	Cuando no hay café en casa, le echa la culpa a su mujer.	☐	☐
6.	A Pepito le gusta ir al trabajo sin tomar café.	☐	☐
7.	Encarna le propuso cambiar o buscarse otra casa.	☐	☐
8.	En otra casa Pepito está más a gusto.	☐	☐

Lesen Sie die Fragen 9-16. Hören Sie dann den Text von der Cassette. Kreuzen Sie **correcto** oder **falso** an.

		correcto	**falso**
9.	Los domingos la familia no va fácilmente a la playa.	☐	☐
10.	La madre está de vacaciones.	☐	☐
11.	Al padre le gusta ir en caravana.	☐	☐
12.	Los niños están tranquilos en el coche.	☐	☐
13.	Es difícil encontrar un sitio en la playa.	☐	☐
14.	No quieren comer el mismo plato en el chiringuito.	☐	☐
15.	Después de la comida los niños echan la siesta.	☐	☐
16.	Todos tienen ganas de volver a la playa.	☐	☐

4. *Gramática: ¿Qué es correcto?*

1. Hombre, ¡no se … así!

a pones
b ponga
c pone

2. Por favor papá, ¡ … una paella!

a hacenos
b haznos
c háganos

3. Joaquín sólo habla de … mismo.

a si
b el
c sí

4. Voy a … una cosa interesante.

a te contar
b contarte
c contar a tí

5. Mi novia … en casa.

a está esperandose
b estame esperando
c está esperándome

6. Por favor, ¡ … claramente!

a me lo dice
b dígamelo
c dícemelo

7. Yo pienso que … que se puede hacer es esperar.

a el mejor
b mejor
c lo mejor

8. Lo hago hasta que me … que no.

a dice
b digas
c dices

9. Niños, ¡ … un momento!

a os calléis
b callaos
c callados

10. Encarna, ¡no … pesada! Ahora mismo nos vamos.

a eres
b seas
c seáis

11. Tu eres muy … para eso, María José.

a chica
b chico
c pequeño

12. ¿A … te da asco?

a tú
b tí
c ti

13. No Horacio, ¿es que no … la radio?

a escuches
b escucha
c escuchas

14. Yo no quiero leer el tebeo, porque José siempre … .

a te lo quita
b me la quitan
c me lo quita

5. *Comprensión auditiva*

Wie lautet die einzig passende Antwort? Hören Sie die Fragen und kreuzen Sie an.

1.	A mí me encanta el jefe.	**a**
	Quiero tomar un café.	**b**
	Parece que hay problemas.	**c**
2.	No hablamos de los bancos.	**a**
	Sí, ¡dígame!.	**b**
	Tengo una cuenta en el Banco de Bilbao …	**c**
3.	Parece que no hay problemas.	**a**
	No sé, usted tiene que entender de esto.	**b**
	No compro esas máquinas …	**c**
4.	No llevo mucho dinero.	**a**
	Me parece que está en el centro.	**b**
	Vamos al puerto, mi barco sale en diez minutos.	**c**
5.	Aquí vendemos periódicos.	**a**
	¡Espere!, que todavía no le toca a usted.	**b**
	El billete vale mucho.	**c**
6.	No aguanto los domingos.	**a**
	Yo que sé, quedarnos en casa.	**b**
	No tenemos tiempo para eso.	**c**
7.	No vendemos revistas.	**a**
	Se me ha olvidado.	**b**
	Ahora mismo le traigo el filete.	**c**
8.	No comemos en casa.	**a**
	No sabes si hay un hotel por aquí.	**b**
	Vamos a pedir un arroz para cuatro.	**c**

Test 2 – Gesamtpunktzahl aller richtigen Antworten:

TEMA 5

DIÁLOGO

MONTARSE LA VIDA

En el pueblo

Juan, ¿qué te pasa últimamente que te veo tan deprimido?

Nada, Diego. Estoy como siempre.

No, hombre, no. Hay algo que no va bien.

Bueno, estoy harto de esta vida que llevo aquí. No sé que hacer.

¿Y qué es lo que te cansa tanto?

Primeramente no tengo ningún trabajo fijo. Alguna chapuza sí, pero, ni me puedo comprar un coche, ni hacer un viaje por ahí. Y estar todo el año con mis padres, no hay quien lo aguante.

Oye, con esa cara que pones no podrás salir del bache. Hay que moverse, hay que cambiar la vida.

Sí, cuando me toque la primitiva …

No, así no. Así no conseguirás ningún cambio.

¿Qué me aconsejas entonces?

¡Vete de aquí, búscate la vida en otra parte!

No sé adónde ir.

¡Trata de encontrar algo en la capital!

Buscando trabajo en un bar

¿Está el dueño de esto?

No, ahora mismo no está.

¿A qué hora estará?

Vendrá por la tarde, a las cinco por ahí.

–

¿Qué quería, joven?

Me llamo Juan López García y resulta que me han comentado que están buscando alguien para que eche una mano en la cocina.

¿Has trabajado alguna vez en un bar?

El verano pasado estuve trabajando en Mallorca en un chiringuito.

¿Sabes cocinar, podrás hacer un estofado?

Cocinar no mucho, allí estuve más bien sirviendo.

Entonces no. Lo que me hace falta es un cocinero.

En la oficina de empleo

El catorce por favor ... ¿En qué le puedo ayudar?

Me hace falta encontrar un trabajo.

¿Cuál es su oficio?

Ahora mismo no tengo ninguno, pero he hecho de todo.

¿Como qué, por ejemplo?

El año pasado trabajé en un restaurante, estuve un tiempo en un taller de coches y hace dos años estuve en la obra.

Vamos a tomarle los datos: ¿Sus apellidos, cómo eran?

López García, Juan.

¿Domicilio?

Aquí todavía no tengo casa.

¿Fecha de nacimiento?

El veintidós de marzo de 1973.

¿Entonces ha hecho la mili?

Sí, hace un año en Canarias.

Eso da igual. ¿Formación escolar?

Lo dejé en segundo de BUP.

No sé si habrá algo en el fichero ... Aquí buscan un albañil con experiencia. ¿Cuánto tiempo dice que trabajó en la construcción?

No sé cuánto tiempo estuve, unos cinco o seis meses.

¿Papeles tiene?

No.

No, no, entonces no ... Aquí hay algo. Buscan un camarero para el Hotel Galicia. Si le interesa, tendrá que presentarse mañana. Está en la calle Santiago número treinta y cinco. ¡Pregunte por el señor Domínguez que es el gerente!

¿Cuánto me pagarán?

Yo qué sé ... **[Ende der Cassetten A-Seite]**

Buscando piso en la agencia inmobiliaria

He venido porque estoy buscando un piso pequeño.

¿Para comprar?

No, no, para alquilar.

¿Tiene algún barrio preferido?

Si puede ser en el centro. Así me ahorro los autobuses.

¿Tiene ingresos fijos?

Sí, trabajo en una empresa de hostelería. (Juan se pone colorado como un tomate, pero el empleado de la agencia no lo nota.)

Un momentito ... aquí tengo algo: zona periférica, dormitorio, salón, cocina y baño, bien comunicado, 65.000 pesetas.
Eso de bien comunicado , ¿qué significa?
Que hay parada de metro y de autobús cerca.
Me parece un poco caro. ¿No tiene otra cosa?
Ahora lo miro ... Aquí hay otro en pleno centro junto a Galerías Preciados: un estudio con habitación, lavabo y ducha. Le sale por 39.000 pesetas. El inconveniente que tiene es que es un sexto piso. Como la casa tiene sus años, no tiene ascensor.
Bueno, eso sí me parece interesante. ¿Pero no sé?
¡Decídase!, es una ganga.
Pues, vale ... ¿Cómo me pongo en contacto con el dueño?
No hace falta, de todo eso nos encargaremos nosotros. Si le parece, iremos a verlo mañana.

En el hotel antes de empezar el trabajo

Me harán falta sus señas y su número de seguridad social.
¿Cuándo entro?
Tendrá que presentarse el uno del mes que viene. La ropa se la proporcionaremos nosotros.
¿Qué horario tendré?
Nuestros turnos son: dos semanas de ocho a dieciocho y las otras dos de doce a doce.
¿Habrá un día libre, verdad?
Desde la época de semana santa hasta finales de setiembre se trabaja todos los días. Luego en invierno tendrá dos meses enteros de vacaciones.

Con el dueño del piso

... El alquiler se cobra por adelantado. Me pagará en metálico, ¿verdad?

Sí, lo que usted diga.

¿No tendrá muchas visitas?

No se preocupe que yo aquí conozco a muy poca gente.

Otra cosa: yo le dejaré esta casa a condición de que cuando se vaya, la deje tal como está ahora.

¿El contrato por cuánto tiempo es?

Por un año.

¿Y luego tendré la seguridad de que no me echa?

Eso dependerá de usted.

Otra vez en el pueblo

Juan, ¿cómo te ha ido en la capital.

Hombre, Diego, de puta madre.

¡Cuéntame algo!

Bueno, la oficina de empleo me ha conseguido un trabajo en un hotel. Empezaré la semana que viene. Será duro porque no tendré ni un día libre en verano. Pero luego en invierno, por fin, podré hacer algún viaje. No sé por qué me costó tanto marcharme de aquí.

¿Y dónde vives ahora?

He encontrado un piso bastante céntrico. Es un poco caro, pero qué le vamos a hacer, ya encontraré algo mejor.

Me alegro de que hayas tenido suerte. Entonces dime: ¿cómo se superan los baches?

Hombre, moviéndose.

¡ESCUCHA!

A.
¿Qué es correcto?

1. Juan está deprimido porque
   a no está contento con la vida que lleva.
   b le ha dejado su novia.
   c ha ganado en la lotería.

2. Va a la ciudad
   a para ir a una escuela.
   b para conocer gente.
   c para buscar piso y trabajo.

3. Vuelve al pueblo
   a deprimido.
   b con piso y trabajo en la capital.
   c sin haber tenido suerte.

B.
¿Sí o no?

sí no

En el pueblo

1. Juan no tiene trabajo y no se lleva bien con sus padres.
2. Diego le aconseja ir a la capital.

Buscando trabajo en un bar

3. En el bar buscan un cocinero.
4. Juan sabe cocinar.

En la oficina de empleo

5. Juan no busca un empleo.
6. Le ofrecen un trabajo en un hotel.

Buscando piso en la agencia inmobiliaria

7. Al principio le ofrecen un piso bastante caro.
8. Le encuentran un piso céntrico.

En el hotel antes de empezar el trabajo

9. Hay dos turnos de trabajo: de 8 a 8 y de 12 a 12.
10. Tiene un día libre en verano.

Con el dueño del piso

11. El dinero se paga con un cheque.
12. Juan tiene un contrato de tres años.

Otra vez en el pueblo

13. Le ha ido fatal en la capital.
14. Juan piensa hacer un viaje en invierno.

MONTARSE LA VIDA

SICH SEIN LEBEN EINRICHTEN

En el pueblo
Im Dorf

últimamente
in letzter Zeit
deprimido
deprimiert
harto ‹ ›
überdrüssig, satt
esta vida que llevo
dieses Leben, das ich führe
no sé qué hacer
ich weiß nicht, was ich tun soll
cansar
ermüden, fertig machen
primeramente
zuerst
fijo
fest
la chapuza
die Gelegenheitsarbeit
no hay quien lo aguante
das hält keiner aus
la cara
das Gesicht
con esa cara que pones
bei dem Gesicht, das du ziehst
el bache
das seelische Tief (Schlagloch)
moverse
sich bewegen, umschauen
cuando me toque la primitiva
wenn ich im Lotto gewinne
tocar
dransein mit (hier: gewinnen)
la primitiva
6-aus-49-Lotterie
conseguirás (conseguir)
du wirst erreichen
aconsejar
raten
¡vete de aquí!
geh weg von hier!
¡búscate la vida en otra parte!
such dir dein Leben woanders
¡trata de encontrar algo!
versuch was zu finden!

¡APRENDE!

Buscando trabajo en un bar de la capital
Auf Arbeitssuche in einer Kneipe der (Provinz-)Hauptstadt

el dueño de esto
der Chef hier (von dem)
estará
er wird (hier) sein
vendrá
er wird kommen
a las cinco por ahí
so um fünf Uhr rum
joven
jung
echar una mano
mit anpacken, helfen
un estofado
eine Art Gulasch
cocinar
kochen
más bien
eher, vielmehr
un cocinero
ein Koch

En la oficina de empleo
Auf dem Arbeitsamt

¿en qué le puedo ayudar?
womit kann ich Ihnen helfen?

he hecho de todo
ich habe (schon) alles (mögliche) gemacht
¿como qué por ejemplo?
was zum Beispiel?
el taller de coches
die Kfz-Werkstatt
la obra
der Bau (wo gebaut wird, nicht der Knast)
los apellidos
die Nachnamen
el domicilio
die (Wohn-)Adresse
hacer la mili
Wehrdienst machen (darf inzwischen auch verweigert werden)
da igual
das ist egal
la formación escolar
die Schulbildung
segundo de BUP
ca. 12. Klasse
BUP (Bachiller Unificado Polivalente)
entspricht den drei obersten Klassen der Gymnasialstufe, danach ein Jahr COU (Curso de Orientación Universitaria) und ab auf die Uni
el fichero
die Kartei(karte)
un albañil
der Maurer
la experiencia
die Erfahrung
la construcción
der Bau (Häuser und Straßen)
interesar
interessieren
presentarse
sich vorstellen
el gerente
der Geschäftsführer

Buscando piso en la agencia inmobiliaria
Auf Wohnungssuche bei einem Makler

pequeño/a
klein
alquilar
mieten
preferido
bevorzugt
el centro
Innenstadt
ahorrar
sparen
los ingresos
die Einkünfte
la hostelería
das Hotelwesen
se pone colorado
er läuft rot an
un tomate
eine Tomate
el empleado
der Angestellte
un momentito
ein Momentchen
la zona periférica
der Stadtrand
el dormitorio
das Schlafzimmer
el salón
das Wohnzimmer
el baño
das Bad
comunicado
angeschlossen
significar
bedeuten
la parada
die Haltestelle
pleno
voll
en pleno centro
mitten in der Innenstadt
junto a
bei
Galerías Preciados
Name eines großen Kaufhauses
un estudio
das Apartment
la habitación
das Zimmer
el lavabo
die Toilette
la ducha
die Dusche

el inconveniente
das Unangenehme, der Nachteil
sexto
sechste(r)
tiene sus años
hat seine Jahre = ist nicht mehr das Neuste
el ascensor
der Lift
¡decídase!
entscheiden Sie sich!
la ganga
das Schnäppchen
¿cómo me pongo en contacto con?
wie setze ich mich in Kontakt mit?
el dueño
der Besitzer
nos encargamos de
wir kümmern uns um
si le parece
wenn Sie einverstanden sind
iremos
wir werden gehen

En el hotel antes de empezar el trabajo
Im Hotel vor dem Beginn der Arbeit

las señas
Namen, Adresse ...
la seguridad social
die Sozialversicherung
entrar
anfangen zu arbeiten
tendrá
Sie werden haben
el mes que viene
nächsten Monat
proporcionar
besorgen
proporcionaremos
wir werden besorgen
el horario
der Stundenplan
los turnos
die (Arbeits-) Schichten
el día libre
der freie Tag
la época
die Epoche, Zeit
la semana santa
die Kar-/Osterwoche
finales de
am Ende ...
todos los días
jeden Tag
el invierno
Winter

Con el dueño del piso
Mit dem Wohnungsbesitzer

cobrar
(Geld) einziehen, kassieren
por adelantado
im voraus
en metálico
in bar, cash
lo que usted diga
wie Sie sagen
tal como
so wie
la seguridad
die Sicherheit
echar
rauswerfen

Otra vez en el pueblo
Wieder im Dorf

de puta madre ⟨!⟩
bärenstark (von Hurenmutter)
duro
hart
costarle a uno
einen teuer kommen
marcharse
weggehen
céntrico
zentral (gelegen)
algo mejor
etwas Besseres
¡dime!
sag (mir)!
me alegro de que hayas tenido suerte
ich freue mich, daß du Glück gehabt hast
superar
überwinden

El futuro

Was unweigerlich kommt: die Zukunft

-ar	-er	-ir
proporcionar besorgen	**depender** abhängen	**inscribir** einschreiben
proporcionar**é** proporcionar**ás** proporcionar**á** proporcionar**emos** proporcionar**éis** proporcionar**án**	depender**é** depender**ás** depender**á** depender**emos** depender**éis** depender**án**	inscribir**é** inscribir**ás** inscribir**á** inscribir**emos** inscribir**éis** inscribir**án**

Die Verben sind vielleicht ein bißchen lang. Wir versuchen es noch mal kürzer:

dar geben	**ver** sehen	**ir** gehen
dar**é** dar**ás** dar**á** dar**emos** dar**éis** dar**án**	ver**é** ver**ás** ver**á** ver**emos** ver**éis** ver**án**	ir**é** ir**ás** ir**á** ir**emos** ir**éis** ir**án**
ich werde geben du wirst geben er/sie wird geben wir werden geben ihr werdet geben sie werden geben		

1. Zukünfte

Kreuzen Sie alle Formen des **futuro** im Dialog an. **Übersetzen** Sie sie und **zählen** Sie, ob Sie auch auf 26 kommen.
Außerdem gibt es noch zwei versteckte Futur-Formen, die mit Konjunktion und Konjunktiv gebildet werden. **Welche?**

2. *¿Qué será, qué será, qué será?*

Das sang sich fragend Feliciano. Kein Problem für Sie, galoppieren Sie mit allen Personen durch die Zukunft:

1. trabajar **2.** aprender **3.** escribir **4.** despertarse **5.** tener en cuenta **6.** aburrirse **7.** buscarse la vida **8.** meterse en el agua **9.** no subirse en un avión

3. *¿Qué harás? ¡Contesta, por favor!*

1. El mes que viene irás a Málaga. ¿Qué harás cuando llegues?
2. En junio terminarás tus estudios de filosofía. ¿Qué es lo que harás después?
3. El verano que viene lo pasarás en la playa. ¿Qué harás todo el día ahí?

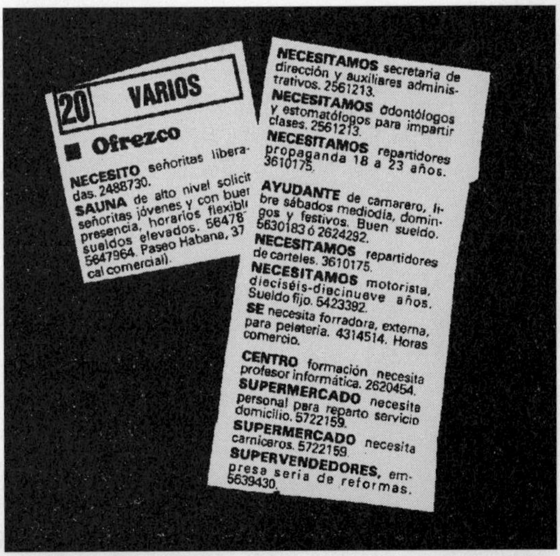
20 VARIOS

■ Ofrezco

NECESITO señoritas liberadas. 2488730.
SAUNA de alto nivel solicit señoritas jóvenes y con buer presencia, horarios flexibl sueldos elevados. 56478 5647964. Paseo Habana, 37 cal comercial).

NECESITAMOS secretaria de dirección y auxiliares administrativos. 2561213.
NECESITAMOS odontólogos y estomatólogos para impartir clases. 2561213.
NECESITAMOS repartidores propaganda 18 a 23 años. 3610175.

AYUDANTE de camarero, libre sábados mediodía, domingos y festivos. Buen sueldo. 5630183 ó 2624292.
NECESITAMOS repartidores de carteles. 3610175.
NECESITAMOS motorista, dieciséis-diecinueve años. Sueldo fijo. 5423392.
SE necesita forradora, externa, para peletería. 4314514. Horas comercio.

CENTRO formación necesita profesor informática. 2620454.
SUPERMERCADO necesita personal para reparto servicio domicilio. 5722159.
SUPERMERCADO necesita carniceros. 5722159.
SUPERVENDEDORES, empresa seria de reformas. 5639430.

TEORÍA

Einige wenige Formen haben zwar eine durchgehend regelmäßige Endung, aber dennoch einen höchst unregelmäßigen Verbstamm:

decir	**wird zu**	**dir**é	**dir**ás	**dir**á	**dir**emos	**dir**éis	**dir**án
haber		**habr**é	**habr**ás	**habr**á	**habr**emos	**habr**éis	…
hacer		**har**é	**har**ás	**har**á	**har**emos	…	
poder		**podr**é	**podr**ás	**podr**á	…		
poner		**pondr**é	**pondr**ás	…			
querer		**querr**é (*¡rr!*)		…			
saber		**sabr**é	…				
salir		**saldr**é	…				
tener		**tendr**é	…				
venir		**vendr**é	…				

Der große Rest ist, Konfuzius und Sankt Hieroglyph sei's gedankt, regelmäßig.

4. *Y usted, ¿qué hará usted? ¡Conteste, por favor!*

1. Con esta crisis económica usted perderá su puesto de trabajo. ¿Qué hará sin trabajo?

2. Señora, he visto a su marido con una muchacha atractiva. ¿Qué hará cuando lo vea?

3. Señor, he visto a su esposa con un muchacho atractivo. ¿Qué hará cuando la vea?

5. *¿Qué haréis? ¡Contestad, por favor!*

1. La semana que viene vais a ir de vacaciones a Ibiza. ¿Qué haréis ahí por las noches?

2. Estoy seguro de que ganaréis en la primitiva. ¿Qué haréis con los millones?

3. Mis amigos mafiosos, ¿qué haréis cuando salgáis de la cárcel (Gefängnis).

6. Fragen zu einem Bild

Was wird wohl ...?

1. ¿Dónde estará este señor?

2. ¿Cuántos años tendrá?

3. ¿Qué profesión tendrá?

4. ¿Será un turista?

5. ¿Qué hará con la cámara fotográfica?

6. ¿Estará casado?

7. ¿Cuántos hijos tendrá?

8. ¿Porqué pone algo en árabe en el cartel?

7. Zukünfte übersetzen

1. ich werde kommen
2. ihr werdet können
3. wir werden haben
4. sie werden können
5. du wirst kommen
6. wir werden wissen
7. ihr werdet sagen
8. er wird machen
9. ich werde wissen
10. er wird kommen
11. du wirst machen
12. sie wird ausgehen
13. ich werde können
14. Sie werden kommen
15. sie werden wollen
16. du wirst ausgehen
17. ihr werdet kommen
18. du wirst wissen
19. ich werde ausgehen
20. sie wird können

TEORÍA

El uso

Wann wird das futuro gebraucht?

El año que viene ya no **viviré** aquí.	Nächstes Jahr werde ich nicht mehr hier wohnen.
En un futuro **habrá** ocho mil millones de hombres en la tierra.	In Zukunft wird es acht Milliarden Menschen auf der Erde geben.

1. Es drückt aus, was auf uns zukommt, was sich noch ereignen wird. Die **ganz nahe Zukunft** wird meist mit **ir + a + infinitivo** umschrieben.

No sé donde está Ana. **Estará** en su cuarto.	Ich weiß nicht wo Ana ist. Sie wird in ihrem Zimmer sein.
Dónde vamos a pasar las navidades?	Wo werden wir Weihnachten verbringen?
Ni idea, **iremos** a casa de mis abuelos como todos los años.	Keine Ahnung, wir werden (wohl) zu meinen Großeltern fahren, wie jedes Jahr.

2. Das **futuro** steht auch für Vermutungen, die sich auf Gegenwart oder Zukunft beziehen.

CURRAR:
1. trabajar//2. golpear//3. *currar la página:* hablar de un tema con alguien a fin de conseguir de él algo que se desea o bien de obtener información suya sin que se percate de ello.

CURRO:
1. trabajo//2. *dar un curro a alguien:* darle una paliza o un golpe.

8. ***cuando – que – quien – donde – mientras***

¡Pon la forma correcta del verbo! (Cuidado: puede ser el subjuntivo, el indicativo, el indefinido, el perfecto ...)

1. Mientras yo ....estaba.......... en Asturias, no tomé ni un vaso de cidra. (estar)
2. Tengo el coche de mi madre. Te puedo llevar adonde .... (querer)
3. Me hace falta un profe que me .... inglés. (enseñar = beibringen)
4. No sé cuando nos .... la última vez. (haber visto)
5. ¿Me puedes decir dónde .... mi tarjeta de crédito? (estar)
6. Juanito necesita un coche que no .... muy viejo. (estar)
7. Por favor, ¡llame cuando .... a Bilbao! (llegar)
8. Te estoy hablando de Mari con quien .... en Nueva Zelandia el año pasado. (estar)
9. Todo el mundo está invitado a la fiesta. Puede venir quien .... (querer)
10. ¡Aquí mando yo, por lo menos mientras tú .... con nosotros! (vivir) (Der Alte ist aber autoritär!)

TEORÍA

Pronombres relativos

Nichts ist so relativ wie die Relativpronomen

El **mes que** viene vamos a Mallorca. Nächsten Monat fahren wir nach Mallorca.
El **libro que** me regalaste la última vez me ha gustado. Das Buch, das du mir beim letzten Mal geschenkt hast, hat mir gefallen.
El **profe de inglés que** tenemos es muy simpático. Der Englisch-Lehrer, den wir haben, ist sehr sympathisch.

1. Que steht für Personen und Sachen direkt hinter dem Substantiv, auf das es sich bezieht.

Mañana viene el **profe de quien** te he hablado tanto. Morgen kommt der Lehrer, von dem ich dir so viel erzählt habe.
¿Usted es el **señor a quien** tengo que entregar el paquete? Sind Sie der Herr, dem ich das Paket auszuhändigen habe?

2. Quien steht nach einsilbigen Präpositionen **a**, **de**, **con**, ... nur für Personen.

El **piso en que** vive mi amigo sólo vale 20 000 pesetas. Die Wohnung, in der mein Freund wohnt, kostet nur 20 000 Peseten.
El **amigo con que** vivo en el mismo piso no es muy interesante. Der Freund, mit dem ich in der gleichen Wohnung lebe, ist nicht sehr interessant.

3. Que steht nach einsilbigen Präpositionen für Personen und Sachen.

9. Aus zwei mach eins!

¡Combina con una frase relativa!

1. Te presento a mi amigo de Cuba. Es el hijo de Fidel Castro.

Te presento a mi amigo quien es el hijo de Fidel Castro.

2. Aquella señora es la prima de mi cuñada. La ves allí.

3. Mi padre dice que no vamos de viaje. Esto no me gusta.

4. ¿Me das otro pastel? Los pasteles son dulces.

5. Te voy a decir una cosa. No te lo vas a creer.

6. Me pones en contacto con esa chica. Puedo aprender a bailar sevillanas con ella.

7. Voy a ver a mis sobrinos. He comprado regalos para ellos.

8. Paco me ha hablado de la chica. Está enamorado de ella.

10. *Temas de discusión*

1. ¿Cuándo es el mejor momento para marcharse de casa?

2. ¿Es bueno marcharse de casa cuando uno no tiene ni piso ni dinero ni trabajo?

3. ¿Cómo te montaste tu vida?

4. ¿Conviene (es aconsejable) buscar un piso por una agencia inmobiliaria?

5. ¿Cuándo uno no tiene trabajo, puede estar seguro de que la oficina de empleo le encuentra algo?

El jefe no nos deja ir, lo que no le gusta a Pepe. Der Chef läßt uns nicht gehen, was Pepe nicht gefällt.
Lo que te voy a decir ahora te va a encantar. Was ich dir jetzt sage, wird dich begeistern.

4. Lo que bezieht sich auf eine ganze Aussage.

La casa **delante de la cual** ves un coche rojo pertenece a Paquirri. Das Haus, vor dem du ein rotes Auto siehst, gehört Paquirri.
Los chicos **de los cuales** hemos hablado vienen en agosto. Die Jungs, von denen wir gesprochen haben, kommen im August.

5. El cual, la cual, los cuales, las cuales stehen meist nach mehrsilbigen Präpositionen und müssen in Geschlecht und Zahl übereinstimmen.

Außerdem zu beachten:

¡**Qué** inteligente eres! *oder:* ¡**Lo** inteligente **que** eres!	Was bist du gescheit!
El que más dinero tiene ya no es Rockefeller.	Der, der am meisten, Geld hat, ist nicht mehr Rockefeller.
La que mejor canta es Lola Flores.	Am besten singt Lola Flores.
Busco un piso **que** no sea caro.	Ich suche eine Wohnung, die nicht teuer sein soll.
Seguro que encuentras trabajo **con lo** listo **que** eres.	Sicher findest du eine Arbeit, wo du so schlau bist.

11. Welche Wörter gehören zusammen?

Fischen Sie aus jedem Kasten das, was zusammenpaßt, zum Beispiel primero – último

casarse · idiota · debajo · pequeño · verdad · amable · llevarse bien · dormirse · comprado · orden · gobierno · problema · todo · ascensor · buenísimo · buscar · guerra · pueblo · muerto

antipático · escalera · pésimo · encontrar · divorciarse · regalado · encima · despertarse · oposición · paz · genio · no entenderse · vivo · desorden · nada · grande · solución · capital · mentira

12. ¡Qué inteligente eres!

Drücken Sie Ihr Erstaunen anders aus:

....

....

....

1. Estás muy guapa.

2. El billete a Bogotá es muy caro.

3. El libro de Vargas Llosa es muy divertido.

4. Las entradas son carísimas.

5. Mi vecino es un un chico simpático.

6. Ese profe es muy, muy tonto.

13. Der hat am meisten, tut's am besten etc.

....

....

1. Ricardo toca muy bien la guitarra.

2. Julio me promete muchas cosas.

3. García Márquez escribe muy bien.

4. La serie *Falcon Crest* me gusta mucho.

5. María como mucho.

6. Emilia Sánchez baila muy bien.

TEORÍA

Infinitiv mit Präpositionen

Noch einige Verben, die durch eine **Präposition** mit dem anschließenden **Infinitiv** verbunden werden müssen:

Mi hermana no se puede **decidir a hacer** ese curso.
Meine Schwester kann sich nicht entscheiden, diesen Kurs zu machen.

... + a + ...	
aprender + a + **infinitivo**	lernen zu
decidirse + a + …	sich entschließen zu
ir + a + …	werden, gehen zu
pasar + a + …	übergehen zu
venir + a + …	kommen, um zu

Enrique **trata de salir** con Rosa, pero ella ya tiene novio.
Heinrich versucht mit Rosa zu gehen, sie hat aber schon einen Freund.

... + de + ...	
alegrarse + de + **infinitivo**	sich freuen
cansarse + de + …	ermüden
encargarse + de + …	übernehmen, sich kümmern um
tratar + de + …	versuchen zu

14. *Aquí falta la preposición*

1. ¿Porqué habéis tardado tanto ...en... venir?
2. Te vuelvo .... decir: ¡así no podemos seguir!
3. El niño no deja .... molestarme.
4. Este niño llega .... escribir con el pie.
5. En junio hemos empezado .... hacer ejercicios.
6. Paco, ha venido Merche .... hablar contigo.
7. Acabo .... ver a un monstruo horroroso. ¡Huuuuuuuuu !
8. Manuela piensa .... dejar su trabajo.
9. No te llega el dinero que tienes. Pues trata .... gastar menos.
10. ¿A Rió de Janeiro vas? ¡Pues aprende .... bailar samba!

15. Crucigrama

Solución: Una solución

1. Se vive en una casa o en un ....
2. En esta habitación se duerme.
3. Por favor, ¿su fecha de ...?
4. Cuando hay atascos es mucho más rápido que el coche.
5. La ciudad más importantede un país o de una provincia.
6. Sigue al agosto.
7. Preparar una comida.
8. Hace frío en ... .
9. Algo muy barato es una ...

TEORÍA

Con el tren **tardamos** sólo dos horas **en llegar**.
Mit dem Zug sind wir in zwei Stunden da / dort.

... + en + ...	
pensar + en + ...	denken an
tardar + en + ...	Zeit brauchen zu

Bereits bekannt sind:

acabar + de + **infinitivo**	gerade etwas getan haben
ayudar + a + ...	helfen zu
dejar + de + ...	aufhören zu
empezar + a + ...	anfangen zu
llegar + a + ...	es schaffen zu
quedar + en + ...	verbleiben
terminar + de + ...	etwas zu Ende führen
volver + a + ...	wieder tun

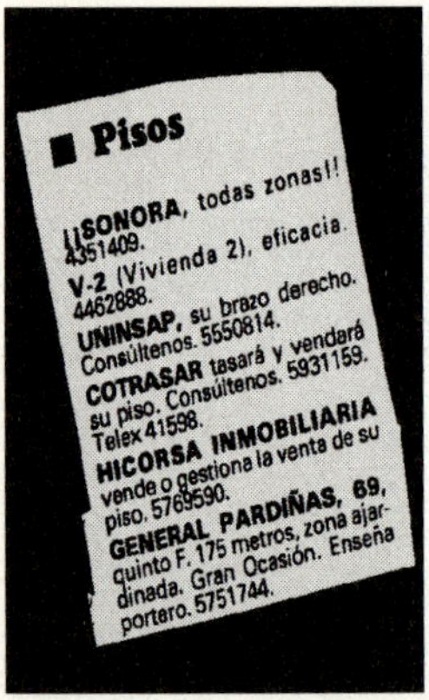

■ **Pisos**

¡¡SONORA, todas zonas!! 4351409.
V-2 (Vivienda 2), eficacia. 4462888.
UNINSAP, su brazo derecho. Consúltenos. 5550814.
COTRASAR tasará y venderá su piso. Consúltenos. 5931159. Telex 41598.
HICORSA INMOBILIARIA vende o gestiona la venta de su piso. 5769590.
GENERAL PARDIÑAS, 69, quinto F. 175 metros, zona ajardinada. Gran Ocasión. Enseña portero. 5751744.

Gebrauch des Imperfekts

¿Qué quería joven?	Was wollten Sie, junger Mann?
¿Sus apellidos como eran?	Wie war Ihr Name?
¿Adónde ibas?	Wo fährst (fuhrst) du noch mal hin?

Das **Imperfekt** steht in höflich gemeinten, weniger direkt anmutenden Nachfragen und kann auch ein Vergessen vortäuschen.

16. Sagen Sie's direkter

1. ¿Qué quería señorita?

¿Qué quiere, señorita?

2. Perdone, ¿qué decía usted?

3. Tu coche, ¿de qué marca era?

4. El número de su cuenta bancaria, ¿cómo era?

5. ¿Dónde trabajabas? Perdona, se me ha olvidado.

6. ¿A qué hora salía el tren?

17. Sagen Sie's indirekter

1. ¿Qué libro es? Es que no me acuerdo.

¿Qué libro era?

2. ¿Qué quiere, jóven?

3. Perdona, ¿cuánto es?

4. Su número de teléfono en Murcia, ¿cuál es?

5. ¿Cuándo llega el avión de Caracas?

6. Lo siento, no me acuerdo.

18. Wie heißt es auf Spanisch?

1. Das macht keiner besser. **2.** Was ihm fehlt, ist eine gute Arbeit. **3.** Ist das schön! **4.** Kann ich die Zeitung sehen, wenn es möglich ist? **5.** Niemand spricht besser als sie. **6.** Was ich sagen wollte, ist, daß ich keine Lust habe zu kommen. **7.** Das lernt doch niemand. **8.** Das mit dem «es gibt keine Treppe in dem Haus», was bedeutet das? **9.** Ich habe diese Diskussion satt. **10.** Dein Vater auf meinem Fest – das hat mir noch gefehlt.

¡Ojo!

estoy harto	ich habe es satt!
no hay quien lo aguante	das (den) hält keiner aus!
lo que me falta	das fehlt mir noch!
lo que me faltaba	das hat mir noch gefehlt!
faltaba más	das hat mir noch gefehlt!
eso de «bien comunicado»	das mit dem «bien comunicado»

19. *Mini–Charla*

A: He venido porque estoy buscando **un piso**.
B: Lo siento, yo no le puedo atender. **El jefe no está** ahora mismo.
A: ¿**Estará** por la tarde, verdad?
B: Yo que sé …
A: ¿Entonces que hago?
B: Tendrá que **volver mañana**.

1. un piso – el jefe, no estar – estar – volver mañana
2. un trabajo – la persona encargada, no haber llegado todavía – venir – llamar por la noche
3. un libro de tauromaquia – la jefa, haber salido – volver – esperar
4. un coche – el chico de los coches, no estar – estar – volver otra vez
5. un disco de Artura Rubinstein – el jefe, estar enfermo – volver – esperar hasta la semana que viene

A: Estoy harto de esa **vida que llevo**.
B: Lo que te falta es **un mes de vacaciones**.
A: No hay quien aguante a **un jefe como el mío**.
B: Hombre, **¡muévete!**

1. vida, llevar – un mes de vacaciones – un jefe como el mío – moverse
2. libro, estar leyendo – una buena película – una novela así – dejarla
3. bicicleta, yo tener – una en condiciones – bici tan mala – comprarse otra
4. televisor, nosotros tener – uno nuevo – televisor tan malo – cambiarlo por otro
5. comida, tú ponerme todos los días – dinero para ir al restaurante – esta comida tan mala – irse a comer fuera.

PRÁCTICA

20. *Teatro*

1. A es joven y busca trabajo.
B es el jefe de un restaurante chino. Le ofrece un trabajo en la cocina. **A** no sabe cocinar y no le gusta fregar. Quiere trabajar de camarero.

2. C es joven. Está casado y tiene tres hijos. Busca un piso.
D es dueño de un piso. No es una persona muy simpática. No le gusta ni la música moderna, ni la visita de amigos, ni tener niños en casa.

LECTURA

HACERSE INDEPENDIENTE[1]

Llega un momento en que uno se quiere marchar de casa. Porque ya no se lleva bien[2] con los padres o porque no encuentra trabajo o porque le ha dejado la novia o simplemente porque tiene más

perspectivas[3] en otro sitio[4]. Cuando uno ya ha tomado la decisión[5] es cuando empieza a hacerse preguntas: ¿Encontraré piso, podré trabajar, tendré nuevos amigos, me gustará el ambiente de allí …?

Lo más importante al principio es buscarse una casa[6], un lugar donde vivir. Algunos tienen suerte. Tienen amigos o familiares que les dejan un

1 **independiente** unabhängig, selbständig
2 **llevarse bien** gut miteinader auskommen
3 **perspectiva** Aussicht, Perspektive
4 **otro sitio** anderswo
5 **tomar una decisión** eine Entscheidung fällen
6 **casa** Wohnung
7 **tablón** schwarzes Brett
8 **facultad** (Uni-)Fakultät
9 **oferta** Angebot
10 **demanda** Nachfrage

cuarto por un tiempo. Los estudiantes normalmente buscan en los tablones[7] de las facultades[8]. Allí hay ofertas[9] y demandas[10] para compartir piso con otros. No a todos les gusta vivir con más gente. También hay quienes están hasta las narices[11] de conviviencia familiar y por el momento prefieren vivir solos. Entonces no les queda otro remedio que dirigirse a una agencia inmobiliaria.

Los alquileres son altos. La comida también tiene su precio y en los bares no te regalan nada. Y la casa nueva tendrá que ser amueblada. Así es que hay que conseguir dinero. Y para eso hay que trabajar. Las oficinas de empleo - hay quien las llama de desempleo[12] – a veces ayudan. Pero no siempre te encuentran algo tan rápidamente. Así que a muchos no les queda más remedio que moverse. Los periódicos traen anuncios. Buscar trabajo así significa levantarse a primera hora[13], estudiar las hojas[14] de las ofertas y presentarse donde sea[15]. Y si así no consigues nada, tienes que ir a los bares, a los talleres, a las empresas y preguntar y convencer[16] al patrón[17] de lo capaz[18] y lo trabajador[19] que eres.

Otra cosa muy importante es hacer amigos. Eso sí que es más complicado. Algunos tienen más facilidad[20]. A las dos semanas ya conocerán

11 **estar hasta las narices** ‹ › den Kanal voll haben
12 **desempleo** Arbeitslosigkeit
13 **a primera hora** frühmorgens
14 **hoja** Blatt, Seite
15 **donde sea** wo auch immer
16 **convencer** überzeugen
17 **patrón** Chef
18 **capaz** fähig
19 **trabajador** fleißig
20 **facilidad** Leichtigkeit
21 **tímido** schüchtern

media ciudad. Otros son más tímidos[21]. Saldrán de casa con la esperanza de conocer a alguien y terminarán solos en el cine o en el bar de la esquina.

Pero no todos son problemas. También hay cosas buenas como ser independiente, conocer cosas nuevas, gente nueva y hacer lo que le dé la gana a uno.

¿Lo dice el texto? – ¿Sí o no?	sí	no
1. Es fácil marcharse de casa.	■	■
2. Hay muchos motivos para no seguir viviendo con los padres.	■	■
3. A veces los amigos pueden ayudar.	■	■
4. Los estudiantes no suelen compartir piso.	■	■
5. Algunos no quieren vivir con otras personas.	■	■
6. Hay que pagar mucho por una casa.	■	■
7. Con dinero es menos difícil encontrar casa.	■	■
8. Los periódicos dicen que no hay pisos para alquilar.	■	■
9. Los tímidos tienen muchos amigos.	■	■
10. Vivir independientemente significa estar libre.	■	■

TEMA 6

DIÁLOGO

HABLANDO DE LA SOCIEDAD

De la familia

¿Sabes qué me llama la atención últimamente? Que cada vez hay más divorcios.

También hay más bodas. Y encima el noventa por ciento de la gente se casa de blanco.

Hombre, Jaime, no se van a casar en vaqueros. ¡Imagínate las fotos que saldrían!

¿Y qué? Yo no entiendo por qué toda esa gente se casa para luego divorciarse. Yo no me casaría ni con la viuda más rica del mundo.

Yo con un príncipe azul sí, lo que pasa es que no lo encuentro.

¿Para qué? Para luego tener todos los rollos que tienen las familias hoy día.

Yo no lo veo así. A mí me gustaría tener dos o tres hijos, vivir en casa propia con jardín y piscina.

¡Ay, Almudena, qué cursi eres! ¿Sabes qué me gustaría a mí?

Vivir como la jet de Marbella con una novia cada día.

Hombre, no estaría mal ...

De la educación

Yo a mis hijos los mandaría a un colegio privado.

¡Uyy, por Dios, tú estás loca!

¿Por qué? Todo el mundo sabe que los colegios públicos no sirven. Son pésimos, vamos.

En absoluto. ¿Tú, cómo lo sabes? ¡No digas tonterías! En los colegios privados no hay nada más que curas, monjas, niños bien y maestros que no sacan las oposiciones.

Sí, sí, pero una cosa es cierta. Cuando salen de COU tienen un nivel más alto.

¡Qué disparate! Yo estuve en un colegio público y no me encuentro más tonto o atrasado que los otros.

A mí no me convences. Mis hijos tendrían que ir a un colegio de curas ...

De las mujeres

Así tus hijos a un colegio de curas y a tus hijas las educarías para ser buenas madres y buenas amas de casa.

Claro, ¿por qué no?

De esta forma la sociedad no avanzaría, no habría progreso.

Ah, dime, ¿qué progreso hay ahora? Las niñas con quince años se echan el primer novio. Con dieciséis se quedan embarazadas y con dieciocho tienen toda la vida vivida ya.

Tal como tú lo ves, las mujeres se tendrían que quedar en casa ...

¿Y qué? Por lo pronto se acabaría el paro.

Pero tú, ¡en qué mundo vives!

¡Mira hasta donde hemos llegado! Ya hay unas cuantas metidas en la Guardia Civil. Esas sí que les quitan el trabajo a los hombres y fomentan el paro.

¿El qué? ¿cómo puedes pensar así? ¡Qué ignorante eres! La mayoría de vosotras las mujeres seguís sin trabajo, sin tener los mismos sueldos que el hombre, seguís dependiendo de los maridos, seguís siendo unas marginadas, vamos ...

De miseria o consumo

Hablando de marginados, de toda esa gente que cobra el paro no hay ni un cinco por ciento que de verdad busque trabajo.

Claro, porque la gente no tiene el más mínimo interés en comprarse un coche, un vídeo, ir de vacaciones, vestirse en condiciones. La gente está contenta comiendo patatas fritas todos los días.

Yo, cobrando el paro, no trabajaría. Para vivir no hace falta tanto dinero.

Vosotros, sin los negocios de tu padre lo tendríais más difícil. Sin embargo así lo tenéis todo solucionado. Pero mira en que miseria vive toda esa gente.

¡No es para tanto! En este país nadie se muere de hambre.

Llevas razón, Almudena, el tercer mundo no somos. Pero hay que tener en cuenta que aquí también hay mucha pobreza.

El estado se ocupa de eso. ¿No es verdad que invierte más de un treinta por ciento del presupuesto en subsidios, paros y pensiones? ¿Entonces por qué te quejas tú?

Porque hay muchísima gente que no vive dignamente. Y la falta de futuro, mejor que no hablemos de esto ...

De los jóvenes

Hoy día hay más perspectivas que nunca. El mundo está abierto para todos los que quieran entrar.

Estás equivocada, hija, eso es mentira.

¿Por qué?

¿Pues por qué va a ser? Porque los que terminan sus carreras no encuentran trabajo de ninguna forma. Y entonces, ¿qué ilusión tienen por estudiar?

Pues yo creo que es culpa de la familia y de la escuela pública. Hemos llegado a una situación en la que los jóvenes abusan de su libertad. Así que no es de extrañar que haya tanta droga y tanta prostitución.

¡Venga ya! No me vengas con esa historia, eso son los mismos argumentos que utilizan todos los partidos.

De los partidos políticos

Jaime, llevamos diez años con este gobierno y no me dirás que la culpa la tiene la oposición.

No te pienses que es así de fácil cambiar una sociedad. Con los conservadores en el poder tampoco viviríamos mejor. Tendríamos los mismos problemas.

Mira, yo estoy harta de estos sociatas. Son como todos: te prometen cantidad de cosas y luego no cumplen nada.

Te doy toda la razón del mundo. Los políticos, una vez que llegan arriba, ya no mueven el culo.

¡ESCUCHA!

A.
¿Qué es correcto?

1. Jaime y Almudena hablan
   a de los tiempos pasados.
   b de sus vacaciones en verano.
   c de problemas sociales y políticos.

2. Almudena es una mujer
   a con ideas conservadoras.
   b con ideas feministas.
   c casada con tres hijos.

3. Jaime es un hombre
   a de una familia muy rica.
   b con ideas sociales.
   c muy amigo de los curas católicos.

B.
¿Sí o no?

	sí	no
De la familia		
1. Muchos jóvenes se casan en blanco.	☐	☐
2. Jaime no quiere casarse.	☐	☐
3. Almudena no quiere una casa elegante.	☐	☐
De la educación		
4. Almudena mandaría a sus hijos a un colegio público.	☐	☐
5. No se ponen de acuerdo sobre la educación.	☐	☐
De las mujeres		
6. Almudena dice que la casa no es el sitio para una mujer.	☐	☐
7. Jaime piensa que las mujeres siguen con muchos problemas.	☐	☐
De miseria o consumo		
8. Almudena dice que quien no tiene trabajo no tiene ganas de trabajar.	☐	☐
9. Jaime dice que todavía hay pobreza.	☐	☐
De los jóvenes		
10. Almudena piensa que el mundo está abierto a los jóvenes.	☐	☐
11. Jaime dice que los jóvenes no tienen perspectiva.	☐	☐
De los partidos políticos		
12. Almudena no es muy amiga del gobierno socialista.	☐	☐
13. Jaime es muy amigo de los políticos.	☐	☐

¡APRENDE!

HABLANDO DE LA SOCIEDAD
ÜBER DIE GESELLSCHAFT SPRECHEN

De la familia
Über die Familie

cada vez
jedesmal, immer mehr
el divorcio
die Scheidung
la boda
die Hochzeit
casarse de blanco
in Weiß (kirchlich) heiraten
los vaqueros
die Jeans
salir
herauskommen bei
las fotos que saldrían
die Fotos, die dabei rauskämen
¿y qué?
und was?, was ist dabei?
divorciarse
sich scheiden lassen
me casaría
ich würde heiraten
la viuda
die Witwe
rico
reich
la viuda más rica del mundo
die reichste Witwe der Welt
un príncipe azul
ein Traumprinz
los rollos ‹ ›
Kram, Zeug, Scheiß, ...
hoy día
heutzutage
me gustaría
mir würde gefallen
propio
eigen
el jardín
der Garten
la piscina
das Schwimmbad
¡ay, qué cursi eres!
Auuuh Mann, bist du kitschig
le jet de Marbella
der Jet-Set aus Marbella
no estaría mal
das wäre nicht schlecht

De la educación
Über die Erziehung

mandaría
ich würde schicken
un colegio privado
eine Privatschule
por Dios
um Gottes willen
los colegios públicos
die öffentlichen (staatlichen) Schulen
pésimo
sehr schlecht
en absoluto
überhaupt nicht
los curas
die Pfarrer, Pfaffen
la monja
die Nonne
los niños bien
die Kinder aus gutem Haus (Teenie-Poppers und Konsorten)
los maestros
die (Grundschul)lehrer
sacar las oposiciones
durch einen Wettbewerb seine Stelle kriegen (wenn es um eine Stelle beim Staat geht, dann entscheidet nicht ein Einstellungsgespräch oder eine Zeugnisnote, sondern ein Wettbewerb)
cierto
sicher, gewiß

salir de COU
(entspricht): das Abitur haben
un nivel alto
ein hohes Niveau
¡qué disparate! ‹ ›
was ein Quatsch!
atrasado
zurückgeblieben, hinten dran
convencer
überzeugen
tendrían que ir
sie müßten gehen

De las mujeres
Über die Frauen

educarías
du würdest erziehen
el ama de casa (¡el!)
die Hausfrau (immer wenn das weibliche Wort mit betontem «a» anfängt, steht «el» statt «la»)
avanzaría
würde vorankommen
no habría progreso
es gäbe keinen Fortschritt
echarse el primer novio
den ersten Freund haben
se quedan embarazadas
sie werden schwanger
vivido
gelebt
tal como tú lo ves
so wie du das siehst
por lo pronto
zunächstmal, fürs erste
mira donde hemos llegado
schau mal, wie weit wir schon gekommen sind (korrekt wäre: *hasta a donde*, klingt aber nicht)
unas cuantas
einige
metido en
mit … zu tun haben, drin sein
fomentar
fördern, schüren
ignorante
unwissend
la mayoría
die Mehrheit
seguir sin
weitermachen ohne
el sueldo
das Gehalt
depender de
angewiesen sein auf, abhängen von

De miseria o consumo
Über Armut oder Konsum

cobrar el paro
Arbeitslosengeld beziehen
un cinco por ciento
fünf Prozent
no tiene el más mínimo interés en
hat nicht das geringste Interesse an
un vídeo
ein Video
vestirse
sich kleiden
en condiciones
in Ordnung, ordentlich
los negocios
die Geschäfte
sin embargo
dennoch, trotzdem
lo tienes todo solucionado
bei dir ist alles geregelt
morirse de hambre
hungers sterben
llevar razón
recht haben
el tercer mundo
die Dritte Welt
el Estado
der Staat
invertir
investieren

el presupuesto
der Haushalt
el subsidio
die (Sozial)hilfe
las pensiones
die Renten
dignamente
in Würde
el futuro
die Zukunft

De los jóvenes
Über die Jugend

las perspectivas
die Aussichten
estar equivocado
irren, falsch liegen
la mentira
die Lüge
¿pues por qué va a ser?
woran wird es wohl liegen?
la carrera
die (akademische) Ausbildung
de ninguna forma
auf keinen Fall
la ilusión
die Illusion, Freude
tener ilusión por
sich freuen auf
la culpa
die Schuld
abusar de su libertad
seine Freiheit mißbrauchen
no es de extrañar
es ist nicht verwunderlich
la droga
die Droge
la prostitución
die Prostitution
¡venga ya!
komm, übertreib nicht!
¡no me vengas con esa historia!
komm mir nicht mit der Geschichte!
los argumentos
die Argumente
utilizar
benutzen
los partidos
die Parteien

De los partidos políticos
Über politische Parteien

el gobierno
die Regierung
la oposición
die Opposition
¡no te pienses que es así de fácil!
glaub nicht, daß das so einfach ist!
los conservadores
die Konservativen
en el poder
an der Macht
tampoco
auch nicht
viviríamos
wir würden leben
tendríamos
wir hätten
los mismos problemas
die gleichen Probleme (Achtung: *problema* ist männlich)
los sociatas
die Sozialisten (des PSOE)
prometer
versprechen
cantidad de ... ‹ ›
viel, ein Haufen ...
cumplir
einhalten
te doy toda la razón del mundo
ich gebe dir vollkommen recht
arriba
oben
mover el culo ‹!›
den Arsch bewegen

TEORÍA

El potencial

Was auf spanisch potenter klingt: das Konditional

No me casaría con la viuda más rica del mundo. Ich **würde** die reichste Witwe der Welt **nicht heiraten**, sagt Jaime. Daß er das sagt, weil er denkt, daß er ein bißchen fortschrittlicher als Almudena ist, hat jeder wohl schon gemerkt. Zu den Formen:

Robaría, **vendería** e **invertiría** el dinero en Suiza. Ich würde klauen, verkaufen und das Geld in der Schweiz anlegen. (So heißt der Traum des **chorizos.**)

-ar	-er	-ir
robar**ía**	vender**ía**	invertir**ía**
robar**ías**	vender**ías**	invertir**ías**
robar**ía**	vender**ía**	invertir**ía**
robar**íamos**	vender**íamos**	invertir**íamos**
robar**íais**	vender**íais**	invertir**íais**
robar**ían**	vender**ían**	invertir**ían**

Das potencial wird gebildet: der komplette **Infinitiv** + Endung **-ía, -ías, -ía, -íamos, -íais, -ían.**

Die **Ausnahmen** sind bereits bekannt. Wie im **futuro** werden manche Verbstämme verkürzt, damit sie einsilbig sind. Zur gepflogenen Kenntnisnahme seien die wichtigsten nochmals aufgeführt:

decir	→	diría	dirías	diría	diríamos	diríais	dirían
haber	→	habría	habrías	habría	habríamos	habríais …	
hacer	→	haría	harías	haría	haríamos	…	
poder	→	podría	podrías	podría	…		
poner	→	pondría	pondrías	…			
querer	→	querría (*¡rr!*) …					
saber	→	sabría	…				
salir	→	saldría	…				
tener	→	tendría	…				
venir	→	vendría	…				

1. Runterleiern angesagt

Conjugar los verbos en el potencial:

PRÁCTICA

1. mandar **2.** devolver **3.** recibir **4.** llevar razón **5.** perder el tiempo **6.** pedir prestado **7.** buscarse la vida **8.** ponerse colorado **9.** morirse de hambre

2. *¡A trabajar, detective!*

¡Busca todos los poten-ciales en el diálogo y cuéntalos! ¿Encuentras todos los 15 que hay?

TEORÍA

Wofür ist das *potencial* nützlich?

1. Me **gustaría** tener tres hijos. Es würde mir gefallen, drei Kinder zu haben.
(Leider ist der Traumprinz Almudena bisher noch nicht über den Weg gelaufen.)

Das **potencial** drückt etwas aus, was zur Zeit noch nicht ist.

2. Yo **diría** que así no se arregla el asunto. Ich würde sagen, daß sich die Angelegenheit so nicht lösen läßt.

Ein mit dem **potencial** eingeleiteter Ausdruck klingt höflicher als ein «¡así no!» – so (aber) nicht!

3. A esta hora **tendrías** que estar en casa. Zu dieser Zeit solltest du (eigentlich) zu Hause sein.

Das **potencial** steht für eine (unerfüllte) Verpflichtung.

4. ¿Me **podrías** echar una mano? Könntest du mir (mal) helfen?

Bitten werden freundlicher formuliert mit dem **potencial**.

5. **Quisiera** hacer una pregunta. Ich würde gerne eine Frage stellen.

Statt **querría** steht fast immer die (2. Konjunktiv-) Form **quisiera**.

3. Wortsalat wäre untertrieben

Hier folgt eine halboffizielle Einladung zum Dinner. Es sollte aber mal Ordnung geschaffen werden. Als Belohnung gibt es grammatikalisch korrekt angerichtete Sätze.

1. nada más que – en los colegios – niños bien y maestros – privados no hay – curas, monjas,– que no sacan oposiciones
2. las mujeres – sin trabajo – la mayoría – seguís – de vosotras
3. buenas amas de casa – a tus hijas – madres y – educarías – así que – para ser buenas
4. la vida vivida ya – con dieciseis años – embarazadas – con dieciocho – y – tienen – toda – se quedan
5. busque trabajo – cobra el paro – que de verdad – un cinco porciento – no hay ni – de toda esa gente – que
6. a mí – como la jet – de Marbella– me gustaría – vivir
7. día – hay más – hoy – perspectivas – que nunca
8. abusan de – hemos – llegado a – que los jóvenes – su libertad – una situación
9. dicen todos – eso – las mismas – los políticos – son – tonterías que siempre
10. así de – cambiar – fácil – no te – pienses – que es – una sociedad
11. donde – hasta – hemos llegado – mira

4. *Curso de cocina* – Kochkurs

Bereiten Sie in der Gruppe oder mit einem Partner selbst ~~Wurst~~ Wortsalate zu!

Ein bandwurmlanger Satz wird in großen Lettern aufgeschrieben und dann mit der Schere zerlegt. Der jeweils andere soll dann die alte Ordnung wiederherstellen.

TEORÍA

Frases hipotéticas

Konditionalsätze: ABC der Träumer

Si me **dejas** te **mataré**. Wenn du mich verläßt, bringe ich dich um.
Quien no **trabaja** no **gana** dinero. Wer nicht arbeitet, verdient kein Geld.

1. Was unter einer bestimmten Bedingung möglich ist, steht so:

Si-Satz	Hauptsatz
presente	presente
presente	futuro

Streng verboten: si + potencial
Im Deutschen steht «**wenn, falls**» mit dem **Konditional**:«Wenn ich im Lotto **spielen würde**». Das würde so (mit potencial) dem **Hispano-hablante** im Ohr weh tun, das geht unter keinen Umständen. Wie diese Sätze gebildet werden, sehen wir beim **2. subjuntivo**.

Yo, **cobrando** el paro, no **trabajaría**. Ich – Arbeitslosengeld kassierend – würde nicht arbeiten. D.h.: Wenn ich Arbeitslosengeld kassieren würde, dann würde ich nicht arbeiten.

Estudiando mucho, sacaría un buen diploma. Wenn ich viel lernen würde, dann bekäme ich ein gutes Diplom.

2. Was unwahrscheinlich ist, wird mit dem **2. subjuntivo** ausgedrückt. Der kommt aber erst in der nächsten Lektion. **Vorerst gilt:** Wenn beide Sätze das **gleiche Subjekt** haben, dann kann ein **Gerundium** statt dem **si-Satz** stehen.

5. Verbinden Sie durch eine erfüllbare Bedingung

1. nosotros, ir de vacaciones, comer fuera todos los días

   Si vamos de vacaciones,
   comerémos fuera todos los días.

2. tú, tener dinero, poder venir con nosotras a Dinamarca
3. yo, tener el coche de mi padre, no ir en metro
4. el señor García, no quedarse en casa, aburrirse menos
5. vosotros, comportarse bien, poder ir al cine
6. yo, no aprender portugués, no poder hablar con mis amigos brasileños
7. Carmen, no salir de casa, no encontrar novio
8. tú, estudiar más, aprender muchas cosas
9. nosotros, fregar todos los días, tener una cocina limpia
10. los chicos, no llegar antes de las ocho, no poder comer

6. Lo que podría ser

Drücken Sie mit den Sätzen aus Übung 5 Unwahrscheinliches aus:

Yendo de vacaciones, comeríamos fuera todos los días.

7. Tú, ¿qué opinas?

1. ¿Está la familia en crisis?
2. ¿Es bueno tener muchos hijos?
3. ¿Mandarías a tus hijos a un colegio privado?
4. Almudena dice: «Quedándose las mujeres en casa, pronto se acabaría el paro.» ¿Lleva razón?
5. ¿Son marginadas las mujeres de hoy?
6. ¿Quién tiene la culpa de la mala situación social?
7. ¿Hay demasiada libertad para los jóvenes de hoy?
8. ¿Vas a las elecciones?
9. ¿Mueven el culo los políticos?

TEORÍA

Nützliche Wendungen

¿Me podría decir + **si, cuándo, dónde** ...?
Könnten Sie mir sagen + **ob, wann, wo** ...?

Me gustaría saber + **si, cuando, donde** ...
Ich wüßte gerne + **ob, wann,wo** ...

¿Te gustaría + **infinitivo ...?**
Würdest du gerne ...?

¿Le gustaría + **infinitivo ...?**
Würden Sie gerne ...?

¿Tendría + **substantivo ...?**
Hätten Sie ...?

Um Gottes willen:
Por Dios

Por Dios, lo he hecho por ti.
Um Gottes willen, ich habe es deinetwegen getan.

Todo por la patria.
Alles für das Vaterland.
(*Das steht über den Gebäuden der Guardia Civil.*)

Por gibt immer einen inneren Beweggrund an.

Unsichtbare Verneinung

¿Estás enfadado conmigo? **¡En absoluto!**
Bist du sauer auf mich? **In keinster Weise!**

¿Has fumado hachís alguna vez? **¡En mi vida!**
Hast du schon mal Haschisch geraucht? **Nie im Leben!**

en absoluto	**überhaupt nicht**
en mi vida	**nie im Leben**

Stehen diese beiden Ausdrücke nicht am Satzanfang, dann müssen sie verneint werden:

No estoy enfadado **en absoluto**.

No he fumado **en mi vida**.

8. Im Stil der alten Schule

Drücken Sie folgende Wünsche, Fragen, Bemerkungen aus und lassen Sie locker ein **potencial** miteinfließen, so als würden Sie es schon ewig benutzen:

1. im Reisebüro, wann geht dienstags ein Flugzeug nach Santander
2. ich meine, daß wir viele Probleme mit der Dritten Welt haben werden
3. die Sozialversicherung sollte mehr zahlen
4. ich hätte gerne ein Ticket nach Irún
5. ich könnte dir helfen, habe aber keine Zeit
6. ich würde gerne Venezuela kennenlernen
7. ich frage dich, ob du mit zu mir kommen würdest, auf eine Tasse Kaffee
8. an der Haltestelle, mir gefällt der Typ, mir fällt aber nichts ein, ich frage nach Feuer
9. an der Haltestelle, mir gefällt das Mädchen, mir fällt aber nichts ein, ich frage nach der Uhrzeit
10. mein Auto ist ohne Benzin stehengeblieben, ein Taxifahrer hält an

9. *Traducción*

1. Es gibt immer mehr junge (Leute), die keine Perspektive für die Zukunft haben.
2. Dreißig Prozent derjenigen, die noch nicht zwanzig Jahre alt sind, wollen keinen Beruf (oficio) lernen.
3. Fünfzig Prozent glauben, daß sie später keine Arbeit bekommen (conseguir).
4. Und Vierzig Prozent sagen, daß sie wegen ihrer Eltern auf die Schule gehen.
5. Wo bleibt da noch (entonces) eine Zukunft für unser Gesellschaft?
6. Was bist du pessimistisch! Denk nicht so viel an die Zukunft! Komm, wir gehen einen trinken.
7. Kleine Hilfe: junge Leute: jóvenes – Beruf: oficio – bekommen: conseguir – danach: entonces.

TEORÍA

Porcentajes

Der Teil vom Kuchen – Angaben in Prozent

el porcentaje – der prozentuale Anteil

De toda esta gente que trabaja no hay un cinco por ciento que de verdad busque trabajo.

Von allen diesen Leuten, die Arbeitslosenunterstützung kriegen, suchen nicht mal fünf Prozent wirklich eine Arbeit (sagt die angehende Unternehmerin Almudena.)

Según la encuesta el 38.1 por ciento de los españoles está a favor de una Alemania reunificada poderosada.

Nach der Umfrage sind 38,1 Prozent der Spanier für ein wiedervereintes, mächtiges Deutschland.

Exakt ermittelten oder ersehnten Prozentzahlen geht der bestimmte Artikel **«el»** voraus. Vor ungefähren Angaben steht der unbestimmte Artikel **«uno»**.

el 38.1 por ciento achtunddreißig **Komma** eins Prozent

Achten Sie darauf, daß es **ocho punto uno**, also acht **Punkt** eins und nicht acht **Komma** eins heißt.

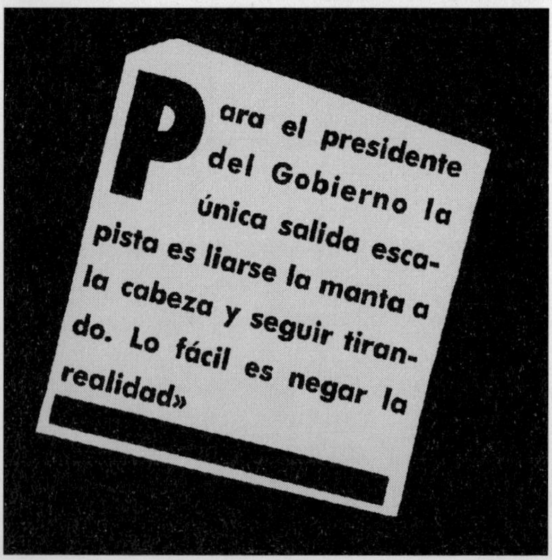
Para el presidente del Gobierno la única salida escapista es liarse la manta a la cabeza y seguir tirando. Lo fácil es negar la realidad»

Cada vez

Cada vez que te veo llevas tanta prisa.
Jedesmal, wenn ich dich sehe, hast du es so eilig.

Cada vez hay **más** problemas sociales en las ciudades.
Es gibt immer mehr soziale Probleme in den Städten.

Cada vez bedeutet jedesmal.
Cada vez + más oder **+ menos** bedeuted **immer mehr/weniger**.

10. Sagen Sie Ihrem Boss, was er tun soll und erfinden Sie eine kurze Erläuterung

1. no llamarle Pepe
   ¡No me llame Pepe! (por ejemplo:) Soy el señor Ramírez Martín.
2. darle tres días libres
3. pagarle las vacaciones
4. dejar de tomar tanto café por la mañana
5. comprar otra mesa de trabajo
6. por la mañana venir más temprano
7. no mandarle a Nueva York
8. no preguntar tanto
9. dejarle en paz
10. buscarse otro trabajo

11. *¿Qué es lo que falta?*

Setzen Sie ein:

siempre – cada vez – ya – ya no – todavía – todavía no

1. .... hay más pobreza en los paises del tercer mundo.
2. Pero .... es tarde.
3. .... se podrían resolver algunos problemas.
4. El mundo industrializado .... quiere dar tanto dinero porque
5. .... tiene más problemas sociales.
6. También quiere invertir .... más en los paises del este.
7. .... ha habido problemas entre ricos y pobres.

TEORÍA

Vermutungen über die Vergangenheit

¿Sabes cuándo llegó José? – Ni idea, **serían** las once por ahí.	Weißt du, wann José angekommen ist? – Keine Ahnung, es wird wohl so um elf gewesen sein.
Estaba con ella un tipo … Yo no lo conozco. **Sería** ruso …	Bei ihr war so ein Typ … Ich kenne ihn nicht. Es war wohl ein Russe …

1. Ungewißheit über etwas bereits Geschehenes kann im **potencial** ausgedrückt werden.

A Carlos no lo hemos visto. **Habrá ido** al cine con Carmen.	Carlos haben wir nicht gesehen. Er wird (wohl) mit Carmen ins Kino gegangen sein.
¿Angela y Vicente? Hace años que no sé nada de ellos. Se habrán divorciado ya.	Angela und Vicente? Seit Jahren habe ich nichts mehr von ihnen gehört. Die haben sich (bestimmt schon) scheiden lassen.

2. Ungewißheit über etwas bereits Geschehenes kann auch im **futuro 2** ausgedrückt werden.

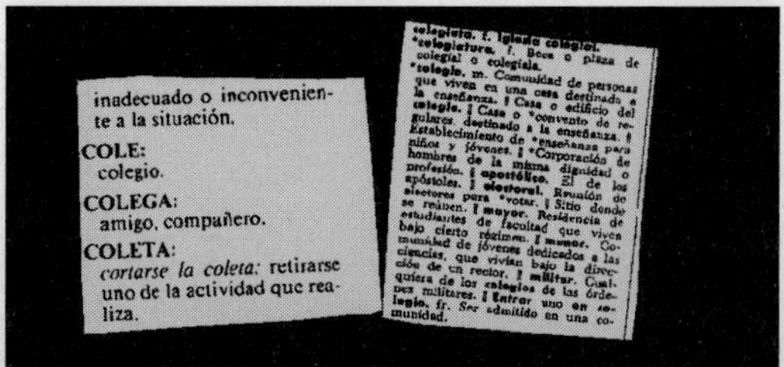
inadecuado o inconveniente a la situación.
COLE: colegio.
COLEGA: amigo, compañero.
COLETA: *cortarse la coleta:* retirarse uno de la actividad que realiza.

***colegiatura.** f. Beca o plaza de colegial o colegiala.
***colegio.** m. Comunidad de personas que viven en una casa destinada a la enseñanza. ‖ Casa o edificio del colegio. ‖ Casa o *convento de regulares destinado a la enseñanza. ‖ Establecimiento de *enseñanza para niños y jóvenes. ‖ *Corporación de hombres de la misma dignidad o profesión. ‖ **apostólico.** El de los apóstoles. ‖ **electoral.** Reunión de electores para *votar. ‖ Sitio donde se reúnen. ‖ **mayor.** Residencia de estudiantes de facultad que viven bajo cierto régimen. ‖ **menor.** Comunidad de jóvenes dedicados a las ciencias, que vivían bajo la dirección de un rector. ‖ **militar.** Cualquiera de los colegios de las órdenes militares. ‖ **Entrar** uno **en colegio.** fr. Ser admitido en una comunidad.

PRÁCTICA

12. Was war wohl, was ist passiert?

1. ¿Sabes a qué hora llegó el tren de Irún? (No sé – las ocho de la mañana)

   No sé, serían las ocho.

2. ¿Me puedes decir si Paco está en su oficina? (me imagino – haber llegado ya)
3. ¿Dónde estuvo tu amiga Sole ayer? (Ni idea – estar en la discoteca)
4. ¿Qué hizo Manolo en las vacaciones? (No sé – pasarlas con sus padres)
5. ¿Sabes en qué trabaja Juan ahora? (Yo que sé – ser cantante de pop)
6. ¿En qué año conquistaron los españoles Perú? (1500 por ahí)
7. ¿Sabes a quién encontré ayer en un café? (Ni idea – el presidente de la república)
8. ¿A ver si sabes lo que me pasó en París? (Como lo voy a saber – conocer a la mujer con la que te casarás la semana que viene)
9. ¿Cuánto te costó el libro? (No me acuerdo – costar unas 2000 pesetas)

13. *¡Termina la frase!*

1. Yo hablando ruso .... me iría a Leningrado.
2. Si mañana no llueve ....
3. Primero fuimos a tomar un café y después ....
4. Almudena todavía no tiene hijos porque ....
5. Me gustaría muchísimo ....
6. Yo sin café por la mañana ....
7. Los colegios privados no son mejor porque ....
8. En mi casa no es posible que ....
9. Yo no pienso que los políticos ....
10. Me molesta que ....
11. ¡Cuidado! En las frases 8 – 10 hace falta el subjuntivo.

TEORÍA

¡Ojo!

en condiciones	akzeptabel,okay
no tiene el más mínimo interés	hat nicht das geringste Interesse
que disparate	was ein Ding, was für ein Quatsch
vamos	angehängt an eine Aussage, bedeutet **vamos** gar nichts, sondern will dem Gesagten nur Nachdruck verleihen.

¡Ojo!

franceses e ingleses	Franzosen und Engländer
tonto e idiota	dumm und idiotisch
hijas e hijos	Töchter und Söhne

1. «Y» (und) wird zu **«e»**, wenn es direkt vor Wörtern steht, die mit **i-** oder **hi-** beginnen.

siete u ocho	sieben oder acht
setiembre u octubre	September oder Oktober
danés u holandés	dänisch oder holländisch

2. «O» (oder) wird zu **«u»**, wenn es direkt vor Wörtern steht, die mit **o-** oder **ho-** beginnen.

«Soy católica como Cristal pero no tan fanática»
La popular protagonista de la serie

14. *Mini-Charla*

A: Yo no **me casaría con la viuda más rica** del mundo.
B: Yo sí. Lo **haría** sin pensarlo dos veces.
A: ¡Imagínate **las fotos** que **saldrían**!
B: No estaría mal, ¿verdad?

1. casarse con, la viuda rica – hacer – tener dinero
2. comprarse, el coche rápido – hacer – las chicas, yo tener
3. casarse con, el actor bien pagado – hacer – niños, salir
4. comprarse, buen piso en la playa – hacer – vacaciones, nosotros poder pasar
5. ir de vacaciones – la pensión barata – hacer – dinero, vosotros poder ahorrar en las vacaciones
6. subirse a, avión más seguro del mundo – hacer – darte miedo

A: Yo a **mi mujer** no la dejaría **trabajar**.
B: ¿Por qué no? Mi mujer **tendría que trabajar** en algún sitio.
A: Así le **quitaría el trabajo a un hombre**.
B: Por favor, ¡**no digas tonterías**!

1. mi mujer, trabajar – tener que trabajar – quitarle el trabajo a un hombre
2. hijo, hacer el servicio militar – tener que hacerlo – no defender la patria
3. Mi marido, ayudar en casa – tener que ayudar – meterse en tus cosas
4. Mi Conchita, ganar dinero – ganar dinero – irse de casa

15. *Teatro*

1. **A** es una persona con ideas modernas. **B** es de derecha. Le gustan los fascistas.

2. **C** es un cura muy conservador y curioso. **D** es una mujer joven que se quiere casar de blanco porque su familia lo quiere así.

LECTURA

CAOS[1] EN LA CABEZA

Yo a las elecciones[2] no voy. Eso es perder el tiempo. A los políticos no los quiero ni ver ni escuchar. Cuando sale uno en televisión, lo quito en seguida. Cambio de canal[3]. Yo siempre digo que son artistas. Tantas palabras para luego no decir nada. A mí no me importa que estén en el gobierno o en la oposición. Yo no pienso que se viva mejor con la democracia. Hombre, libertad sí que hace falta. Pero mira dónde estamos. Haría falta más trabajo y más dinero para que esto cambie. ¿Pero cómo va a cambiar si nadie hace nada? Alguien que tenga mano dura[4] en el poder[5], ¡eso estaría bien! Pero siempre que uno pueda hacer lo que le parezca. A mí personalmente[6] los sociatas no me caen bien. Y los otros tampoco

1 **caos** Chaos
2 **elecciones** politische Wahlen
3 **canal** TV-Sender
4 **tener mano dura** hart durchgreifen
5 **poder** Macht
6 **a mí personalmente** ich, mir persönlich

creo que sean mejores. Hombre, los comunistas[7] sí que tienen algunas cosas, pero esos todos dependen de Cuba o de Moscú. Los de extrema derecha por lo menos acabarían[8] con este desorden[9] que hay. No me gustaría ser presidente. Pero yo lo arreglaría todo. Los sindicatos[10] le toman el pelo[11] al gobierno. Y los empresarios[12] también. No entiendo por qué no terminan con esta crisis económica. Ven que están subiendo los precios continuamente[13] y no hacen nada. ¡Allí sí que haría falta un ministro en condiciones[14]! Pero la culpa de todo eso la tenemos nosotros. Yo siempre digo que nos merecemos el gobierno que tenemos. Y por todo eso:

Yo a las elecciones no voy. Eso es perder el tiempo …

7 **el comunista** Kommunist
8 **acabar con** ein Ende bereiten
9 **desorden** Unordnung
10 **sindicato** Gewerkschaft
11 **tomar el pelo** auf den Arm nehmen, verscheißern
12 **empresario** Unternehmer
13 **continuamente** dauernd, unaufhörlich
14 **en condiciones** ‹ › akzeptabel

¿Lo dice el texto? – ¿Sí o no?

	sí	no
1. Las elecciones no sirven para nada.	■	■
2. En televisión los políticos son muy interesantes.	■	■
3. Los políticos saben hablar muy bien.	■	■
4. La democracia es mejor.	■	■
5. Falta dinero y trabajo.	■	■
6. Los comunistas son independientes de Cuba y Moscú.	■	■
7. A los de la extrema derecha no les gusta el caos en la sociedad.	■	■
8. Sindicatos y empresarios ayudan al gobierno.	■	■
9. Somos culpables de nuestro gobierno.	■	■
10. Las elecciones no sirven para nada.	■	■

TEST 3

1. *Comprensión auditiva*

Hören Sie die folgenden Sätze von der Cassette und tragen Sie die fehlenden Wörter ein. Spulen Sie die Cassette dann zurück und hören Sie die Sätze zur Sicherheit ein zweites Mal.

1. Me llamo Juan López García y resulta que me han comentado que están buscando alguien para que .... en la cocina. **2.** Aquí buscan un albañil con .... **3.** Tendrá que presentarse el uno del .... La ropa se la .... nosotros. **4.** Los estudiantes normalmente buscan en los tablones de las facultades. Allí hay .... y .... para compartir piso con otros. **5.** Buscar trabajo así .... levantarse a primera hora, estudiar las .... de las ofertas y presentarse donde sea. **6.** ¿Y qué? Yo no entiendo por qué toda esa gente se casa para .... **7.** De esta forma la sociedad no .... , no habría .... **8.** Hemos llegado a una .... en la que los jóvenes .... de su libertad. **9.** Hombre, los .... sí que tienen algunas cosas, pero esos todos dependen de Cuba o de Moscú. **10.** Los .... por lo menos acabarían con este desorden que hay.

2. *Gramática*

Falta la forma del futuro

1. Todo el mundo sabe, que en el futuro .... más conflictos políticos. (haber)
2. Nos .... el año que viene. (casar)
3. ¡No te preocupes! .... muy contento. (estar)
4. Tranquilo, dentro de diez años nosotros .... los mismos problemas. (tener)
5. A partir del 95 mucho más jóvenes no .... trabajo. (encontrar)
6. Yo te .... en todas partes del mundo. (buscar)

Falta la forma del potencial:

7. Me gusta mi pueblo. Yo nunca .... a vivir a una capital. (irse)
8. ¿Cuánto me .... por el trabajo? (pagar)
9. Yo en tu lugar no .... eso. (hacer)
10. Nosotros te ...., pero no vamos en coche. (llevar)
11. ¿Tener una casa en Canarias? ¡Eso .... estupendo! (ser)
12. Vicente no .... en la construcción. Dice que es un trabajo muy duro y mal pagado. (trabajar)

3. *Comprensión auditiva*

Was hören Sie, was hören Sie nicht? Lesen Sie die Fragen 1–10. Hören Sie dann den Text von der Cassette. Kreuzen Sie **correcto** oder **falso** an.

		correcto	**falso**
1.	Diego es futbolista.	☐	☐
2.	No tiene mucha suerte en la vida.	☐	☐
3.	Vive en una gran ciudad.	☐	☐
4.	No le gusta la vida en su pueblo.	☐	☐
5.	Quiere irse a vivir a la capital.	☐	☐
6.	Dice que donde vive hay de todo.	☐	☐
7.	Ahora la vida ahí ha cambiado.	☐	☐
8.	Hoy día la gente no hace otra cosa que ver televisión.	☐	☐
9.	Lo único que hay en el pueblo es el cura y la sala de juegos.	☐	☐
10.	Diego no está harto de seguir así.	☐	☐

Lesen Sie die Fragen 11–20. Hören Sie dann den Text von der Cassette. Kreuzen Sie **correcto** oder **falso** an.

		correcto	**falso**
11.	A Almudena le gustan los colegios públicos.	☐	☐
12.	Almudena está casada y tiene hijos.	☐	☐
13.	Piensa que las escuelas católicas son mejores.	☐	☐
14.	Dice que la juventud abusa de su libertad.	☐	☐
15.	No quiere un príncipe azul.	☐	☐
16.	Dice que las chicas jóvenes no deberían salir con chicos.	☐	☐
17.	Habla como una persona de otra generación mayor.	☐	☐
18.	Almudena es feminista.	☐	☐
19.	Dice que las mujeres deberían de quedarse en casa.	☐	☐
20.	Sabe como solucionar el problema del paro.	☐	☐

4. *Gramática: ¿Qué es correcto?*

1. … que presentarse la semana que viene.
   a Tienes
   b Tendrá
   c Tenga

2. ¿Angel? No está aquí. … en casa de Toni como siempre.
   a estuve
   b estará
   c estarás

3. Pasado mañana viene la chica … te he contado tantas cosas.
   a de quien
   b quien
   c de que

4. El mundo … vives no tiene nada que ver con la realidad.
   a en que
   b en quien
   c al que

5. Tenemos que ir a Gerona, … no nos gusta mucho.
   a lo que
   b los que
   c el que

6. Siempre pienso … ti.
   a en
   b a
   c de

7. Caballeros, … hacer una pregunta.
   a quise
   b quisiera
   c querería

8. Si me dejas, te … .
   a matarés
   b mataré
   c mataríais

9. … hay más tontos en el mundo.
   a Cada vez
   b Siempre
   c Siempre que

10. He leído que … 6.5 % de los españoles no toman ninguna droga.
   a el
   b los
   c él

11. Nosotros sólo trabajamos … 100.000 ptas. al mes.
   a para
   b por
   c contra

12. Llevamos diez años … estos socialistas en el gobierno.
   a con
   b desde
   c de

5. *Comprensión auditiva*

Lesen Sie die Antworten eines Abschnittes konzentriert durch. Hören Sie dann die Fragen von der Cassette und kreuzen Sie die einzig passende Antwort an. Wenn es Ihnen zu schnell geht, dann hören Sie die Fragen ein zweites Mal.

1. No pasa nada. **a**
No me siento bien. **b**
No paso por ahí. **c**

2. No sé qué hacer. **a**
¡Vete al médico! **b**
¿Das consejos? **c**

3. Se llama Juan González González. **a**
Ahora mismo acaba de salir. **b**
El dueño tiene que decidir esto. **c**

4. Nnn ... trabajé más bien en el servicio. **a**
Me gusta la paella. **b**
Depende de la vaca. **c**

5. Fatal, hombre, fatal. **a**
Conozco la capital. **b**
Voy a la capital. **c**

6. No sé llamar la atención. a
Ni idea, ¡a ver! b
¡No me llames antes de las cinco! c

7. ¿Puedo entrar ahí? a
Te he entendido. b
Yo pienso lo que me da la gana. c

8. Se paga en la caja. a
¿Tienen ustedes almejas? b
Hombre, no me quejo de nada. c

9. Yo no digo nada. a
Europa tiene un gran futuro delante. b
No sé que hacer sin futuro. c

10. Yo no trabajo en la oposición. a
Mi marido entiende de política. b
Alguien la tiene que tener. c

Test 3 – Gesamtpunktzahl aller richtigen Antworten:

TEMA 7

Nutritivos
de Confianza
EN ANDALUCIA CON GARANTIA MUNDIAL FABRICADOS

DIÁLOGO

TE PLANTEAS LAS VACACIONES Y LUEGO ...

Las dos personas: R: Ricardo, F: Fernando

R: Oye, Fernando, ¿cuánto tiempo te falta?

F: *Esta semana y tres días de la otra y ya me voy. ¿Y tú no vas de vacaciones este año?*

R: ¡Ojalá, qué más quisiera yo!

F: *¿Entonces no te vas, Ricardo?*

R: ¡Qué va! ¿Cómo me podría ir con las trampas que tengo encima? ¿Y tú sabes ya adónde irás?

F: *Este año voy a cambiar de ambiente. Me iré a los Pirineos a hacer un poco de montañismo. Llevo seis años ya yendo al mismo pueblo en la costa y ya no lo puedo ni ver.*

R: ¿Y cómo es eso, que siempre volvías tan entusiasmado?

F: *Si volvieras diciendo que no te ha gustado nada ... Es que cuando vuelves no puedes decir que las vacaciones han sido un fracaso. Tienes que contar lo maravillosamente que lo has pasado...*

Hombre, lo que pasa es que te planteas las vacaciones de una forma y luego salen de otra.

R: ¿A qué te refieres?

F: *Pues, trabajando aquí me canso tanto que casi no salgo por la noche. Llego a casa y lo único que soy capaz de hacer es mirar la tele … El año pasado por ejemplo me había hecho planes, me había propuesto salir mucho, ligar por ahí, total, vivir cosas. Y luego resultó que me aburrí como una ostra. En la discoteca ponían una música malísima, el cubata te lo ponían a ochocientas y cuando por fin me enrollé con una chavala, se presentó el novio, ¡y coño!, por poco me parte la cara.*

R: Si yo tuviera que pasar mis vacaciones así, no iría. Yo las aprovecho para viajar, para recorrer otros países, conocer otra gente, otras

culturas, civilizaciones ... Me da rabia que este año no podamos ir por ahí. Yo, mientras tenga dinero, no me pierdo un viaje.

–

F: *¿Y tú por qué siempre te vas fuera, con tantos sitios de España que no conoces?*

R: Sí que hay algunos sitios donde no he estado. Pero a la gente sí la conozco demasiado. No es que no me gusten. Pero lo que me interesa es lo exótico, lo diferente, todo lo que parece haber salido de un cuento como los bazares, las medinas ...

F: *De acuerdo, Ricardo, pero ya podrías contribuir un poco a la economía nacional quedándote en España.*

R: ¿De verdad quieres saber lo que pienso?

F: *Si no pudiéramos decir lo que pensamos ... Para eso estamos charlando.*

R: Desde mi punto de vista el turismo en España ha fracasado. Son verdaderas plagas de alemanes, ingleses, italianos y españoles, claro, todos pisándose los pies unos a otros. Los precios están por las nubes y el Mediterráneo hecho una cloaca. Y a los pocos que encuentran trabajo en los hoteles, luego les tocan nueve meses de paro hasta el verano que viene.

F: *Pero las construcciones de hoteles sí que dieron trabajo a mucha gente. Y también están todos los camareros, cocineros, los pequeños comerciantes; todos los que viven de esto. Es un factor económico muy importante.*

R: ¡No te pongas tan patético, Fernando! De sobra se sabe que una gran parte del dinero se va al extranjero otra vez. Se lo llevan las agencias extranjeras. A mí me parece un crimen que hayan destruido todas las costas para que una gente aburrida vaya en verano a ponerse morena.

F: *Y si lo pudieras cambiar, ¿qué harías?*

R: Ojalá fuera posible derrumbar esos monstruos de bloques que han metido en todos lados.

F: *¡Ricardo, por favor! ¿Dónde se quedaría la gente?*

R: Estos edificios sirven sólo para los meses de julio y agosto . Todo el resto del año están vacíos, parecen cementerios, vamos … Para los turistas sería mejor que aprendieran a no aburrirse y que enseñaran a sus hijos otras formas de disfrutar del medio ambiente.

F: *¿Y los trabajadores y la clase media no tienen derecho a pasar unas vacaciones en la playa? ¿A qué otro sitio se podrían ir?*

R: ¡Qué se vayan de camping por ahí! Siempre les saldrá más barato que pagar estos alquileres escandalosos de 150.000 pesetas por un mes.

F: *Ahora te estás contradiciendo. Si mandáramos a toda esa masa de gente de camping, pronto acabarían con la poca naturaleza que queda.*

R: ¡Será posible! Tú te vas a los Pirineos y sin embargo les quieres prohibir a toda esa gente que vayan ellos también.

F: *Yo no quiero prohibir nada. ¡Que cada uno haga lo que quiera! Pero tienes que tener en cuenta que la naturaleza no está hecha para esto. Tú te quejas de que hayan destruido las costas, así que protejamos al menos lo poco que nos queda.*

R: Precisamente es lo que estoy haciendo. Cuando me voy de viaje por ahí, me voy al extranjero para que …

¡ESCUCHA!

A.
¿Qué es correcto?

1. Los dos amigos Fernando y Ricardo
a hablan de deportes.
b van juntos de vacaciones.
c hablan de vacacio nes y turismo.

2. Fernando generalmente
a pasa sus vacaciones en Marruecos.
b pasa sus vacaciones en Francia.
c se queda en España.

3. Ricardo critica los viajes
a a otros paises.
b el turismo en España
c el camping en los pirenios.

B.
¿Sí o no?

sí no

1. Fernando lleva seis años yendo al mismo pueblo.
2. Dice que cuando uno vuelve de vacaciones tiene que contarle a todo el mundo que ha sido estupendo.
3. Durante el año siempre vuelve muy cansado a casa por la noche.
4. El año pasado no tuvo vacaciones.
5. Pasó unas vacaciones muy interesantes.
6. Conoció a una chica.
7. Ricardo no pasaría sus vacaciones como Fernando.
8. Cuando Ricardo sale de viaje suele conocer cosas nuevas.
9. Siempre cuando tiene dinero lo aprovecha para irse de viaje.
10. Ricardo prefiere ir al extranjero.
11. Fernando y Ricardo están de acuerdo sobre la economía turística.
12. Ricardo critica las construcciones en la playa.

¡APRENDE!

TE PLANTEAS LAS VACACIONES Y LUEGO …

DU PLANST DIE FERIEN UND DANN …?

cuánto tiempo te falta
wieviel fehlt dir?, wie lange hast du noch?

ojalá
hoffentlich

qué más quisiera yo
nichts wollte ich lieber

tener trampas encima ⟨ ⟩
Schulden am Hals haben
normalerweise: **deudas** = Schulden

cambiar de ambiente
die Umgebung wechseln

los Pirineos
die Pyrenäen

hacer un poco de montañismo
ein bißchen Bergwandern/-steigen

ya no lo puedo ni ver
das /den kann ich nicht ausstehen

entusiasmado
begeistert

si volvieras diciendo
wenn du zurückkämst und sagen würdest

un fracaso
ein Reinfall

contar lo maravillosamente que lo has pasado
erzählen, wie toll es dir ergangen ist

plantearse
sich vornehmen

salir
werden

capaz
fähig

lo único que soy capaz de hacer
das einzige, wozu ich noch fähig bin

me hice planes
ich machte Pläne

me propuse (proponerse)
ich nahm mir vor

ligar ⟨ ⟩
anmachen, anbändeln, aufreißen

vivir cosas
etwas erleben

me aburrí como una ostra
ich habe mich zu Tode (wie 'ne Auster) gelangweilt

ponían una música …
die hatten da eine Musik

el cubata
der Cuba Libre

me enrollé con una chavala
ich hab mit einem Mädchen angebändelt

coño ⟨!⟩
verdammt

por poco me parte la cara
fast hätte der mich verprügelt

partir la cara
verprügeln

si yo tuviera que pasar mis vacaciones así
wenn ich meinen Urlaub so verbringen müßte

recorrer
reisen durch

dar rabia
ärgern, wütend machen

mientras tenga dinero
solange ich Geld habe

no me pierdo un viaje
ich lasse keine Reise aus

ir fuera
rausfahren, ins Ausland fahren
lo exótico
das Exotische
lo diferente
das andere
salir de un cuento
aus einem Märchen entspringen
las medinas
die arabischen Altstädte
contribuir
beitragen
charlar
sich unterhalten, reden
desde mi punto de vista
von meinem Gesichtspunkt aus
fracasado
gescheitert
verdadero
wirklich, echt
los ingleses
die Engländer
los italianos
die Italiener
pisarse los pies unos a otros
sich gegenseitig auf die Füße treten
los precios están por las nubes
die Preise sind sehr hoch (in den Wolken)
el Mediterráneo
das Mittelmeer
una cloaca
eine Kloake
les tocan nueve meses de paro
sie sind dran mit neun Monaten Arbeitslosigkeit
los pequeños comerciantes
die kleinen Händler
un factor
ein Faktor
¡no te pongas tan patético!
tu nicht so pathetisch!
de sobra
genügend, im Übermaß
una gran parte
ein Großteil
el extranjero
das Ausland, der Ausländer
un crimen
ein Verbrechen
destruido
zerstört
aburrido
gelangweilt
y si lo pudieras cambiar, ¿qué harías?
und wenn du das ändern könntest, was würdest du tun?
ojalá fuera posible
schön, wenn das möglich wäre
los monstruos
die Monstren
los bloques
die Wohnsilos (manchmal an den Stadträndern ziemlich schrecklich)
meter en todos lados
überall hinklotzen
vacío
leer
los cementerios
die Friedhöfe
aprendieran (2.Konj.)
sie lernten
enseñaran (2.Konj.)
sie zeigten
disfrutar con
Spaß haben an / mit
el medio ambiente
die Umwelt
los trabajadores
die Arbeiter
la clase media
der Mittelstand
¡qué se vayan de camping por ahí!
sollen sie doch Camping machen
saldrá más barato
das käme billiger
los alquileres
die Mieten

escandaloso
skandalös
contradecir
widersprechen
si mandáramos
(2.Konj.) wenn wir schicken würden
acabarían con (2.Konj.)
sie würden fertig werden mit
la poca naturaleza
die wenige Natur
¡será posible!
das kann doch nicht sein
prohibir
verbieten
¡que cada uno haga lo que quiera!
soll doch jeder machen, was er will (gute Einstellung)
estar hecho para …
geschaffen sein für …
protejamos (Konjunktiv von proteger)
wir schützen
al menos
wenigstens
lo poco
das wenige
precisamente
genau

TEORÍA

Imperfecto del subjuntivo

Die letzte Hürde der Zeiten

charl**ar**		
charl**ara**	oder	charl**ase**
charl**aras**		charl**ases**
charl**ara**		charl**ase**
charl**áramos**		charl**ásemos**
charl**arais**		charl**aseis**
charl**aran**		charl**asen**

recorr**er**		
recorr**iera**	oder	recorr**iese**
recorr**ieras**		recorr**ieses**
recorr**ieras**		recorr**ieses**
recorr**iéramos**		recorr**iésemos**
recorr**ierais**		recorr**ieseis**
recorr**ieran**		recorr**iesen**

prohib**ir**		
prohib**iera**	oder	prohib**iese**
prohib**ieras**		prohib**ieses**
prohib**ieras**		prohib**ieses**
prohib**iéramos**		prohib**iésemos**
prohib**ierais**		prohib**ieseis**
prohib**ieran**		prohib**iesen**

Keine Angst vor den vielen Formen. Der imperfecto del subjuntivo hat ganz einfach zwei gleichwertige, gleichbedeutende Endungen:

Endung der Verbes auf **-ar**:	**-ara** oder **-ase**
Endung der Verbes auf **-er** und **-ir**:	**-iera** oder **-iese**

1. *¡Al trabajo, detectives!*

¡Buscad todas las formas del imperfecto del subjuntivo en el diálogo! ¿Las encontráis todas? Son nueve en total.

2. *Subjuntivos*

Machen Sie sich ein bißchen mit den Formen des imperfecto del subjuntivo vertraut. Ergänzen Sie die richtige Endung:

empezar	**mirar**	**quedar**	**tocar**
empez......	mir......	qued......	toc......
empez......	mir......	qued......	toc......
empez......	mir......	qued......	toc......
empez......	mir......	qued......	toc......
empez......	mir......	qued......	toc......
empez......	mir......	qued......	toc......
comer	**entender**	**vender**	**volver**
com......	entend......	vend......	volv......
com......	entend......	vend......	volv......
com......	entend......	vend......	volv......
com......	entend......	vend......	volv......
com......	entend......	vend......	volv......
com......	entend......	vend......	volv......
subir	**escribir**	**decidir**	**prohibir**
sub......	escrib......	decid......	prohib......
sub......	escrib......	decid......	prohib......
sub......	escrib......	decid......	prohib......
sub......	escrib......	decid......	prohib......
sub......	escrib......	decid......	prohib......
sub......	escrib......	decid......	prohib......

TEORÍA

Beide Endungsformen werden nebeneinander gebraucht, die Formen auf -ara und -iera sind in der Umgangssprache häufiger. Die Bildung dieser Verbformen folgt einem regelmäßigen Prinzip:

subjuntivo (imperfecto) = Stamm der 3. Person Plural des indefinido + Endung

Wer also unsicher ist, der konstruiert sich seinen subjuntivo del imperfecto selbst: ¿enseñar? Indefinido 3. Person Plural: enseñaron → enseñara, enseñaras, enseñara…

z.B. venir im indefinido:

vine	→	viniera
viniste	→	vinieras
vino	→	viniera
vinimos	→	viniéramos
vinisteis	→	vinierais
vinieron	→	vinieran

Ein bißchen komplizierter verhält es sich mit den unregelmäßigen Verben. Da muß man die Unregelmäßigkeit im **indefinido** kennen. Die wichtigsten sind:

infinitivo	indefinido (3.pl.)		imperfecto del	subjuntivo
dar	dieron	→	diera	diese
estar	estuvieron	→	estuvie	estuviese
haber	hubieron	→	hubiera	hubiese
hacer	hicieron	→	hiciera	hiciese
poder	pudieron	→	pudiera	pudiese
poner	pusieron	→	pusiera	pusiese
querer	quisieron	→	quisiera	quisiese
saber	supieron	→	supiera	supiese
ser	fueron	→	fuera	fuese
tener	tuvieron	→	tuviera	tuviese
traer	trajeron	→	trajera	trajese
decir	dijeron	→	dijera	dijese
ir	fueron	→	fuera	fuese
oír	oyeron	→	oyera	oyese
venir	vinieron	→	viniera	viniese

Sie sollen jetzt nicht sämtliche unregelmäßigen Verben in den ausgefallensten Zeiten auswendig lernen. Die wichtigsten werden hier nur aufgeführt, damit sie nachschlagen können und sich nach und nach damit vertraut machen.

3. Verknüpfen Sie, was zusammengehört

1. Si Paco tuviera dinero ...	**a** me casaría contigo.
2. Si no lloviera tanto ...	**b** iríamos contigo a la fiesta.
3. Si el billete costara menos ...	**c** podrías ir al parque.
4. Si tuviéramos tiempo ...	**d** nos iríamos en avión.
5. Si no fuera así ...	**e** se compraría ese coche.
6. Si yo tuviera 20 años ...	**f** sería de otro modo.

4. *Hablar del turismo*

Erklären Sie einem Spanischsprechenden (hispano-hablante), wie Sie die Entwicklung des Tourismus sehen: Spanien wird immer teurer. Der Trend zu Fernreisen nimmt zu. Die Mittelmeerküste ist versaut, die Hotels sind fürchterliche Wohnblocks. Man wird in Zukunft mehr zu Hause bleiben in den Ferien. Nicht wenige Leute, die vom Tourismus leben, werden ihre Jobs verlieren. Am Ende werden nur die großen Reiseveranstalter übrigbleiben.

5. *¿Muy o mucho?*

1. Es..............importante que esté aquí de vuelta mañana por la tarde. **2.** Es .... más económico de lo que te piensas. **3.** No vamos a tardar .... en volver. **4.** No se preocupe, que yo aquí conozco a .... poca gente. **5.** Tú eres .... chico para eso. **6.** Sí que hay .... sitios donde no he estado. **7.** En el periódico viene un anuncio de una oferta ....interesante. **8.** Cocinar no ...., allí estuve más bien sirviendo. **9.** Tú sabes .... bien que a mí no me gusta montarme en eso. **10.** Para mi trabajo sería .... útil y dentro de poco los niños podrán empezar a aprender los niños. **11.** ¿Gastaste .... dinero? **12.** Es un factor económico .... importante. **13.** También hay .... juegos educativos que les irían bien. **14.** El año pasado por ejemplo me había propuesto salir ....

TEORÍA

Imperfecto del subjuntivo

Wozu ist er zu gebrauchen?

¡Ojalá fuera posible!	Wäre das doch möglich!
¡Qué más quisiera yo!	Was wollt ich mehr!

1. Er steht in Wendungen, die unerfüllbare Wünsche ausdrücken.

si yo tuviera ...	wenn ich .... hätte
si volvieras	wenn du zurückkämst
si lo pudieras cambiar	wenn du das ändern könntest
si no pudiéramos decir lo que pensamos	wenn wir nicht sagen könnten, was wir denken

2. Er steht in Wendungen, die Möglichkeiten und Bedingungen ausdrücken.

Sería mejor que aprendieran a ...	Es wäre besser, daß sie lernten zu ...
Sería necesario que se protegiera más el medio ambiente.	Es wäre notwendig, daß man die Umwelt mehr schützt.

3. Er steht nach festen Ausdrücken im potencial.

¡3 x fuera!

si yo **fuera** tú	wenn ich du **wäre**
si yo **fuera** a París mañana	wenn ich morgen nach Paris **fahren würde**
fuera de aquí	**raus** hier!

6. Basteln Sie selbst Unmögliches

1. Paco, llamarme – yo poderle decir lo que ha pasado.

   Si me llamara Paco, le podría decir lo que ha pasado.

2. Tú, estudiar más - sacar con seguridad las oposiciones.
3. Mi novio, quererme de verdad - no decir estas tonterías.
4. Usted, firmar el contrato - nosotros empezar el trabajo.
5. Tú, trabajar menos – sentirse mejor.
6. Tú, quitar la radio - nosotros poder entenderse.
7. Usted, no estar tan impaciente - nosotros poder solucionar el problema.
8. Tú, niño, comportarse bien - yo, llevarte a casa del tío Pepe.
9. Vosotros, decirme la verdad - yo poder arreglar el asunto.
10. Mi novio, salir de la cárcel - nosotros poder casarse.
11. Fernando, hablar menos - ayudarnos más.
12. Tú, devolverme las dos mil pesetas - yo, pagar el recibo del teléfono.

7. *Traducción*

¿Cómo se diría en alemán?

1. ¡Ojalá, qué más quisiera yo!
2. ¿Cómo me podría ir con las trampas que tengo encima?
3. Si volvieras diciendo que no te ha gustado nada ...
4. Tienes que contar lo maravillosamente que lo has pasado.
5. En la discoteca ponían el cubata a mil pesetas.
6. Los precios están por las nubes.
7. A los pobres les tocan nueve meses de paro.
8. ¡Qué cada uno haga lo que quiera!
9. Precisamente es lo que estoy haciendo.
10. Me da rabia que este año no podamos ir por ahí.

TEORÍA

Allah ist mächtig

An dem exotischen, gar nicht romanisch klingenden Wort «ojalá» ist der Einfluß zu erkennen, den das maurische Arabisch auf das Spanische hatte. «Ojalá» bedeutet ursprünglich «und Gott möge», was nichts anderes heißt als «hoffentlich». Die folgenden, bereits bekannten Wörter stammen allesamt aus dem Arabischen:

aduana –	der Zoll	naranja –	die Orange
azúcar –	der Zucker	alquiler –	die Miete
albañil –	der Maurer	azul –	blau
jarra –	der Krug, die Karaffe	jarabe –	der (Husten-) Saft

Steht nach **ojalá** der **imperfecto del subjuntivo**, so drückt sich eher eine Unwahrscheinlichkeit aus (z. B. wäre doch, hätte …), folgt der **presente del subjuntivo**, so räumt der Sprecher seinem Wunsch reelle Chancen ein (hoffentlich).

¡Ojalá fuera verdad!	Wäre das doch wahr!
¡Ojalá me tocara el gordo!	Würde ich doch das große Los ziehen!
¡Ojalá no llueva!	Hoffentlich regnet es nicht!
¡Ojalá no me llame!	Hoffentlich ruft er mich nicht an!

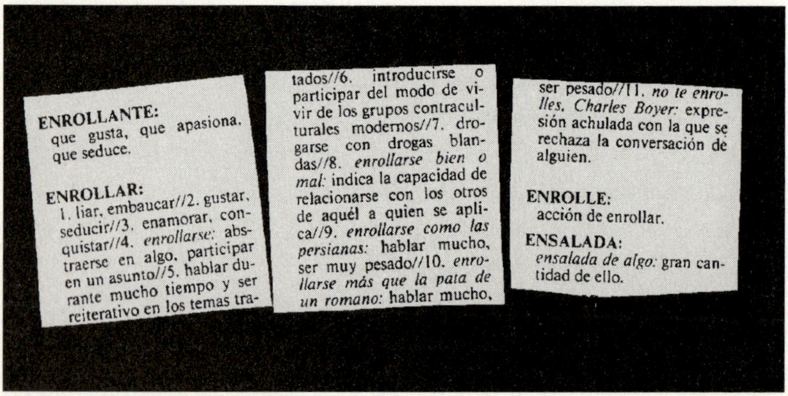

ENROLLANTE: que gusta, que apasiona, que seduce.

ENROLLAR: 1. liar, embaucar//2. gustar, seducir//3. enamorar, conquistar//4. *enrollarse:* abstraerse en algo, participar en un asunto//5. hablar durante mucho tiempo y ser reiterativo en los temas tratados//6. introducirse o participar del modo de vivir de los grupos contraculturales modernos//7. drogarse con drogas blandas//8. *enrollarse bien o mal:* indica la capacidad de relacionarse con los otros de aquél a quien se aplica//9. *enrollarse como las persianas:* hablar mucho, ser muy pesado//10. *enrollarse más que la pata de un romano:* hablar mucho, ser pesado//11. *no te enrolles, Charles Boyer:* expresión achulada con la que se rechaza la conversación de alguien.

ENROLLE: acción de enrollar.

ENSALADA: *ensalada de algo:* gran cantidad de ello.

PRÁCTICA

8. Sagen Sie, was die Leute ruhig tun sollen

1. ir de camping por ahí
¡Que se vayan de camping por ahí! ....
2. fumar hasta que se mueran
3. pasar todas las noches ante el televisor
4. mandar a sus niños a colegios católicos
5. escuchar esa música malísima
6. comer carne de cerdo si les gusta
7. aburrirse en la playa
8. pagar 800 ptas. por un vaso de vino
9. seguir comprando verdura radioactiva
10. ir al trabajo en coche en vez de tomar transportes públicos
11. quedarse en casa si no les gusta el extranjero
12. hacer lo que quieran

10. *¿Por o para?*

1. ¡Vamos a pedir una paella ...... tres! **2.** No la pases tanto, dale ...... atrás que yo la quiero ver desde el principio **3.** Y entonces, ¿qué ilusión tienen ...... estudiar? **4.** Los precios están ...... las nubes y el Mediterráneo hecho una cloaca. **5.** Carlos, dice el jefe que te pases ......su despacho. **6.** ¡Tú leyendo todo el día, los niños ...... ! **7.** Eh, ¡que me la cambie .... una que funcione! **8.** Habían echado un spray especial ...... dormir a la gente. **9.** Bueno, al calentarla se sale el agua ...... la válvula. **10.** El alquiler se cobra ...... adelantado. **11.** Saldrá más barato de 150.000 pesetas ...... un mes. 12. Hay que moverse ...... cambiar la vida. **13.** Pues tengo un billete ...... el día 15. **14.** Pues yo no tengo paciencia ...... eso.

9. *¡Traduzca al español!*

1. Wenn das wahr wäre ...
2. Wenn mein Onkel käme ...
3. Wenn Juan das wüßte ...
4. Wenn du nicht so dumm wärest ...
5. Wenn Sie die Wahrheit sagen würden ...
6. Wenn wir nach Buenos Aires fahren würden ...
7. Wenn es kein Militär auf der Welt gäbe ...
8. Wenn ich dir das sagen könnte ...
9. Wenn dein Vater das wüßte ...
10. Wenn ich dir das Buch morgen bringen würde ...

Si-Sätze

Si llueve, no voy.	Wenn (falls) es regnet, (dann) gehe ich nicht.
Si no lloviera, me iría.	Wenn es nicht regnen würde, dann würde ich gehen.

Die Formel für die Bedingungssätze lautet:

		Si-Satz		Hauptsatz
Wahrscheinlich	→	presente	+	presente oder futuro
Unwahrscheinlich	→	subjuntivo imperfecto	+	potencial

Si me quieres, me compras el descapotable. Wenn du mich liebst, dann kaufst du mir das Cabrio.

Si no tuviéramos esas deudas encima, nos podríamos ir de vacaciones. Wenn wir nicht diese Schulden hätten, dann könnten wir in Urlaub fahren.

Aufgepaßt!

Deutscher Fehler tut dem Muttersprachler arg weh.

Im Si-Satz darf nie potencial stehen. Wer aus dem Deutschen übersetzt, dem unterläuft dieser Fehler manchmal. «Wenn du das nehmen würdest» muß also heißen: « Si lo tomaras (tomases) ». «Tomaría» wäre falsch.

Um ein Haar

por poco + presente del indicativo

Por poco me parte la cara.	Fast hätte er mich verdroschen.
Por poco aparece su marido.	Fast wäre ihr Mann erschienen.
Por poco me quedo sin gasolina.	Fast hätte ich ohne Benzin dagestanden.
Por poco no me reconoce el Toni.	Fast hätte derToni mich nicht wiedererkannt.

11. ¿Qué sería entonces?

Führen Sie die Sätze aus Übung 9 zu Ende!

Por ejemplo:..

....

12. Was wäre beinahe passiert?

decirle que se quiere casar con ella - quedarse en la calle - matarse - robarle todo el dinero

1. Belén recibió la carta, la abrió, la leyó y se enteró de que Luis la quería dejar. Ella se puso a llorar, cogió el coche y por poco .... **2.** Eduardo fue al banco, retiró 500.000 ptas. de su cuenta, salió del edificio, se cayó, se vió rodeado de cinco chorizos y por poco .... **3.** Angel estuvo invitado a aquella fiesta, se presentó allí, conoció a Carmen, bailó con ella, la invitó a tomar un vino, la llevó a su casa y.................... **4.** Encarna salió del teatro a las once y media, llamó un taxi, dijo al chófer que la llevara a su casa, se bajó del taxi, subió en el ascensor, abrió su bolsa, no encontró las llaves y por poco ....

13. Crucigrama

Solución: Lo que les gusta a los muchachos por la noche.

1. Da asco.
2. Viven al sur de los Alpes.
3. Vende viajes ocasas, o novias.
4. Trabaja en un bar.
5. Resultado muy malo.
6. Más barato que un hotel.
7. Sala de baile.
8. Se aburre mucho.
9. Ron, Wodka o Gin con Coca o Pepsi Cola.
10. Un muchacho.
11. Acción criminal.

¡Ojo!

Gerundium

1. No puedo ahora, estoy hablando por teléfono.
2. Voy sacando fotos de todos mis parientes.
3. Desde hace tres meses vengo haciendo este trabajo.
4. Señores, ¡sigan comiendo!
5. Entró Paco pero ella continuó leyendo.
6. En Madrid empezamos vendiendo fotos en la calle.
7. El pobre terminó fumando 60 cigarrillos al día.
8. Llevo seis años ya pasando mis vacaciones de Semana Santa en Benidorm.

1. estar + gerundio	gerade etwas tun
2. ir + gerundio	nach und nach tun
3. venir + gerundio	seit längerer Zeit etwas tun oder getan haben
4. seguir + gerundio	weiter tun
5. continuar + gerundio	weiter tun
6. empezar + gerundio	am Anfang tun
7. acabar + gerundio	am Ende tun
8. llevar + gerundio	schon tun

14. *Traducción*

¡Traduzca las ocho frases con el gerundio de **Ojo**! ¡Procure encontrar expresiones alemanas muy idiomáticas! La solución que damos es una de varias posibilidades.

15. *Pescar parejas*

Fischen Sie aus dem Haufen Wörter zusammengehörige Paare raus: (z.B. dick/doof)

nuevo entrar trabajador viejo vacío
económico fácil bueno fuego capitalista
moderno antiguo pobre nunca salir malo
comunista capitalista lleno cada día conservador
caro permitir desayunar mujer
esconder enseñar nunca agua siempre
moderno complicado rico hombre prohibir cenar

16. *Mini-Charla*

A: El **Mediterráneo** está hecho **una cloaca**.
B: Lo que pasa es que **nadie tiene la culpa de eso**.
A: Me da rabia que **todos hablen y nadie haga nada**.
B: ¡Ojalá **cambiara esto**!

1. Mediterráneo, cloaca, nadie tener la culpa de eso, todos hablar, nadie hacer nada – cambiar
2. La playa de Lloret, asco – todo el mundo tirar papeles por ahí – el ayuntamiento saberlo, no hacer nada – terminar con el desorden
3. Tu casa, desorden total – yo, no tener tiempo – no decirme nada cuando te hace falta ayuda – ayudarme alguien
4. Tú Fernando, un as de tenis – pasarse todo el día jugando – mi José Antonio, no querer jugar – Fernando, hacer también algo útil

17. *Teatro*

1. A trabaja en una agencia de viajes. Quiere viajar a Mallorca.
B es un cliente. Quiere ir al norte de España. No le gustan las zonas turísticas.

2. C siempre se queda en casa. No ha ido nunca de vacaciones.
D hace viajes por todo el mundo. Le encantan los países exóticos.

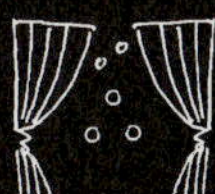

LECTURA

¡QUÉ LATA ES ESTO!

Lorenzo de Prado no sabe qué hacer en sus vacaciones. Lleva tres años ya yendo a Lloret de Mar y está hasta las narices. Todo está lleno de alemanes e ingleses y cuando no hay, es cuando aparecen los franceses. No sabe por qué ha vuelto dos veces ya. Será porque sus tíos tienen un piso allí. Si tuvieran un piso en Lanzarote o en la Gomera ... las vacaciones no serían tan aburridas.

La playa de Lloret no le gusta. Está todo destruido por esos edificios horrorosos, esos bloques que parecen más cárceles o cementerios que sitios donde pasarlo bien. Si tuviera dinero para ir a otro sitio, no tardaría en hacerlo. Lo que le gustaría es recorrer Europa, los países nórdicos[1], Amsterdam, Londres, Suecia[2] y otro año, hacer un viaje a Egipto[3] o a la India[4]. Pero para eso hace falta dinero. Y mientras no lo tenga[5] se tiene que ir a Lloret.

Con lo que sí que disfruta es con las extranjeras. Se enrollan bien[6]. A los dos días ya conoce alguna. Y el año pasado hasta se echó una novia fran-

1 **nórdico** nordisch
2 **Suecia** Schweden
3 **Egipto** Ägypten
4 **la India** Indien
5 **mientras no lo tenga** solange ich keinen habe
6 **enrollarse bien** ⟨ ⟩ gut drauf sein, was los machen

cesa. Al principio se escribían. El quería ir a verla pero con el tiempo se fueron olvidando uno del otro[7]. Y ya no hubo más cartas.

A las dos semanas en Lloret no aguanta más. «¡Qué lata es esto!» A Lorenzo le gusta la montaña[8], los bosques[9], la naturaleza. Allí sí puede uno hacer algo en las vacaciones. Si alguien fuera con él[10], ahora mismo se iría. Pero lo que pasa siempre es que uno se propone algo y luego no hace nada. Lo que más le cansa[11] es «esa gente que hay allí en la playa y en todos lados, esa clase media, esos burgueses[12], esos pequeños comerciantes, trabajadores ...»
¡Lorenzo, hombre, no te pongas así, que tú eres uno de ellos!

[7] **se fueron olvidando uno del otro** sie haben sich allmählich vergessen
[8] **montaña** Gebirge
[9] **bosque** Wald
[10] **si alguien fuera con él** wenn jemand mit ihm fahren würde
[11] **cansar** fertigmachen, ermüden
[12] **burgués** Bürger

¿Lo dice el texto? – ¿Sí o no?	sí	no
1. Lorenzo tiene una idea muy clara de lo que va a hacer en sus vacaciones.	■	■
2. Ha estado ya tres veces en Lloret de Mar.	■	■
3. No le gusta LLoret pero aprovecha el piso de sus tíos.	■	■
4. A Lorenzo le gustan todos los edificios en Lloret.	■	■
5. No tiene el dinero para hacer un viaje a otro país.	■	■
6. En las vacaciones se puede conocer alguna chica extranjera.	■	■
7. Lorenzo quiere pasar un mes en Lloret.	■	■
8. No quiere irse solo a otro sitio.	■	■
9. No le gusta la gente en Lloret.	■	■
10. Lorenzo no es diferente.	■	■

TEMA 8

LEER, VER, ESCUCHAR Y VOLVERSE LOCO

La prensa

El otro día venía en el semanario de El País un artículo sobre El Hierro. ¡Y traía unas fotos tan buenas! A mí me gustaría trabajar en una revista así.

¡Qué antiguo eres, Vicente! ¡Por Dios! Esa es una revista para carrozas y sociatas.

Pero trabajando ahí se gana bien. Mi ilusión sería tener una foto mía en la portada.

Ahí están sólo unos pocos profesionales que se reparten el trabajo entre ellos. ¡No te hagas ilusiones! No es fácil que uno como tú, entre.

¡No me desilusiones, Bertín!

No te digo que no sigas con tus fotos, pero …

¡Procura entrar en una revista más moderna!

Esas también son una mafia y no hay quien entre …

El cine

Ayer fuimos a ver la última de Gutiérrez Aragón.

¿En qué cine la ponían, Alfonso?

En el Victoria.

Yo a ese cine no voy más.

¿Por qué? La película fue buenísima.

No es por la película sino por la sala.

¡Pero Ricardo!, ¿qué es lo que vas a ver, la sala o la película?

Yo, la película; pero ahí las butacas están rotas, no se ve bien porque no está bien enfocado y además se escucha fatal. Aunque hay un acomodador, todo el mundo está comiendo pipas y el tío no les dice nada.

Eso no se lo puedes prohibir al público. Es una costumbre de siempre. A mí también me encanta comer pipas mientras veo la película. Siempre me llevo un paquetito. Yo prefiero esas salas antiguas a los multicines que hay por todos lados ahora con esas pantallas tan pequeñas.

Estarás de acuerdo que los más bonitos son los cines de verano con dos mil plazas y cada uno con su bocadillo, sus pipas y su cervecita ...

La radio

¡Quita la radio, Luis!

¿Por qué? Estoy escuchando canciones.

¿Qué canciones? Si sólo hay publicidad todo el tiempo.

Sí, pero ponen estas canciones antiguas que tantos recuerdos me traen.

Perdona, pero no aguanto esas emisoras comerciales con tanta publicidad. Los locutores parecen discjokeys.

Sí, José, pero al menos te ponen al día de lo que pasa en tu pueblo. Avisan de cuando hay algún recital o algún acto oficial, algún concierto ...

Para enterarme de que hay un concierto, no estoy dispuesto a escuchar esas tonterías todo el día.

¿Entonces cuáles son las emisoras que prefieres tú?

Hombre, Radio 3, sí que tiene un cierto nivel. ¡Eso sí que es radio radio!

Venga ya, si es un rollo siempre diciendo tonterías. Es insoportable.

Claro, como tú no entiendes esa ironía ...

La televisión

¿Qué hora es?

No te pongas nervioso, Paco, que todavía faltan cinco minutos para que empiece tu telediario.

¿Pero qué tiene de malo?, Ana. ¡Déjame que lo vea! Me gusta enterarme de lo que pasa en el mundo.

Y luego los deportes al final.

Oye, yo no me meto con que veas los episodios del Falcón Crest ese.

Sí, pero no me dejas ver lo que más me gusta.

¿Cómo me atrevería yo a prohibirte ver algo?

Tú sabes muy bien de que estoy hablando. La otra noche ponían una película buenísima en el cine de madrugada y decías que te molestaba el ruido.

Menudo rollo era. En blanco y negro y encima a la una de la noche.

Pero a tí ¿qué te importa?

Claro que me importa, aunque me acueste ... Con ese oído tan malo que tienes, lo pones tan fuerte que no se puede dormir.

El vídeo

A ver, ¿quién devuelve las películas?

Yo no. Yo llevo dos semanas ya yendo al vídeo-club y no sé por qué siempre me tiene que tocar a mí.

Sí, mejor que no vayas. Para lo que trajiste ...

Pero tú no te pierdes ni una.

¿Qué quieres que haga, Paco? No me voy a ir a mi cama a hacer punto.

Pues por eso. Vas tú y de paso te traes una de esas

películas de amor que sacas siempre.
¿Pero quién las va a devolver por fin?
Aquí queda una que no hemos visto todavía. Ahora la pongo y después voy yo, ¿vale, Ana? . Pero la otra, „El Lago Azul“, como es uno de tus temas preferidos, tendrás que llevarla tú …
¡No la pases tanto, dale para atrás que yo la quiero ver desde el principio!

La computadora

Isabel, me haría falta comprarme un ordenador.
¿Para qué?
Hombre, hay que apuntarse al futuro. Para mi trabajo sería muy útil y dentro de poco podrán empezar a aprender los niños.
¿Para que se pasen todo el día jugando a la guerra de las galaxias?
También hay muchos juegos educativos que les irían bien.
¡Amador, yo no veo por qué gastar un dineral en tonterías! Mientras yo viva en esta casa aquí no me entra un ordenador.
Hay que ver como te pones. Tanto dinero no es. Mira, en el periódico viene un anuncio de una oferta muy interesante: comprando el ordenador con pantalla y teclado incluido, te regalan la impresora. Y además trae disco duro.
A mí no me importa. Yo no sé lo que es ni un disco duro ni un disco blando. ¡No quiero saber nada de eso!
Bueno, si no me lo compras, se lo pediré a los Reyes.

¡ESCUCHA!

A.

¿Qué es correcto?

1. Aquí se habla de
   - a aparatos electrodomésticos.
   - b medios de comunicación.
   - c juegos electrónicos.

2. Cuando en casa hay una radio o un televisor
   - a todo el mundo está contento.
   - b vienen los vecinos.
   - c hay problemas y discusiones.

B.

¿Sí o no?

sí no

La prensa

1. A Vicente le gustaría trabajar de fotógrafo. ☐ ☐
2. No es difícil conseguir un trabajo en una revista. ☐ ☐

El cine

3. El cine Victoria no está en muy buenas condiciones. ☐ ☐
4. Es muy agradable cuando en verano se puede traer bebida y comida al cine. ☐ ☐

La radio

5. En las radios comerciales no hay mucha publicidad. ☐ ☐
6. Luis y José no llegan a ningún acuerdo. ☐ ☐

La televisión

7. A Paco le interesa el telediario. ☐ ☐
8. A Ana no le gustan las películas antiguas. ☐ ☐

El vídeo

9. Paco no tiene ganas de ir al vídeoclub. ☐ ☐
10. A Ana no le gustan las películas de amor. ☐ ☐

La computadora

11. Amador quiere convencer a su mujer para que le deje comprar un ordenador. ☐ ☐
12. Con Isabel no se puede hablar sobre el tema. ☐ ☐

¡APRENDE!

LEER, VER, ESCUCHAR Y VOLVERSE LOCO

LESEN, SEHEN, HÖREN UND VERRÜCKT WERDEN

La prensa
Die Presse

venía en el semanario del País
es stand (kam) in der Beilage von El País
el semanario
die Beilage
un artículo
ein Artikel
sobre
über, auf
El Hierro
kanarische Insel
traía
es stand, sie brachten
unas fotos más buenas
so gute Fotos
una revista asi
so eine Zeitschrift
¡qué antiguo eres!
wie altmodisch du bist
el carroza ‹ ›
der Grufti (älterer Mensch)
el sociata
(abschätzend) der Sozi
en la portada
auf dem Titelblatt
el profesional
der Profäschenel
repartir
verteilen
entre ellos
unter sich
¡no te hagas ilusiones!
mach dir keine falschen Vorstellungen
no es fácil que entres
es ist nicht leicht, daß du da rein kommst
¡no me desilusiones!
nimm mir meine Illusionen nicht
sigas (von seguir=)
weitermachen
¡procura entrar!
versuche reinzukommen!
una mafia
eine Mafia

El cine
Das Kino

la última de Gutiérrez Aragón
der letzte Film von G.A. (spanischer Filmemacher)
poner
zeigen, bringen
Victoria
Name eines Kinos
las butacas
die Sessel
enfocado
eingestellt, das Bild auf der Leinwand fokusiert
se escucha fatal
das klingt schlimm
aunque
obwohl
el acomodador
der Platzanweiser (an ihm führt vor allem im Dunklen kein Weg vorbei, er wartet dann beharrlich auf sein Trinkgeld)
todo el mundo
jeder
las pipas
die Sonnenblumenkerne (werden geröstet und verkauft, einzeln mit den Zähnen aufgeknackt, der Kern gegessen und die Schale auf den Boden gespuckt; spanischer Volkssport, kollektive nationale orale Befriedigung)
y el tío no les dice ni pío ‹ ›
und der sagt denen keinen Mucks
eso no se lo puedes prohibir al público
du kannst das dem Publikum nicht verbieten

una costumbre
eine Gewohnheit
antiguo
alt
siempre me llevo un paquetito
ich nehme immer ein Päckchen mit
los multicines
die Mini-Kinos (die es jetzt überall gibt)
por todos lados
überall
las pantallas
die Leinwände
los más bonitos
die Schönsten
los cines de verano
die Sommerkinos (im Freien)
las plazas
die Plätze

La radio
Das Radio

¡quita la radio!
mach das Radio aus!
las canciones
die Lieder
la publicidad
die Werbung
todo el tiempo
die ganze Zeit
tantos recuerdos me traen
die erwecken bei mir wieder so viele Erinnerungen
las emisoras
die Radio-Sender
comercial
kommerziell
los locutores
die Radio/TV-Sprecher
los discjokeys
die Diskjockeys
poner al día
auf dem laufenden halten
avisar de
Bescheid geben
el recital
das Solo-Konzert
el acto oficial
eine offizielle Veranstaltung
el concierto
das Konzert
enterarse de
hören von, erfahren
estar dispuesto a
bereit sein zu
Radio 3
beliebter Radiosender, (ähnlich wie SWF 3)
un cierto nivel
ein gewisses Niveau
eso sí que es radio radio
das nenne ich Radio!
un rollo ‹ ›
ein Kram, Zeug, Scheiß
insoportable
unerträglich
la ironía
die Ironie

La televisión
Das Fernsehen

nervioso
nervös
faltan cinco minutos para que empiece
in fünf Minuten beginnt
el telediario
TV-Nachrichten
qué tiene de malo
was ist da Schlechtes dran
¡déjame que lo vea!
laß mich das sehen
en el mundo
auf der Welt
al final
am Ende
no me meto con que tú veas …
ich mische mich da nicht rein, daß du … siehst
los episodios
die Folgen
el Falcón Crest ese
das Falcon Crest da
me atrevería
ich würde mich wagen
la otra noche
vor kurzem nachts
ponían
sie brachten
el cine de madrugada
Filme, die spätnachts im Fernsehen kommen (der letzte manchmal frühmorgens um halb acht)

el ruido
der Lärm
menudo rollo era ‹ ›
das war ganz schön nervig
blanco y negro
schwarz und weiß
el oído
das Gehör
aunque me acueste
selbst wenn ich ins Bett gehe
poner tan fuerte
so laut stellen

El vídeo
Das Video

devolver
zurückgeben
llevo dos semanas ya yendo al vídeoclub
seit zwei Wochen schon gehe ich in die Videothek
me va a tocar otra vez
werd ich schon wieder dran sein
mejor que no vayas
besser du gehst nicht
para lo que trajiste …
bei dem, was du da angeschleppt hast
pero tú no te pierdes ni una
du versäumst aber auch gar nichts
¿qué quieres que haga?
was soll ich tun?
la cama
das Bett
hacer punto
stricken
de paso
dabei, wenn du schon dabei bist …
las películas de amor
die Liebesfilme
sacar
ausleihen
el Lago Azul
die Blaue Lagune (die Schmonzette mit dem Ami-Girl)
tendrás que llevarla tú
du wirst ihn (den Film) hinbringen müssen
¡no la pases tanto!
spul nicht so weit vor!
¡dale para atrás!
spul zurück

La computadora
Der Computer

un ordenador
ein Computer
apuntarse a
mitmachen bei
útil
nützlich
dentro de poco
bald
pasarse todo el día jugando
den ganzen Tag spielen
la guerra de las galaxias
der Krieg der Sterne
los juegos educativos
didaktische Spiele
les irían bien
die würden ihnen guttun
gastar un dineral
einen Haufen Geld ausgeben
mientras yo viva …
solange ich … lebe
hay que ver como te pones
jetzt trägst du aber dick auf!, wie du dich anstellst!
un anuncio
eine Anzeige
la pantalla
der Schirm
el teclado
die Tastatur
incluido
inbegriffen
la impresora
der Drucker
trae
ist dabei
el disco duro
die Festplatte
el disco blando
die Diskette
¡no quiero saber nada de eso!
davon will ich nichts wissen
se lo pediré a los Reyes
ich werd's mir vom Weihnachtsmann wünschen (die drei Könige drum bitten – Weihnachtsgeschenke gibt's am 6.Januar)

TEORÍA

Lo imposible

Die Zeit läßt sich nicht zurückdrehen: das Unmögliche

Si te **hubieras** callado, **habrías sido** un filósofo.
Wenn du geschwiegen hättest, wärst du ein Philosoph gewesen.

Si me **hubieras llamado**, me **habría ido** enseguida a tu casa.
Wenn du mich angerufen hättest, wäre ich sofort zu dir gefahren.

Si lo **hubiera sabido** antes, no **habría dicho** lo que he dicho.
Wenn ich das vorher gewußt (oder erfahren) hätte, dann hätte ich nicht das gesagt, was ich gesagt habe.

Bedingungen, die ausdrücken, daß etwas in der Vergangenheit bereits anders geschehen ist und folglich jetzt unmöglich ist, werden so ausgedrückt:

Si-Satz:	hubiera + Partizip 2 pluscuamperfecto del subjuntivo	**Hauptsatz:**	habría + Partizip 2 potencial perfecto

Si **hubieras venido** antes lo **hubieras encontrado**.
Wenn du früher gekommen wärest, hättest du ihn getroffen.

Im heutigen Spanisch hört und liest man im Hauptsatz meist **hubiera** (pluscuamperfecto del subjuntivo)statt **habria**

PRÁCTICA

1. Hinterher ist jeder schlauer

Was könnte sein oder geschehen sein, wenn nicht ...? Jetzt ist es aber anders gekommen:

1. Tú jugaste tanto con el ordenador, por eso nos divorciamos.

Si no hubieras jugado tanto con el ordenador, no nos hubiéramos (habríamos) casado.

2. Como usted no ha leído el libro, no sabe como son las cosas en realidad.

3. Como yo no la he conocido antes, no me he enamorado de ella.

4. Los políticos dicen mentiras, nosotros no tenemos confianza.

5. No pudimos venir porque no teníamos tiempo.

6. Como yo no tenía ganas, no fui a la fiesta.

7. Como el señor no tenía mala suerte, le robaron el coche.

8. No les he acompañé al restaurante, porque ustedes no me invitaron.

9. Ahora Paco tiene tantos problemas, porque no estudió bastante.

10. Como no llamaste a un médico, me he muerto. (Los muy listos dirán:«¡Eso no es posible!)

11. Usted no ha encontrado al jefe, porque no ha vuelto esta mañana.

12. Como no has terminado el arroz, no te he dado el postre.

2. *Temas para discutir*

1. ¿Tienes un ordenador en casa? ¿Ha cambiado tu vida con el ordenador?

2. ¿Qué prefieres, el vídeo o la tele?

3. ¿Qué películas grabas? (grabar = aufnehmen) ¿Las ves varias veces?

4. ¿Piensas que el cine tiene futuro? ¿Cuántas veces vas al mes?

5. ¿Qué prefieres, la radio comercial o la radio estatal?

6. ¿Puede uno vivir sin periódicos, revistas etc? ¿Entonces nos haría falta algo?

TEORÍA

Auffordern oder Wiederkäuen

decir + subjuntivo

Te digo que no **llames** más a estas horas.
Ich sage dir, du sollst nicht mehr um diese Uhrzeit anrufen.

decir + indicativo

Te digo que no te **llamé** ayer.
Ich sage dir, daß ich dich gestern nicht angerufen habe.

decir mit **subjuntivo** drückt aus, was die angesprochene Person tun soll. Es steht für eine Aufforderung

decir mit **indicativo** gibt eine Aussage wieder, entspricht also der indirekten Rede.

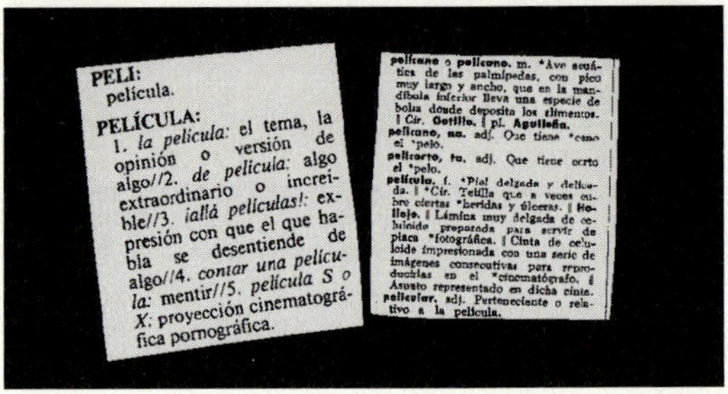

PELI:
película.

PELÍCULA:
1. *la película:* el tema, la opinión o versión de algo//2. *de película:* algo extraordinario o increíble//3. *¡allá películas!:* expresión con que el que habla se desentiende de algo//4. *contar una película:* mentir//5. *película S o X:* proyección cinematográfica pornográfica.

pelícano o pelicano. m. *Ave acuática de las palmípedas, con pico muy largo y ancho, que en la mandíbula inferior lleva una especie de bolsa donde deposita los alimentos. ‖ Cir. **Gatillo.** ‖ pl. **Aguileña.**
pelicano, na. adj. Que tiene *cano el *pelo.
pelicorto, ta. adj. Que tiene corto el *pelo.
película. f. *Piel delgada y delicada. ‖ *Cir. Telilla que a veces cubre ciertas *heridas y úlceras. ‖ **Hollejo.** ‖ Lámina muy delgada de celuloide preparada para servir de placa *fotográfica. ‖ Cinta de celuloide impresionada con una serie de imágenes consecutivas para reproducirlas en el *cinematógrafo. ‖ Asunto representado en dicha cinta.
pelicular. adj. Perteneciente o relativo a la película.

Germano-Translatorisch

Beim Übersetzen aus dem Deutschen ist zu beachten:

Er sagt mir, ich solle diesen Roman lesen.
Me dice que **lea** esa novela.

Er sagt mir, er lese diesen Roman.
Me dice que **lee** (o: **está leyendo**) esa novela.

sagen + soll	→	subjuntivo
sagen + indirekte Rede	→	indicativo

3. Befehl oder indirekte Rede?

Achtung: ¡die Ausrufezeichen! fehlen, das wäre nämlich zu einfach!

1. Te digo: «No la conozco.»
   Te digo que no la conozco.
2. Te digo: «Déjame tu coche.»
3. El señor González dice: «Vengan la semana que viene.»
4. Le decimos, Señora: «Aquí no hay sitio para usted.»
5. Le decimos, Señor: «Váyase de aquí.»
6. Mi jefe me dice: «Quédese por la tarde.»
7. Le digo a mi madre: «Mañana viene el tío.»
8. Entonces me dice el tonto: «Regálame tu coche.»
9. ¿Qué? Ustedes me dicen a mí: «Usted no trabaja bastante.»
10. El jefe dice en la fiesta: «Yo pago por todos.»

4. *Ensalada de palabras*

Im Vergleich zu den kalten Buffets aus vorausgegangenen Temas gibt es hier nur ein kleines Diät-Menü:

1. de Eladio – deje la computadora – la mujer – no sabe – para – por las – noches – que hacer – que él
2. ella – hace – la atención – para llamar – posible – todo lo
3. como – su coche – el pobre – Gustavo – le robaron – mucha – no tuvo – en Sevilla – suerte
4. ahora – antes – conocido – estaríamos casados – los dos – nos hubiéramos – si
5. a la – al abuelo – le gustan – me traes – películas pornográficas – que tanto – una de esas – ¡vete – videoteca! – y de paso
6. anuncio – de una oferta – en el periódico – muy interesante – viene un

TEORÍA

Indirekte Frage

No sé si hay un autobús a Alfaragüit.
No sabía **si** había un autobús a Alfaragüit.

Me pregunta **si** llevo mil pesetas.
Me preguntó **si** llevaba mil pesetas.

Die indirekte Satzfrage (Antwort «ja» oder «nein») wird mit «**si**» (**ob**) eingeleitet.

¿Sabes **cuántos** días faltan?
No sabíamos **quién** era ese hombre.
¿Por qué no le preguntas **cuándo** vienen?
Manuel quería saber de ella **por qué** no estaba dispuesta a casarse con él.

Die indirekte Wortfrage wird mit dem entsprechenden Fragewort eingeleitet. Dieses muß dann auch den notwendigen Akzent tragen.

poner final derecha individual nadie inteligente
abrir salud agradable ponerse de acuerdo todo el mundo
riqueza cerrar pobreza blanco insoportable
izquierdo vender volver colectivo quedarse
invierno irse duro olvidar
tonto negro quitar meterse con alguien principio
ir blando comprar verano acordarse enfermedad

5. *¿Qué palabra falta?*

resultar – salir – traer – venir – poner – llevar

1. Estas vacaciones me han .... más baratas, sólo he gastado setenta mil pesetas. **2.** Aquel accidente .... mortal, se murieron tres personas. **3.** Hombre, no te preocupes, ahora mismo yo te .... con mucho gusto. **4.** ¿En TVE (Televisión Española) dices? Ni idea que programa .... **5.** No te lo vas a creer. Pero hoy día me .... más caro comprar en el hipermercado. **6.** Ayer leí el periódico entero. Te juro que no ....nada de esa exposición. **7.** ¿Se ha acordado usted de mi tarjeta? ¿Me la ha ....? **8.** Lo siento, se me ha olvidado. Mañana estoy en mi oficina y cuando salga se la.............. **9.** Te has fijado lo colorada que se .... Merche cuándo Carmen empezó a hablar de Dino? **10.** La última película de Almodóvar ha.............. un fracaso total.

6. *¡A pescar!*

Das letzte Fisch-Training. Angeln Sie zusammengehörige Wort-Paare!

1. ....–	**7.** .... –	**13.** .... – ....
2. ....–	**8.** .... –	**14.** .... – ....
3. ....–	**9.** .... –	**15.** .... – ....
4. ....–	**10.** .... –	**16.** .... – ....
5. ....–	**11.** .... –	**17.** .... – ....
6. ....–	**12.** .... –	**18.** .... – ....

TEORÍA

Discurso indirecto

Indirekte Rede: ungefähres Regelsystem.

Carmen **dice:**	«No lo **quiero**».	Carmen **dice**	que no lo	**quiere.**
Carmen **ha dicho:**	«No lo **quiero**».	Carmen **ha dicho**	que no lo	**quería.**
Carmen **dice:**	«**He visto** a Alf »	Carmen **dice**	que	**ha visto** a Alf.
Carmen **dijo:**	«**He visto** a Alf.»	Carmen **dijo**	que	**había visto** a Alf.
Carmen **dice:**	«**Iré** a la capital».	Carmen **dice**	que	**irá** a la capital.
Carmen **dijo:**	«**Iré** a la capital».	Carmen **dijo**	que	**iría** a la capital.

Hauptsatz	Direkte Rede		Indirekte Rede
Gegenwart:			
presente/perfecto	presente	→	presente
presente/perfecto	perfecto	→	perfecto
presente/perfecto	futuro	→	futuro
Vergangenheit:			
indefinido/imperfecto	presente	→	indefinido/imperfecto
indefinido/imperfecto	perfecto	→	pluscuamperfecto
indefinido/imperfecto	futuro	→	potencial

7. Setzen Sie in die indirekte Rede

Achten Sie darauf, ob eine Aussage, eine Frage oder ein Befehl in der direkten Rede steht

1. Vicente comenta: «*A mí me gustaría trabajar en una revista así.*»
2. Vicente dice a Bertín: «*¡No me desilusiones!*»
3. Bertín dice a Vicente: «*¡Procura entrar en una revista más moderna!*»
4. Alfonso cuenta: «*Ayer fuimos a ver la última de Gutiérrez Aragón.*»
5. Ricardo dice a Alfonso: «*Estarás de acuerdo en que los más bonitos son los cines de verano.*»
6. José le dice a Luis: «*¡Quita la radio!*»
7. José le dice a Luis: «*¡Perdona!, pero no aguanto esas emisoras comerciales con tanta publicidad.* »
8. Luis pregunta a José: «*¿Entonces cuáles son las emisoras que prefieres tú?*»
9. Ana le aconseja a Paco: «*¡No te pongas nervioso!*»
10. Paco dice a Ana: «*Oye, yo no me meto con que tú veas los episodios del Falcón Crest ese.*»
11. Ana dice a Paco: «*Tú sabes muy bien de que estoy hablando.*»
12. Paco dice: «*Yo llevo dos semanas ya yendo al vídeoclub y no sé por qué me va a tocar otra vez.*»
13. Ana dice: «*Aquí queda una que no hemos visto todavía.*»
14. Agustín dice a Ana: «*¡No la pases tanto, dale para atrás que yo la quiero ver desde el principio!*»
15. Amador comenta a Isabel: «*Me haría falta comprarme un ordenador.*»
16. Isabel contesta: «*¡Yo no veo por qué gastar un dineral en tonterías!* »
17. Amador advierte: «*Bueno, si no me lo compras, se lo pediré a los reyes.*» (advertir = warnen)

TEORÍA

A veces hay que pensar

Auch bei der indirekten Rede greift unsere Logik

Me dijo: «Me iré mañana.»	Me dijo que se iría el día siguiente.
Le he dicho a Paco: «Quiero tu foto.»	Le he dicho a Paco que quiero su foto.
Ricardo nos ha dicho: «Habéis llegado muy tarde a mi fiesta.»	Ricardo nos ha dicho que hemos llegado muy tarde a su fiesta.
Juan y Juana declararon: «Nosotros nos hemos olvidado de nuestro regalo.»	Juan y Juana declararon que ellos se han olvidado de su regalo.

1. Steht der Hauptsatz in der Vergangenheit, dann werden Zeitangaben in der direkten Rede geändert:

hoy → ese día (an jenem Tag)
ayer → el día anterior (am Tag davor)
mañana → el día siguiente (am Tag danach)

2. Personen und Besitzanzeigen (mein, dein ...) werden entsprechend der Perspektive abgewandelt.

8. *¿Indicativo o subjuntivo?*

Bringen Sie alle folgenden Verben korrekt unter, achten Sie auch auf die für den Zusammenhang notwendigen Zeiten

decir – empezar – estar – estudiar – haber – llegar – morirse – seguir – ser – tener

1. Queremos vivir en un pueblo donde no .... mucho ruido.

2. Aunque .... ya un poco tarde, iremos a ese concierto.

3. Mientras yo .... en Madrid, mi hermano trabajaba en TV Española.

4. ¿Sabes donde .... la ciudad de Ulan Bator?

5. Lo siento, he hecho todo tal como usted me ....

6. Yo me quedo aquí hasta que ....

7. Cuando ....a la Palma me dí cuenta de que había dejado mi maleta en Francfort.

8. No es ningún problema. Volvemos a casa cuando .... a llover.

9. Aunque Fernando .... poco dinero podrá venir con nosotros a Monte Carlo.

10. Mientras aquel chorizo .... siendo nuestro presidente no cambiará nada.

9. *¿Por o para?*

1. ...... cinco dólares te hartas de comer. **2.** El mundo está abierto ...... todos los que quieran entrar. **3.** No sé ...... qué me costó tanto marcharme de aquí. **4.** ¿Pues ...... qué va a ser? **5.** ¡No es ......tanto! 6. Le sale ...... 39.000 pesetas. **7.** ...... lo pronto se acabaría el paro. **8.** Tienes que llevar un contrato ...... que te lo firmen. **9.** ...... eso quería hablar contigo. **10.** Te las paso......la ventana. **11.** ...... nosotros no es tanto. **12.** Pero yo tengo un compromiso ...... esta noche. **13.** ...... esto estamos charlando. **14.** ¿Pero quién las va a devolver ...... fin? **15.** Esa es una revista ...... carrozas y sociatas. **16.** ...... vivir no hace falta tanto dinero.

TEORÍA

¡Ojo!

Venía en el periódico.	Das stand in der Zeitung.
El artículo traía unas fotos ...	Der Artikel hatte Fotos ...
Además trae disco duro.	Außerdem ist eine Festplatte dabei.

Mi ilusión sería	Mein sehnlichster Wunsch wäre ...
¡No te hagas ilusiones!	Mach dir keine falschen Hoffnungen!
¡No me desilusiones!	Nimm mir nicht den Mut!

Ahora pongo la peli.	Jetzt leg ich den Film auf.
¿En qué cine ponen la última de Camus?	In welchem Kino läuft der letzte von Camus?
Ponen esas canciones antiguas	Sie bringen diese alten Lieder.
Te ponen al día.	Die halten dich auf dem laufenden.
¡No te pongas nervioso!	Werd nicht nervös.
Hay que ver como te pones.	Schau einer an, wie du dich anstellst.
Lo pones tan fuerte que	Du stellst das so laut, daß

¡Menudo rollo!	Ganz schöner Scheiß, Kram, Mist
¡Menudo idiota!	Ganz schöner Idiot!
Me haría falta ...	Ich bräuchte ...

10. ¡*Traduzca!*

1. Werd nicht so pathetisch!
2. Mach dir keinen falschen Hoffnungen, diesen Job kriegst du nicht.
3. Warum legst du nicht einen Film auf?
4. Ich bräuchte einen Kredit.
5. Du glaubst das nicht? Das stand gestern in der Zeitung.
6. Stell das Radio doch nicht so laut, bitte.
7. Kein Platz mehr frei? Bitte, nimm mir nicht den Mut!
8. Mein sehnlichster Wunsch wäre ein Haus mit Schwimmbad.
9. Heute bringen sie im Kino nichts Interessantes.
10. Ich höre Radio – um mich auf dem laufenden zu halten.

11. *¿Imperfecto o indefinido?*

1. Cuando lo .... , no me .... de él. Ya no .... el mismo. (ver, acordar, ser)
2. Mi marido no .... hablar conmigo mientras .... en la fiesta. (querer, estar)
3. ¿ Manolo, ... al cine ayer con tu hermano o te .... en casa? (ir, quedar)
4. En la vacaciones nos .... cada día a la una de la tarde. (levantar)
5. Cuando yo .... al colegio, no .... tales cosas. (ir, haber)
6. La última noticia que .... de él, ... una carta de Australia. (tener, ser)
7. En aquél tiempo yo no .... ni .... ni .... y .... todos los día en casa. (leer, fumar, beber, pasar)
8. Antes del accidente mi coche .... como nuevo. (estar)

12. *Jugar al detective*

Stellen Sie Vermutungen an

1. ¿Qué hora es?
2. ¿Qué ha hecho Manuela en Santiago?
3. ¿Cuántos años tiene María Eugenia?
4. ¿Dónde está Pepito?
5. ¿Cuánto dinero le han pagado a Julio Iglesias por su último álbum?
6. ¿Sabes si a Carlos le ha gustado la película?
7. ¿Cuánto dinero piensas que pagan por mi viejo Seat del 78?
8. ¿Cuándo sale la nueva novela de Joaquín Eusebio de la Hoz?
9. Vergessen Sie nicht: Vermutungen über Gegenwart im futuro.
10. Über Vergangenheit im potencial oder futuro perfecto.

TELE ABC VÍDEO

ABC COMEDIA

«Loca Academia de Policía 6»

Dirección: Peter Bonerz. Guión: Stephen J. Curwick. Color.
Principales intérpretes: Bubba Smith, Michael Winslow, David Graf.

Videoteca ....

El filón comercial «Loca Academia de Policía». Los estereotipos y efectos cómicos se suceden mecánicamente. Se atienen a fórmulas previstas. Lo mismo pero menos. Distribución: Warner Home Vídeo. Precio aproximado de venta al videoclub: 11.000 pesetas

ABC ACCIÓN

«El guerrero americano III»

Dirección: Cedric Sundstrom. Guión: Cedric Sundstrom. Color.
Principales intérpretes: Steve James, Michele Chan, Calvin Jung.

Videoteca ....

Hay un público para estas películas de acción. Sin preguntarse por nada. Lo importante es vencer y estar en forma física. Artes marciales, mamporros a discreción y mucho dinamismo. Distribución: Naïf Vídeo. Precio aproximado de venta al videoclub: 12.000 pesetas

ABC TERROR

«Volver a morir»

Dirección: Bert Dragin. Guión: Bert Dragin. Color.
Principales intérpretes: Tom Brezhahan, Jill Whitlow, Jonathan Chapin.

Videoteca ....

Serie «B», donde parece refugiarse un determinado tipo de terror. Unos intentan aterrorizar a otros en esta película. Situaciones alucinantes y asesinatos dantescos en los que domina la hemoglobina. Distribución: Record Visión. Precio de venta al videoclub: 10.000 pesetas

ABC TERROR

«Meridian, el beso de la bestia»

Dirección: Charles Band. Guión: Dennis Paoli. Color.
Principales intérpretes: Sherilyn Fenn, Malcolm Jamieson, Hilary Mason.

Videoteca ....

Contiene notas diferenciales dentro del terror. En un entorno amenazador se desarrolla una peculiar historia de amor, un triángulo entre una bella artista, un mago y una extraña criatura. Distribución: CIC Vídeo. Precio de venta al videoclub: 11.000 ptas.

Los 20 vídeos más alquilados de la semana

	Películas	Edit.-Distrib.	P.	S.
1	**No me chilles que no te veo,** de Arthur Hiller	RCA-Columbia	3	5
2	**No matarás al vecino,** con Tom Hanks	CIC-Video	–	1
3	**Los dioses deben estar locos II,** de Jamie Uys	CBS-Fox	–	1
4	**Conexión Tequila,** con Mel Gibson	Warner-Home	8	2
5	**Gorilas en la niebla,** con Sigourney Weaver	Warner-Home	1	13
6	**Tiro mortal,** con Don Johnson	Laurent Films	–	1
7	**Cazafantasmas II,** con Dan Aykroid	Warner-Home	16	12
8	**Los «gemelos» golpean dos veces,** con Danny DeVito	CIC-Video	4	16
9	**Pathfinder,** con Nils Gaup	CBS-Fox	6	13
10	**Road House,** con Patrick Swayze	Filmayer Video	–	6
11	**Las amistades peligrosas,** con Glenn Close	Warner-Home	17	21
12	**El sueño del mono loco,** de Fernando Trueba	RCA Columbia	–	1
13	**Acusados,** con Jodie Foster	CIC-Video	9	18
14	**007, licencia para matar,** con Timothy Dalton	Warner-Home	10	18
15	**Erik el vikingo,** de Terry Jones	RCA-Columbia	20	12
16	**Una cana al aire,** de Blake Edwards	Warner-Home	19	17
17	**Un par de seductores,** con Michael Caine	RCA-Columbia	12	2
18	**Cariño, he encogido a los niños,** con Rick Moranis	Filmayer Video	–	7
19	**Gringo viejo,** con Gregory Peck	RCA-Columbia	7	13
20	**Un pez llamado Wanda,** con Jamie Lee Curtis	MGM-UA	–	20

(P.: Puesto anterior / S.: Semana presente)

Videoclubes consultados

Albacete: Imagen (Dionisio Guardiola, 18). **Avila:** Electrónica (Avda. José Antonio, 15). **Barcelona:** Vergara (Vergara, 8). Videoclub, 89 (Gerona, 89). **Video Paradise** (Balmes, 311). **Burgos:** Plaza de España (plaza de España, 10-11). **Cáceres:** Leocadio (Avda. Antonio Hurtado, s/n.) **Ceuta:** Pirámide (Pol. Virgen de África, 12). **Ciudad Real:** Internacional (Morería, 13). **Córdoba:** Viosonic (Colina y Burón, 6). **La Coruña:** Coruña (Federico Tapia, 10). **Cuenca:** Thor (Fermín Caballero, 8). **Granada:** Bogart (Avda. Andalucía Puerta Granada). **Guadalajara:** Bermejo (Doctor Fleming, 19). **León:** Gil y Carrasco (Gil y Carrasco, 5). **Lérida:** Graels Vergada (Combat. 26, Cervera). **Madrid:** Madrid (Fernán González, 16). Primera Fila (La Masó, 2, Mirasierra). Ocio (Valencia, 22). Videorrécord (plaza de las Cortes, 5). Cine Lar (Castillo, 11). **Málaga:** Franju (Cervantes, 3). **Murcia:** El Carmen (Torre de Romo, 3). **Las Palmas:** Apex (Ruiz de Alda, 14). **Salamanca:** Laser (Prior, 7). **Santander:** Sama (Travesía Monte, 3). **Segovia:** Mago (José Zorrilla, 10). **Sevilla:** Videoclub 92 (José María del Campo, 3). San Juan (Avda. Palomeras, s/n.). Rafols (Madre Rafols, 23). **Toledo:** Charlot (Navarra, 3). **Valencia:** Sorni (Sorni, 7). **Valladolid:** Alcañiz (Mantería, 30). **Vigo:** Galicia (María Berdiales, 24). **Vitoria:** Fama (Andalucía, 11). Videoclubes Vips en Madrid, Sevilla y Zaragoza, y videoclubes El Corte Inglés y Galerías Preciados en toda España.

ABC DOCUMENTAL

«Los misterios de la isla de Pascua»

Guión y narración: Theodore Strauss. Producción: Jacques Cousteau y Philippe Cousteau en colaboración con Kcet, French Television, Bavaria Atelier Gmbh. Duración aproximada: 58 minutos. Color.

Videoteca ....

Otro título de la serie «Odisea de Cousteau». La búsqueda de huellas de la antigua civilización de la isla de Pascua a través de estatuas de roca y otros signos. Documento apasionante. Distribución: Warner Home Vídeo. Precio aproximado de venta al público: 2.995 ptas.

ABC INFANTIL

«La guerra de los ordenadores»

Producción: I. T. F. Enterprises. Título original: «The adventures of the Galaxy Rangers». Duración aproximada: 60 minutos. Color.

Videoteca ....

Dibujos animados que tienen su origen en el «comic». Ciencia ficción. Historietas que se desarrollan en el espacio. Ya no bastan los héroes terrenos en las películas. Distribución: Record Visión. Precio aproximado de venta al videoclub: 8.000 pesetas

Vicente A. PINEDA

13. *Mini-Charla*

A: Nos haría falta **un vídeo**. Sería muy útil, ¿verdad?

B: ¿Qué dices? Mientras yo **viva en esta casa** no me entra un video.

A: ¡No te pongas tan **agresiva**!

B: Y tú, ¡no te hagas ilusiones! Mejor que **no hablemos de esto**.

1. video – vivir en esta casa – agresiva – no hablar de esto
2. coche nuevo – vivir contigo – negativo – dejarlo
3. computadora – ganar el dinero – duro – tú, ir a trabajar
4. televisor estereofónico – tener ese viejo de mi madre – insoportable – tú, no venir más con esas cosas
5. periódico – desayunar contigo – ignorante – tú, salir a tomar café
6. contestador automático – tener telefóno – antiguado – nosotros, dejar esas cosas modernas

A: Faltan cinco minutos para que **empiecen las noticias**.

B: ¿Qué noticias?, que sólo **dicen tonterías**.

A: Bueno, yo **las quiero ver**.

B: No te digo que no **las veas**, pero yo ...

1. empezar las noticias – decir tonterías – querer verlas
2. venir mi hermano – haber idiotas en tu familia – querer tomar café con él
3. empezar la película – traen cosas políticas – querer verla
4. llegar el jefe – haber un tirano – trabajar con él –
5. salir tu autobús – ver coches viejos aquí – querer irme en un autobús de estos
6. terminar el programa – yo, ver tonterías – querer verlo

PRÁCTICA

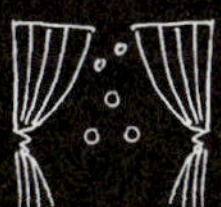

14. *Teatro*

1. A tiene un ordenador. Pasa todas las noches delante de la pantalla.
B es su mujer. Lo critica y le dice: «¡O yo o la computadora!»

2. C es muy aficionado a las películas antiguas. Esta noche hay una del año 1946 en televisión.
D quiere ver un partido de fútbol entre el Real Madrid y el Barça.

LECTURA

ORDENADOR Y PAREJA

A Eladio le gusta su ordenador. Mejor dicho, le encanta. Su mujer dice que «él tiene una relación amorosa[1] con el aparato». Pero, ¿qué le va a hacer? Le gusta pasar las noches delante de la pantalla[2]. Lo tiene todo controlado: el presupuesto de la casa, las cuentas que hay que pagar, el dinero que queda para las vacaciones ... El tiempo libre lo tiene controlado también. Para cada día del mes tiene otro juego. Lo malo es que tiene que salir todos los día a trabajar. «Si yo tuviera cinco kilos[3] me montaría un negocio[4] de programas[5].» Hasta ahora no sabe hacer programas. Pero ya tiene la idea de lanzarse al mercado[6] y tener éxito[7]. Eladio entiende de mujeres[8]. Dice que ellas tienen dos problemas al día: «¿Qué ropa me pongo[9]?» y «¿Hoy qué hago de comer?» El programa de Eladio daría consejos y propondría recetas. Hasta se podría comunicar con las ofertas en el mercado. Así que el ama de casa que trabajara con el programa de Eladio, saldría ganando.

La mujer de Eladio tiene otro problema. Ya no sabe qué hacer para que Eladio deje la pantalla por las noches. Cuando se lo plantea[10], Eladio le dice que ella no tiene solo dos problemas como todas las mujeres sino tres. Se cierray no se puede hablar más con él. «¡Perdona tesoro[11]!, el teclado me llama ...» Ella hace todo lo posible para llamarle la atención. Les dice a sus amigos que hablen con él, esconde los discos blandos por ahí, no le habla por la mañana ...

Hasta que un día ya no puede más y le amenaza: «¡Ahora mismo dejas esto! ¡ Decídete! ¡O yo o la computadora!»

[1] **amorosa** Liebes-
[2] **pantalla** Bildschirm
[3] **kilo** ⟨ ⟩ 1000 000 Peseten
[4] **montar un negocio** ein Geschäft aufmachen
[5] **programa** (Computer-)Programm
[6] **lanzarse al mercado** sich auf den Markt lancieren
[7] **éxito** Erfolg
[8] **entender de mujeres** sich mit Frauen auskennen
[9] **¿qué ropa me pongo?** was zieh ich an?
[10] **se lo plantea** sie bringt's aufs Tapet
[11] **tesoro** Schatz

¿Lo dice el texto? – ¿Sí o no?	sí	no
1. Eladio no es amigo de las computadoras.	■	■
2. Eladio no está por las noches para su mujer.	■	■
3. Controla los papeles de la casa con su ordenador.	■	■
4. Le hacen falta amigos para jugar.	■	■
5. Teniendo dinero cambiaría de trabajo.	■	■
6. Eladio lanza su mujer al mercado.	■	■
7. Las mujeres cuando se levantan por la mañana no saben que ponerse.	■	■
8. La computadora de Eladio conoce buenas recetas de cocina.	■	■
9. Su mujer no está muy contenta.	■	■
10. El matrimonio de Eladio está en peligro.	■	■

TEST 4

1. *Comprensión auditiva*

Hören Sie die folgenden Sätze von der Cassette und tragen Sie die fehlenden Wörter ein. Spulen Sie die Cassette dann zurück und hören Sie die Sätze zur Sicherheit ein zweites Mal.

1. Tienes que contar .... que lo has pasado. **2.** Bajo mi punto de vista el .... en España ha .... **3.** A mí me parece un .... que hayan destruido todas las costas para que una .... vaya en verano a ponerse morena. **4.** Con lo que sí que .... es con las .... **5.** Pero lo que pasa siempre es que uno se .... y luego no hace nada. **6.** Aunque hay un acomodador, todo el mundo está .... y el tío no les dice nada. **7.** Para enterarme de que hay un concierto, no .... a escuchar esas tonterías todo el día. **8.** ¡Amador, yo no veo por qué gastar un dineral en .... ! **9.** Le gusta pasar las noches delante de la .... Lo tiene todo controlado: el .... de la casa, las cuentas que hay que pagar, el dinero que queda para las vacaciones ... **10.** Pero ya tiene la idea de .... y tener éxito.

2. *Gramática*

Falta la forma del subjuntivo del imperfecto

1. Si todo el mundo .... coche, pronto acabaríamos con la naturaleza. (tener)
2. Para algunos turistas sería mejor que.............. sus vacaciones en casa. (pasar)
3. Si yo .... presidente, los cosas serían distintas. (ser)
4. ¡Ojalá .... posible cambiar el mundo! (ser)
5. ¡Si cada uno .... trabajar en lo que le da la gana! (poder)
6. Se lo podrías dar personalmente, si .... mañana. (ir)
7. Si tú me .... el dinero, yo podría pagar los recibos del agua. (devolver)
8. ¡Ojalá .... verdad! (ser)
9. No lo vendería aunque me .... dos millones. (ofrecer)
10. .... hablar con el director. (querer)
11. Si Humberto .... la verdad, tendría menos problemas. (decir)
12. ¡Si vosotros .... lo que hemos visto nosotros! (ver)

3. *Comprensión auditiva*

Was hören Sie, was hören Sie nicht? Lesen Sie die Fragen 1–10. Hören Sie dann den Text von der Cassette. Kreuzen Sie **correcto** oder **falso** an.

		correcto	**falso**
1.	Antonio vende ordenadores.		
2.	La gente donde trabaja es muy formal en el vestir.		
3.	Le gusta tanto su trabajo que no va de vacaciones.		
4.	Para él, Benidorm y Torremolinos están fuera de discusión.		
5.	En Marbella hay mucha gente sin cultura.		
6.	Lo que más le interesa son las discotecas y las fiestas.		
7.	En la playa hay mujeres calientes.		
8.	Alfonso fuma mucha marihuana.		
9.	Ligar es un problema.		
10.	Por poco hace una buena conquista.		

Lesen Sie die Fragen 11–20. Hören Sie dann den Text von der Cassette. Kreuzen Sie **correcto** oder **falso** an.

		correcto	**falso**
11.	Manolo desayuna con dos periódicos.		
12.	Isabel y Manolo no hablan mucho en el desayuno.		
13.	Manolo se queda en la oficina para almorzar.		
14.	Isabel no se pierde ni un episodio de la serie brasileña.		
15.	No tienen vídeo en casa.		
16.	Isabel no devuelve las películas sin haberlas visto.		
17.	Por la noche salen a tomar copas por ahí.		
18.	Hablan de sexo.		
19.	Manolo se acuesta antes.		
20.	Sin películas Isabel no puede vivir.		

4. *Gramática: ¿Qué es correcto?*

1. ¡No te puedes imaginar … que estuvo la fiesta!

a lo estupenda
b la estupenda
c lo estupendo

2. No te sientes bien. ¡Te digo que … de comer carne de cerdo!

a dejas
b dejes
c deja

3. ¿Usted tiene hambre? … un buen filete.

a cómese
b come
c cómase

4. … queda es para los padres.

a el poco que
b lo poco que
c lo poca que

5. En la discoteca te ponían el coñac … mil pesetas.

a para
b a
c de

6. Isabel, … un vídeo.

a me haría falta comprar
b haríanme falta comprar
c me harían falta comprar

7. Las películas, ¿quién … a devolver?

a las va a
b valas a
c lasva a

8. ¿Cómo me … a prohibirte eso?

a atreviera
b atrevería
c atreverían

9. ¡Si … verdad!

a fuera
b fuesas
c sería

10. No te digo que no … con tus libros.

a seguen
b sigues
c sigas

11. ¡Eso no … puedes prohibir al público!

a se los
b se lo
c los

12. ¡No … tan serio, hombre!

a ponte
b te pongas
c póngate

5. *Comprensión auditiva*

Lesen Sie die Antworten eines Abschnittes konzentriert durch. Hören Sie dann die Fragen von der Cassette und kreuzen Sie die einzig passende Antwort an. Wenn es Ihnen zu schnell geht, dann hören Sie die Fragen ein zweites Mal.

1. Ahora te lo explico. **a**
No nos referimos a nada. **b**
¡Explícamelo! **c**

2. Me quedo en España. **a**
Simplemente porque no me gusta. **b**
Los viajes cada vez salen más caros. **c**

3. Tú quieres saberlo todo. **a**
No pienso nada. **b**
Para eso estamos charlando. **c**

4.	Si no tienen trabajo, se quedan en casa.	**a**
	Nadie se queda sin trabajo.	**b**
	¡Quédate un ratito más!	**c**
5.	No tengo dinero para eso.	**a**
	No hay sitio.	**b**
	Lo que me encantaría es Suiza.	**c**
6.	En el cine Astoria no ponen nada.	**a**
	En el cine Astoria me parece.	**b**
	En el cine Astoria se comen muchas pipas.	**c**
7.	Ya sabes, la radio comercial no me gusta.	**a**
	Prefiero las películas en blanco y negro.	**b**
	Escucho la radio.	**c**
8.	En tres horas llegamos ahí.	**a**
	Tranquilo, que todavía hay mucho tiempo.	**b**
	Tengo un reloj nuevo.	**c**
9.	Me devuelves la película.	**a**
	No sé de quien es la película.	**b**
	Siempre me toca a mí.	**c**
10.	Nada, ¡tú tranquilo!	**a**
	Haz lo que te da la gana.	**b**
	No podemos hacerlo.	**c**

Test 4 – Gesamtpunktzahl aller richtigen Antworten:

CHEQUEO

Deutsch – Spanisch

Diese Liste deutscher Wörter und Ausdrücke mit ihrer spanischen Entsprechung kann und will kein Wörterbuch ersetzen, sie ist nur gedacht als Erinnerungshilfe. Wer sich also an einen Text erinnert und sich fragt: «Wie war das komische Wort für Lotterie noch?», der findet **Lotto** la primitiva **5**. Die Zahl gibt das Tema an, in dem das spanische Wort zum ersten Mal vorkommt. Wörter und Ausdrücke, die im Lectura-Text vorkommen, haben hinter der Zahl ein **L**. Die spanischen Wörter haben alle ihren Artikel, **el** oder **la**. Feststehende Ausdrücke sind als solche übernommen und alphabetisch nach dem ersten Buchstaben des ersten Wortes aufgeführt. **Aufs Tapet bringen** steht also unter «auf». Die Wörter des ersten Bandes sind hier nicht berücksichtigt.

A

Abenteuer la aventura **2**
abertausende miles y miles **1 L**
abhängen depender **1**
Abitur hinter sich haben salir de COU **6**
Abschlachterei la matanza **1 L**
abschreiben copiar **4 L**
Abteil el compartimento **2**
Achtung el cuidado **4**
Adresse las señas **5**
affengeil de puta madre‹!›**5**
Ägypten Egipto **7 L**
alle Tage todos los días **5**
alles mögliche machen hacer de todo **5**
alt antiguo **8**
älter sein tener sus años **5**
älterer Mensch el carroza‹ ›**8**
Altstadt (arabische) la medina **7**
Ambiente, Stimmung el ambiente **1**
anbändeln (mit einem Mädchen) enrollarse con una chavala‹ ›**7**
anbändeln ligar **7**
anderswo en otro sitio **5 L**
Angebot la oferta **5 L**

Angestellter el empleado **5**
Angst el miedo **2**
angst machen dar miedo **2**
anhalten parar **4**
Anhalter (per –) **fahren** hacer dedo **2 L**
ankurbeln fomentar **6**
Anschrift el domicilio **5**
anspringen arrancar **3**
Anzeige el anuncio **8**
Anzug el traje **3**
Arbeiter el trabajador **7**
Arbeitlosengeld beziehen cobrar el paro **6**
Arbeitslosigkeit el desempleo **5 L**
Argentinien Argentina **1**
Argument el argumento 6
arm pobre **2**
Armut la pobreza **1**
arrogant arrogante **1 L**
Arsch (den –) **bewegen** mover el culo ‹!› **6**
Artikel el artículo **8**
Atmosphäre el ambiente **1**
auf dem laufenden halten poner al día **8**
auf den Arm nehmen tomar el pelo **3, 6 L**
auf den Geist gehen dar la lata **4 L**
auf den Strich gehen hacer la calle ‹ › **2 L**
auf einmal, zusammen a la vez **4 L**
auf keinen Fall de ninguna forma **6**
aufs Tapet bringen plantear **8 L**
aufgehalst haben tener encima **7**
aufgeregt entusiasmado **7**
aufmachen (Geschäft) montar un negocio **8 L**
Aufmerksamkeit erregen llamar la atención **1**
aufsammeln recoger **2**
Aufstieg la subida **3**
aufwachen despertarse **4 L**
aufwachsen criarse **1**
Aufzug el ascensor **5**
August el agosto **1 L**
Ausdruck la expresión **1**
ausgeben gastar **1**
Ausländer el extranjero **7**
ausländisch extranjero **7**
ausmachen (Radio) quitar **8**
Aussicht la perspectiva **5 L**
ausstehen (nicht - können) no poder ni ver **7**
austauschen gegen cambiar por **3**
Autoschlange la caravana **4**

B

Bahnsteig el andén **2**
bald dentro de poco **8**
bärenstark de puta madre ‹!› **5**
bärtig barbudo **1**
Bau(stelle) la obra **5**
bedeuten significar **5**
Bedingung (unter der -, daß) a condición de que **4**
bedrohen amenazar **4 L**
beeindrucken impresionar **1**
befürchten temer(se) que **3**
begeistert entusiasmado **7**
begleiten acompañar **4**
behandeln tratar **1 L**
beinahe por poco **7**
beitragen contribuir **7**
bemerken darse cuenta **2**
bemerken notar **1**
benennen nombrar **1**
bereit listo **2**
bereit zu ... dispuesto a **8**
Bergsteigen el montañismo **7**
berücksichtigen tener en cuenta **1**
berühmt famoso **1 L**
beschädigen estropear **3**
Bescheid sagen avisar de **8**

Beschwerdebuch el libro de reclamaciones **3**
besetzen ocupar **4**
besonders especial **2**
besorgen proporcionar **5**
besser más bien **5**
bestehen (staatl. Wettbewerb) sacar **6**
Besuch la visita **5**
Betrieb la empresa **3**
Bett la cama **8**
bewundert admirado 3 **L**
bezahlen abonar **3**
Bierchen la cervecita **2**
Bildschärfe eingestellt enfocado **8**
Bildschirm la pantalla **8 8 L**
billiger sein salir más barato **7**
bitten pedir **2**
Blatt (Zeitung) la hoja **5 L**
Blaue Lagune el Lago Azul **8**
Blick la vista 2
Blick (kurzer) el vistazo **2**
Bluejeans los vaqueros **6**
Boden el suelo **3 L**
Bolivien Bolivia **1**
brauchen bis tardar **1**
bremsen frenar **4**
Brieftasche la cartera **2**
Briefumschlag el sobre **8**
Bürger burgués **7 L**
Bus (argentinisch) el colectivo, el ómnibus **1**

C

Café el café (bar) **1**
Chaos el caos **6 L**
Chef el patrón **5 L**
chinesisch chino **1 L**
Comic el tebeo **4**
Computer el ordenador **8,** la computadora **8**
Croissant (argentinisch) la media luna **1**
Cuba libre el cubata **7**

D

da kann man nichts machen qué le vamos a hacer **4**
dafür para eso **3 L**
das heißt o sea **1**
das Interessanteste lo más interesante **1**
das ist doch nicht möglich! será posible **7**
das wenige lo poco **7**
dauernd continuamente **6 L**
dauernd permanente **1**
denken an pensar en **1**
dennoch sin embargo **2 L, 6**
deprimiert deprimido **5**
Dichter el poeta **1 L**
didaktisch (Spiele) educativo **8**
die ganze Welt todo el mundo **8**
die ganze Zeit todo el tiempo **8**
Diebstahl el robo **3**
Diskette el disco blando **8**
Diskjockey el disc-jokey **8**
Dollar el dólar **1**
dort allá **1**
drauf ankommen depender **1**
Drei Könige los reyes **8**
dringend urgente **3**
Dritte Welt el tercer mundo **6**
Droge la droga **6**
Druck la presión **3**
Drucker la impresora **8**
dufte guay ‹ › **4**
dumm tonto **4**
durchgreifen (hart) tener mano dura **6 L**
durchhalten aguantarse **3 L**
Dusche la ducha **5**

E

eigen propio **6**
eilig haben llevar prisa **3**
einarmige Banditen máquina tragaperras **3 L**
einige unos cuantos / unas cuantas **6**
Einkünfte los ingresos **5**
eintreten in entrar en **8**

einzahlen invertir **6**
ekeln dar asco **4**
Elend la miseria **6**
Ende ... a finales de **5**
Ende bereiten acabar con **6 L**
endlich por fin **2**
englisch inglés **1 L, 7**
Entfernung la distancia **1**
entfliehen escapar **3 L**
entführen secuestrar **2**
Entscheidung fällen tomar una decisión **5 L**
enttäuschen desilusionar **8**
Epoche la época **5**
Erfahrung la experiencia **5**
Erfolg el éxito **8 L**
erfüllen cumplir **6**
Erinnerung el recuerdo **8**
erlauben permitir **3**
erleben (etwas) vivir cosas **7**
ermüden cansar **7 L**
Eroberung la conquista **1 L**
erstklassig de primera **2**
Erziehung la educación **6**
es ist besser, daß es mejor que **2**
es ist möglich es posible que **2**
essen (argentinisch) ‹ › morfar **1**
Etage el piso **5**
etwas Besseres algo mejor **5**
exotisch exótico **7**

F

fähig capaz **5 L, 7**
Fahrer el chófer **2 L**
Fahrkarte el billete **2**
Faktor el factor **7**
Fakultät (Uni-) la facultad **5 L**
fast casi **1**, por poco **7**
fatal fatal **8**
Fenster la ventana **2**
fertigmachen acabar con **7**
fertigmachen cansar **7 L**
fest fijo **5**
festhalten agarrar **1**
Festival el festival **1**
Festplatte el disco duro **8**
Fettnäpfchen (ins -) **treten** meter la pata **1**
Feuer el fuego **1**
Feuerland Tierra del Fuego **1**
Fisch el pez **4**
fleißig trabajador **5 L**
fliegen volar **2**
Flug el vuelo **2**
Flugzeug el aparato (avión) **2**
fördern fomentar **6**
Form la forma **6**
fortschreiten avanzar **6**
Fortschritt el progreso **6**
Foto la foto **6**
fragen nach preguntar a/por **4**
Frau (argentinisch) la mina **1**
frei libre **5**
Freiheit la libertad **6**
Freitag el viernes **2**
Freitag der 13. martes y trece **3**
Freude la ilusión **6**
Friedhof el cementerio **7**
früh temprano **4**
führen llevar **5**
fürchterlich tremendo **1**

G

ganz completamente **2 L**
Gastronomie la hostelería **5**
Gauner el chorizo ‹ › **2**
Gebirge la montaña **7 L**
geboren werden nacer **1**
gebrauchen utilizar **3**
Geduld la paciencia **2**
gefährlich peligroso **3 L**
gegenseitig unos a otros **7**
Gehalt el sueldo **6**
gehend yendo (ir)**3**
Gehör el oído **8**
geirrt equivocado **6**
Geld (südamerikanisch) la plata **1**
Geld (viel!) el dineral **8**
gelebt vivido **6**
gemäß según **3**
genau precisamente **7**
genauso wie igual que **1**
genießen disfrutar con **7**
genug! basta ya **4**

Gepäck el equipaje **2**
Geschäft el negocio **6**
Geschäftsführer el gerente **3**
Geschäftsleute los comerciantes **7**
geschenkt regalado **1**
Geschichte la historia **1 L**
geschmacklos cursi **6**
Gesellschaft la sociedad **6**
Gesicht la cara **5**
Gesichtspunkt el punto de vista **7**
Gespräch la charla **3 L**
Gewerkschaft el sindicato **6 L**
gewinnen ganar **8**
gewiß cierto **1**
Gewohnheit la costumbre **8**
gib acht estáte más atento **4**
Gletscher el glaciar **1**
Glück la suerte **1**
greifen agarrar **1**
groß werden criarse **1**
Großteil gran parte **7**
Gruftie el carroza ‹ › **8**
Grund la razón **6**
Gulasch el estofado **5**
gut drauf sein enrollarse bien ‹ › **7 L**
Gymnasialstufe el BUP (Bachiller Unificado Polivalente) **5**

H

Hafen el puerto **1 L**
Haltestelle la parada **5**
Hammer el disparate ‹ › **6**
Haufen el montón de **1**
Haufen la pila **2**
Hauptstadt la capital **5**
Hausfrau el ama de casa **6**
Haushalt (finanziell) el presupuesto **6**
Hausmeister el portero **2**
heiraten (kirchlich) casarse de blanco **6**
helfen echar una mano **5**
Hemd la camisa **2**
Herr el caballero **3**
heutzutage hoy día **6**
hin und wieder de vez en cuando **1**
hinten an a la cola **3**
hinten atrás **2**
hinter (örtlich) detrás **4**
hinter (zeitlich) pasado **4**
Hochzeit la boda **6**
Hof el patio **4 L**
hoffentlich ojalá **7**
Hoffnung la esperanza **3 L**
hör, horch oye **1**
Hungers sterben morir de hambre **6**
Hütte la choza **1**
hygienisch higiénico **1**

I

Idiot el idiota **4**
Illusion la ilusión **6**
im allgemeinen por lo general **2 L**
im Überfluß de sobra **7**
im voraus por adelantado **5**
im Vorübergehen de paso **8**
in bar en metálico **5**
in die Hose machen mear(se) **4**
in Erfahrung bringen enterarse **2**
in letzter Zeit últimamente **5**
in Ordnung bringen arreglar **3 L**
in Ordnung, in ordentlichem Zustand en condiciones **6**
in Panne averiado **3**
in Ruhe lassen dejar en paz **4 L**
in Würde dignamente **6**
inbegriffen incluido **8**
India la India **7 L**
Inflation la inflación **1**
Interesse an el interés en **6**
interessieren interesar **5**
investieren invertir **6**
irgendwo por algún sitio **3**
Ironie la ironía **8**
italienisch italiano **7**

M

mach Sachen! no me digas **3**
Macht el poder **6 L**
Mädchen (argentinisch) la mina ‹ › **1**
Mafia la mafia **8**
Mailand Milán **2**
Maklerbüro la agencia inmobiliaria **5**
Märchen el cuento **7**
Märchenprinz el príncipe azul **6**
Markt el mercado **8 L**
Matraze el colchón **4**
Maurer el albañil **5**
Meeresfrüchte los mariscos **4**
mehr als más de / más que **1**
Mehrheit la mayoría **6**
meinen opinar **4**
Meister el maestro **6**
Menge an cantidad de **6**
Miete el alquiler **7**
mieten alquilar **5**
Militärdienst machen hacer la mili **5**
militärisch militar **1**
Million Peseten el kilo ‹ › **8 L**
Minimum el mínimo **1**
Mischung la mezcla **1**
mißbrauchen abusar de **6**
miteinander gut auskommen llevarse bien **5 L**
mitmachen apuntarse a **8**
mitnehmen llevarse **1 L**
mitnehmen (im Auto) llevar, coger **2 L**
mittags a mediodía 3
Mittel el medio **2 L**
Mittelmeer el Mediterráneo **7**
Mittelstand la clase media **7**
Mittwoch el miércoles **3**
möglich puede ser **2**
Monster el monstruo **7**
morgens früh a primera hora **5 L**
Musik auflegen poner música **7**
Musik la música **7**
Muttergottes la virgen **3 L**

N

nach después de **4**
nach (gemäß) según **3**
nach und nach poquito a poco **1**
Nachfrage la demanda **5 L**
Nachname apellido **5**
nächsten Monat el mes que viene **5**
nachts de noche **2**
nahe bei junto a **5**
Natur la naturaleza **1**
nervös nervioso **8**
nett amable **3**
nicht wahr! no es cierto (argentinisch) **1**
nie im Leben (nunca) en mi vida **6**
Niveau el nivel **6**
nordisch nórdico **7 L**
Nummer el número **5**
nützlich útil **2**

O

O.K. vale! **2**
oben arriba **6**
obwohl aunque **8**
öffentlich público **8**
offiziell oficial **8**
oh, was ein Kram! menudo rollo ‹ › **8**
Ohr la oreja **1**
Oktober el octubre **1 L**
Opposition la oposición **6**

P

Paella la paella **4**
Paprikawurst el chorizo **2**
Partei el partido **6**
pathetisch patético **7**
Pension la pensión **6**
Person la persona **3**
persönlich personalmente **6 L**
Perspektive la perspectiva **5 L**, **6**
Peru Perú **1**
Pfaffe, Pfarrer el cura **6**
Pinguin el pingüino **1**
pinkeln mear(se) ⟨ ⟩ **4**
Pläne machen hacer planes **7**
planen, sich vornehmen proponerse **7**
Platzanweiser el acomodador **8**
politisch político **6**
preiswert económico **1**
Presse la prensa **8**
Privatschule el colegio privado **6**
Profi, professionell profesional **8**
Programm (Computer-) el programa **8 L**
Prostitution prostitución **6**
provozieren provocar **4 L**
Prozent por ciento **6**
Prüfungswettbewerb (staatlich) las oposiciones **6**
PSOE-Mitglied (verächtlich) el sociata **6**
Psychiater el siquiatra **3 L**
Psychologe el sicólogo **3 L**
Punkt ... (Uhr) en punto **2**
Pyrenäen los Pirineos **7**

R

Radio la radio **3**, **8**
Radiosprecher el locutor **8**
Randzone la zona periférica **5**
Rasse la raza **1**
raten aconsejar **5**
Raub el robo **3**
rausgehen ir fuera **7**
rausholen sacar **2**
rauslassen (alles, was in einem steckt) soltarlo todo **3 L**
rauslassen (aus dem Auto) bajar **2 L**
Rechnung la factura **3**
reden charlar **2 L**
Regierung el gobierno **6**
regnen llover **3**
reich rico **6**
reichen pasar **2**
Reihe el turno **3**
Reinfall el fracaso **7**
reisen viajar **2 L**, recorrer **7**
reparieren arreglar **3 L**
Reparaturwerkstatt (für Autos) el taller de coches **5**
Respekt el respeto **2 L**
Rest el resto **7**
Revolution la revolución **1**
Rezeptionist el portero **2**
rot (im Gesicht) colorado **5**
rück ein bißchen rüber ⟨ ⟩ córrete un poquito p'allá **4**
ruhig tranquilo **4**
Rundfunksender la emisora **8**

S

Sachbearbeiter el encargado **3**
Samstag el sábado **2**
Sand la arena **4**
Schatz cariño **3**, el tesoro **8 L**
Schautafel el tablero **2**
Schei...benkleister miércoles **3**
Scheidung el divorcio **6**
scheißen auf ... cagarse en ... ⟨!⟩ **3 L**
schenken regalar **4**
Schicht el turno **3**
schiefgehen fracasar **7**
schießen tirar **3**
Schiff el barco **1 L**
Schimpfwörter los tacos **3 L**

Schlafzimmer el dormitorio **5**
Schlagloch el bache **5**
Schlangestehen hacer cola **2**
schlau listo **2**
schlechte Phase la mala racha **3 L**
schlechtest pésimo **6**
schlimm fatal **8**
schlimmer peor **1**
Schluß! se acabó **4**
schmackhaft rico **6**
Schnäppchen la ganga **5**
Schnauze voll haben estar hasta los huevos ⟨!⟩ **3 L**
Schnaps el aguardiente **3 L**
schneiden cortar **3**
schön bonito **8**
schüchtern tímido **5 L**
Schulbildung la formación escolar **5**
Schuld la culpa **4**
Schulden las trampas **7**
schulden, sollen deber **4**
schützen proteger **7**
schwanger werden quedarse embarazada **6** (embarazado geht wohl schlecht)
schwarzweiß blanco y negro **8**
Schwarzarbeit la chapuza **5**
schwarzes Brett el tablón **5 L**
Schweden Suecia **7 L**
schwer, schwer zu ertragen pesado **4**
schwimmend flotando **4**
Schwimmreif el flotador 4
sechster sexto **5**
seelisches Tief el bache **5**
Seesack el saco **2 L**
sehr, sehr viel muchísimo **1**
seit desde **1**
seit desde hace **2**
seitdem desde entonces **1 L**
Seite el lado **2**
Seite (Zeitung) la hoja **5 L**
selbständig independiente **5 L**
Sender el canal **6 L**
Sessel la butaca **8**
sich anlegen mit meterse con **8**
sich anziehen vestirse **6**
sich auf die Füße treten pisarse los pies **7**
sich ausleihen pedir prestado **2**
sich benehmen comportarse **4**
sich bewegen moverse 5
sich einen Freund / Bräutigam zulegen echarse un novio **6**
sich einigen ponerse de acuerdo **4**
sich einschreiben apuntarse **8**
sich entschließen zu decidirse a **5**
sich erinnern acordarse de **2**
sich freuen auf tener ilusión por **6**
sich hinauslehnen asomarse a **1**
sich langweilen aburrirse **4**
sich langweilen estar aburrido **2 L**
sich zu Tode (wie ne Auster) **langweilen** aburrirse como una ostra **7**
sich nähern acercarse **4**
sich ordentlich benehmen portarse bien **4 L**
sich scheiden lassen divorciarse **6**
sich schlafen legen acostarse **8**
sich sein Leben einrichten montarse la vida **5**
sich verabreden mit quedar con **2**
sich vergnügen divertirse **2**
sich verirren perderse **7**
sich vornehmen plantearse **7**, proponerse **7**
sich vorstellen presentarse **2**
sich etwas vorstellen imaginar **1**
sich wagen atrever **8**
sich wundern extrañar **6**

sicher seguramente **2**
Sicherheit la seguridad **5**
Sicht la vista **2**
sie ella **2**, ellos **8**
Sieg la victoria **8**
Sitte la costumbre **8**
Sitz la plaza **8**
skandalös escandaloso 7
so tal **5**
solange ich Geld habe mientras tenga dinero **7**
Soldat el militar **1**
Sommer el verano **8**
Sonnenblumenkern la pipa **8**
Sonnenschirm la sombrilla **4**
sozial social **5**
Sozialhilfe el subsidio **6**
sparen ahorrar **2**
später luego **3**
Spätnachtkino el cine de madrugada **8**
Speisewagen el vagón restaurante **2**
spezial especial **2**
Spiegel el espejo **3 L**
Spiel el juego **8**
Sprache la lengua **1 L**
Spray spray **2**
Sprechstunde la consulta **3 L**
Staat el Estado **6**
Stadtviertel el barrio **1**
stark fuerte **8**
stark! guay ‹ › **4**
Stau el atasco **3**
steigen auf montarse **4**
stellen Sie sich nicht so an no se ponga así **3**
Strandkneipe el chiringuito **4**
stricken hacer punto **8**
Strom la luz **1**
Studienorientierungsjahr el COU **6**
Studio el estudio **5**
Stundenplan el horario **5**
südamerikanischer Kanake el sudaca (arrogant-unverschämt-rassistische Bezeichnung) **1 L**
Surfbrett la tabla de surf **4**

T

Tafel la pizarra **4 L**
Tag el día **5**
Tagesschau el telediario **8**
täglich diariamente **1**
Tango el tango **1**
Tasche el bolso **2**
Taschendieb el carterista **2**
Tastatur el teclado **8**
Teil davon la parte de eso **1**
teuer sein (Preis) estar por las nubes **7**
Titelblatt la portada **8**
Toilette el lavabo **5**
Tomate el tomate **5**
Ton el tono **1 L**
tot muerto **4**
töten matar **2**
Transportmittel el transporte **1**
trauen fiar de **1**
Tretboot el patín **4**
treten pisar **7**
tu mir das nicht an no me hagas esto **3**
Typ tipo **1**

U

überall por todos lados **8**
überdrüssig werden hartarse de **1**
überhaupt nicht en absoluto **6**
überholen adelantar **4**
übernehmen, sorgen für encargarse **5**
überreden convencer **6**
übertrieben exagerado **2**
überwinden superar **5**
überzeugen convencer **5 L**
um fünf Uhr ungefähr a las cinco por ahí **5**
um Gottes willen por Dios **6**
um zu para que **2**
umtauschen cambiar **3**
Umwelt el medio ambiente **7**
unabhängig independiente **5 L**

unaufhörlich continuamente **6 L**
unerträglich insoportable **8**
Unfall el accidente **3**
unglaublich increíble **1**
ungünstig inconveniente **5**
Unordnung el desorden **6 L**
Unsicherheit la inseguridad **1**
unter bajo **7**
unter debajo **4**
Unterhose el calzoncillo **2**
Unternehmen la empresa **3**
Unternehmer el empresario **6 L**
Unterschied la diferencia **1**
unterschiedlich diferente **1**
unterschreiben firmar **3**
unwissend ignorante **6**

V

Vegetarier el vegetariano **1**
Ventil la válvula **3**
Verabredung el compromiso **3**
Veranstaltung el acto **8**
verbieten prohibir **7**
verbinden mit poner con **3**
Verbrauch el consumo **6**
Verbrechen el crimen **7**
verbrennen quemar **4**
verbunden comunicado **5**
verdammt maldito **2**
verdammt me cachis < > **3**
verdammt noch mal maldito sea **3**
verdammt und zugenäht me cago en diez <!> **3**
verdammt, so ein Scheiß coño <!!> **7**
verdreschen partir la cara **4 L, 7**
vergessen olvidarse de **3**
Verhältnisse las condiciones **1**
Verkauf la venta 4
verlangen pedir **2**
verlieren perder **1 L**
versäumen perder(se) **8**
verscheißern tomar el pelo **6 L**
verspätet atrasado **6**
versprechen prometer **6**
verstecken esconder **2 L**
versuchen zu tratar de **5**
verteilen repartir **8**
verwechseln confundir **2 L**
Videothek el vídeoclub **8**
voll pleno **5**
vor delante **4**
Vorbereitungen los preparativos **4**
vorgestern anteayer **3**
vorlaufen lassen (Video) pasar **8**
Vorsicht el cuidado **4**
vorwärtskommen avanzar **6**

W

wachsen crecer **1**
wagen atrever **2 L**
Wahlen (politisch) las elecciones **6 L**
während mientras que **8**
wahr cierto **1**
Wald el bosque **7 L**
was ist schon dabei qué más te da **4**
was los machen enrollarse bien < > **7 L**
Waschbecken el lavabo **5**
Wasser (ins -) **springen** meterse en el agua **4**
weggehen marcharse **5**
Weilchen el ratito **2**
weiter hinten más atrás **2**
weitermachen ohne seguír sin **6**
Welt el mundo **1 L, 8**
wenigstens al menos **7**
wenn nicht … a no ser **2 L**
wenn wir so weitermachen como sigamos así **4**
Werbung publicidad **8**
werfen echar **2,** tirar **3**

wetten apostar **2**
wichtig importante **1 L**
widersprechen contradecir **7**
wie du schon sagtest como dijiste tú **1**
wie herrlich! qué cosa más rica **1**
wie Sie sagen lo que usted diga **5**
wie Sie wünschen como quieran **2**
wieder ... volver a **2**
Winter el invierno **5**
wirklich verdadero **7**
Witwe la viuda **6**
wo auch immer donde sea **5 L**
wo wir gerade von ... sprechen hablando de **1**
Wochenendbeilage el semanario **8**
wohlerzogen educado **3 L**
Wohnhaus el bloque **7**
Wohnung el piso **5**, la casa **5 L**
Wohnzimmer el salón **5**
Wort la palabra **1 L**
wozu sie Lust haben lo que les da la gana **4**
wütend machen dar rabia **7**

Z

Zählhur (im Taxi) el taxímetro **3**
zeigen enseñar **7**
Zeit totschlagen matar el tiempo **2**
Zeitplan el horario **5**
Zeitschrift la revista **4**
Zeitung el periódico **2**
zentral gelegen céntrico **5**
zerstören destruir **7**
Zivilisation la civilización **1**
zu dieser Stunde a esa hora **2**
zu tun haben mit estar metido en **6**
zuerst primeramente **5**
zufallen (Augen) caerse **2 L**
zuhören escuchar **1**
Zukunft el futuro **6**
zum Beispiel por ejemplo **1**
zurückfahren hacer la vuelta **1**
zurückgeblieben atrasado **6**
zurücknehmen retirar **4 L**
zurückspulen (Cassette) darle para atrás **8**
zusammen, auf einmal a la vez **4 L**
zu Ende terminado

Español – Alemán

Dieses Glossar kann kein Wörterbuch sein. Es werden nur Wörter und Wendungen aufgeführt, die in diesem oder im ersten Band vorkommen. Zu beachten ist:

1. Die **Zahl** bezieht sich auf das Tema, in dem das spanische Wort zum ersten Mal vorkommt. Wenn ganze Ausdrücke gesucht werden, dann ist der erste Buchstabe des ersten Wortes ausschlaggebend (*de vez en cuando* steht unter «**d**»).
2. Wörter/Wendungen, die in den Lectura-Texten vorkommen, haben ein **L** hinter der Lektionszahl.
3. Die spanischen Wörter aus dem ersten Band sind nochmals – ohne Übersetzung – aufgeführt und mit einer **römischen I** vor der entsprechenden Lektionszahl versehen (**I/4** = 1. Band – 4. Lektion).
4. Einige wenige, sehr familiäre Wendungen sind mit einem ‹ › versehen. Was als vulgär gehandelt werden könnte, ist mit einem ‹**!**› gekennzeichnet.
5. Im Spanischen sind **«ch»** und **«ll»** eigene Buchstaben und werden gesondert vor «**d**» beziehungsweise vor «**m**» aufgeführt.

A

a cómo está I/2
a condición de que unter der Bedingung, daß **4**
a cuánto están I/2
a diez minutos andando I/1
a esa hora zu dieser Stunde
a finales de Ende ... **5**
a la cola hinten an **3**
derecha I/1
izquierda I/1
a la mierda ‹**!**› **I/8 L**
a la vez zusammen, auf einmal **4 L**
a las cinco por ahí ungefähr um fünf Uhr **5**
a media mañana I/6
a mediodía mittags **3**
a mí I/3

personalmente persönlich **6 L**
a ninguna parte I/3
a no ser wenn nicht … **2 L**
a primera hora frühmorgens **5 L**
a propósito I/8
a quién le toca I/2
a tiempo I/6
a todo riesgo I/8
a tope I/3
a veces I/6
a ver I/2
abierto I/4
abonar bezahlen, begleichen **3**
abrir I/8
abuela I/4
aburrido (estar) sich langweilen **2 L**
aburrirse sich langweilen **4**
aburrirse como una ostra sich zu Tode (wie 'ne Auster) langweilen **7**
abusar de mißbrauchen **6**
acabamos de comprar I/6
acabar con ein Ende bereiten, fertigmachen **6 L**, **7**
accidente Unfall **3**
acercarse sich nähern **4**
acomodador Platzanweiser **8**
acompañar begleiten **4**
aconsejar raten **5**
acordarse de sich erinnern **2**
acostarse sich schlafen legen **8**
acto oficial offizielle Veranstaltung **8**
adelantar überholen **4**
adelgazar I/5
además I/3
adiós I/1
admirado bewundert **3 L**
adónde I/1
aduana I/8
aeropuerto I/1
aficionado I/6
agarrar festhalten, greifen **1**
agencia inmobiliaria Maklerbüro **5**
agencia de viajes I/2
agosto August **1 L**
agradable I/3
agua mineral I/4
aguantar I/5
aguantarse durchhalten **3 L**
aguardiente Schnaps **3 L**
ahí I/1
ahí mismo I/1
ahora I/1
ahorrar sparen **2**
al fondo I/4
al lado de I/4
al menos wenigstens **7**
al principio I/5
al salir I/5
albañil Maurer **5**
alcanzar I/6
alegrarse de I/3
alemán I/1
algo I/2
algo mejor etwas Besseres **5**
alguien I/7
algún I/3
algunos días de I/6
allá dort **1**
allí I/3
almuerzo I/6
alquilar mieten **5**
alquiler Miete **7**
alto I/5
ama de casa Hausfrau **6**
amable nett **3**
ambiente Stimmung, Atmosphäre **1**
amenazar bedrohen **4 L**
amor Liebe **8**
amoroso Liebes– **8 L**
andar I/1
andén Bahnsteig **2**
anoche I/5
anteayer vorgestern **3**
antes de I/6
antiguo alt **8**
anuncio Anzeige **8**
año I/6
aparato Apparat, Flugzeug **2**
aparatos electrodomésticos I/3
aparcado I/8
apellido Nachname **5**
apostar wetten **2**

aprender a lernen zu **4, I/8**
aprovechar I/3
apuntarse a sich einschreiben, mitmachen **8**
aquel, aquella I/4
aquí I/1
arena Sand **4**
Argentina Argentinien **1**
argumento Argument **6**
armario I/3
arrancar anspringen **3**
arreglar in Ordnung bringen **3 L**
arreglar I/7
arriba oben **6**
arrogante arrogant **1 L**
arroz a la cubana I/4
arroz con leche I/4
artículo Artikel **8**
artista Künstler **1, I/2 L**
ascensor Aufzug **5**
asco I/4
así que I/4
asomarse a sich hinauslehnen **1**
aspecto I/5
asunto I/7
atareado I/7
atasco Stau **2**
atención I/5
atender I/8
atrás hinten **2**
atrasado verspätet, zurückgeblieben **6**
atreverse sich wagen **8, 2 L**
atún a la asturiana I/4
aunque obwohl **8**
auriculares Kopfhörer **3 L**
autobús I/1
avanzar fortschreiten, vorwärtskommen **6**
aventura Abenteuer **2**
averiado kaputt, in Panne **3**
avión I/1
avisar de Bescheid sagen **8, I/8**
ayudar I/6
azúcar I/4
azul I/2

B

bache Schlagloch, seelisches Tief **5**
bajar I/7
bajar (aus dem Auto) rauslassen **2 L**
bajo unter **7**
Banco Central I/2 L
baño I/7
bar I/3
barato I/2
barbaridad I/2
barbudo bärtig **1**
barco Schiff **1 L, I/3**
barra I/4
barrio Stadtviertel **1**
basta ya genug! **4**
bastante I/1
bazar I/2
beber I/4
bebida I/4
besar I/7
besugo al horno I/4
bien I/3
billete I/2
blanco y negro schwarz und weiß **8**
blanco I/4
bloque Wohnhaus **7**
boca cerrada I/4
bocadillo I/4
boda Hochzeit **6**
bodega I/3
Bolivia Bolivien **1**
Bollulos Dorf hinter Sevilla **4**
bolsa de bizcochos I/2
bolso Tasche **2**
bombas atómicas I/3 L
bosque Wald **7 L**
botella I/3
brazo I/5
brut I/3
buenas tardes I/2
buenísimo I/4
bueno I/1
buenos días I/1
burgués Bürger **7 L**
burocracia I/8
buscar I/8
butaca Sessel **8**

C

C.O.U. Studienorientierungsjahr **6**
caballero Herr **3**
cabeza I/3
cabina I/1
cada cual jeder **3 L**
cada día I/6
cada I/5
cada vez jedesmal **6**
caer bien/fatal I/3
caerse por las escaleras I/5
caerse los ojos die Augen zufallen **2 L**
café (bar) Café **1**
cafetera Kaffeemaschine **3**
cafetería I/5 L
cagarse en la virgen 〈!〉 auf die Muttergottes scheißen **3 L**
caja I/2
calentador I/7
calentar I/4, I/6 L
caliente I/5 L
callarse I/7
cállate I/4
calle I/1
calle Corrientes große Straße in Buenos Aires **1**
calor I/1
calzoncillos Unterhosen **2**
cama Bett **8**
camarero I/4
cambiar I/2
cambiar por austauschen gegen **3**
cambio I/1
cámara de vídeo I/8
camisa Hemd **2**
campo I/2
canal Kanal, Sender **6 L**
canción Lied **8**
cansado I/7
cansarse I/5
cansar fertigmachen, ermüden **7 L**
cantidad de 〈 〉 ein Haufen … **6**
caos Chaos **6 L**
capaz de fähig **5 L , 7**
capital (Provinz-) Hauptstadt **5**
caprichos I/4
cara Gesicht **5, I/3**
caravana Autoschlange **4**
cariño Schatz **3, 3 L**
cariñoso I/7
carísimo I/8
carnet de conducir I/8
carnet I/4
caro I/1
carrera Akademische Laufbahn **6**
carretera Landstraße **2 L**
carroza 〈 〉 Gruftie, älterer Mensch **8**
carta I/4
cartera Brieftasche **2**
carterista Taschendieb **2**
cartón I/5
casa Wohnung **5 L , I/2**
casa de la cultura I/8
casado I/6
casarse de blanco kirchlich heiraten **6**
casi fast **1**
catalán I/3
cementerio Friedhof **7**
cena I/2
cenar I/7
central I/8
céntrico zentral gelegen **5**
centro de belleza I/5
centro de salud I/5
cerca de I/1
cerrado I/4
cervecita Bierchen **2**
cerveza I/2
cesta Korb **4**
cien I/2
ciencia ficción I/6
cierto wahr, gewiß **1**
cigarillos I/5
cincuenta I/2
cine I/6
cine de madrugada Spätnachtkino **8**
civilización Zivilisation **1**
claro que sí I/1
claro I/1
clase I/6
clase media Mittelstand **7**
cliente Kunde **2 L**
cloaca Kloake **7**
cobrar I/8

cobrar el paro Arbeitlosenbezüge kassieren **6**
coche I/6
cocina I/3
cocinar kochen **5**
cocinero I/4
coger (mit)nehmen **2 L**
coger un taxi I/1
colchón Matraze **4**
colectivo (argentinisch) Bus **1**
colega I/2 L
colegio privado Privatschule **6**
Colocao I/4
colonia Kolonie **1 L**
colorado rot (im Gesicht) **5**
comentar I/8
comer fuera I/6 L
comer I/1
comer por ahí I/7 L
comercial kommerziell **8**
comerciantes Geschäftsleute **7**
comida de trabajo I/4 L
comida I/5
cómo I/1
como dijiste tú wie du schon sagtest **1**
cómo estás I/3
como no I/6
cómo puede ser I/4
como quieran wie Sie wünschen **2**
como siempre I/6
como sigamos así wenn wir so weiter-machen **4**
cómo te reconozco I/3
como va a hacer ejercicio I/6
compañeros I/6
compartimento Abteil **2**
completamente ganz **2 L**
completo I/1
comportarse sich benehmen **4**
comprar I/1
compromiso Verabredung **3**
computadora Computer **8**
comunicado verbunden **5**
comunista Kommunisten **6 L**
con él I/3
concierto Konzert **8**
condiciones higiénicas hygienische Verhältnisse **1**
conflicto I/7 L
confundir verwechseln **2 L**
congelador I/2
congreso I/1
conmigo I/7
conocer I/3
conquista Eroberung **1L**
conseguir I/6
consejo I/5
conservador konservativ **6**
construcción Konstruktion **5**
consulta Sprechstunde **3 L**
consumo Verbrauch, Konsum **6**
contacto Kontakt **5**
contento I/6
contestador automático I/8
contigo I/7
continente Kontinent **1**
continuamente dauernd, unaufhörlich **6 L**
contradecir widersprechen **7**
contribuir beitragen **7**
convencer überreden **6, 5 L**
convivencia I/7
coñac I/4
coño ‹!› Scheiß, verdammt **7**
copa I/3
copiar abschreiben **4 L**
correos I/8
córrete un poquito p'allá rück ein bißchen rüber **4**
cortar schneiden **3**
Corte Inglés I/2
cosa I/4
costilla I/5
costumbre Sitte, Gewohnheit **8**
Coto Doñana Naturschutzpark in Andalusien **4**

crecer wachsen **1**
crédito I/6
crema catalana I/4
creo que no I/3
criarse groß werden, aufwachsen **1**
crimen Verbrechen **7**
crisis Krise **1**
criticar I/5
cuál I/2
cuánto es I/2
cuánto tiempo hace que ... I/3
cuánto vale I/1
cuarenta I/2
cuarto I/4
cuarto de baño I/7
cuarto de hora I/5
cubata Cuba libre **7**
cubierto I/4
cuchara I/4
cuchillo I/4
cuenta I/4
cuerpo I/5
cuidado Achtung, Vorsicht **4**
culpa Schuld **4**
cultura I/8
cumplir erfüllen **6**
cuñado I/6
cura Pfarrer, Pfaffe **6**
cursi kitschig, geschmacklos **6**
cursillo I/3
chalet adosado I/6
champán I/3
champiñones I/2
chapuza Schwarzarbeit **5**
charla Gespräch **3 L**
charlar reden **2 L , I/6**
cheque I/5
chicle Kaugummi **4 L**
chico jung, Junge **2**
chino chinesisch **1 L**
chiringuito Strandkneipe **4**
chófer Fahrer **2 L**
chorizo Paprikawurst, kleiner Gauner **2**
choza (Elends-)Hütte **1**
chuparse los dedos I/4

D

D.N.I. (Documento Nacional de Identidad) I/8
dar I/5
dar asco ekeln **4**
dar de baja I/5
dar la lata auf den Geist gehen **4 L**
dar miedo angst machen **2**
dar rabia wütend machen **7**
dar tiempo I/4
dar vergüenza I/5
darle para atrás zurückspulen **8**
darse cuenta bemerken **2**
de ... a ... I/6
de acuerdo I/3
de compras I/2
de moda I/4 L
de ninguna forma auf keinen Fall **6**
de noche nachts **2**
de paso im Vorübergehen **8**
de primera erstklassig **2, 2 L**
de puta madre ⟨!⟩ bärenstark, affengeil **5**
de sobra im Überfluß **7**
de todas maneras I/3
de todos modos I/5
de una forma I/7 L
de verdad I/5
de vez en cuando hin und wieder **1**
debajo unter **4**
deber schulden, sollen **4**
decía I/8
decidirse a sich entschließen zu **5**
declarar I/8
dedo I/4
dejadme laßt mich **4**
déjame I/4
dejar I/5
dejar en paz in Ruhe lassen **4 L**
delante vor **4**
demanda Nachfrage **5 L**
demasiado I/6
dentro de poco bald **8**
dentro I/8
denuncia I/8
depender abhängen, drauf ankommen **1**

depilar I/5 T
deporte I/5
deprimido deprimiert **5, I/7 L**
derecho I/7
desayunar I/4
descansar I/6
descanso I/6
descapotable I/4 L
desde seit **1**
desde entonces seitdem **1 L**
desde hace seit **2**
desear I/8
desempleo Arbeitslosigkeit **5 L**
desilusionar enttäuschen **8, I/3**
desorden Unordnung **6 L**
despacho I/8
despacio I/1
despertarse aufwachen **4 L**
despierto I/6
después de nach **4**
después I/4
destruir zerstören **7**
detrás hinter **4**
devolver I/5
día I/1
día libre freier Tag **5**
diariamente täglich **1**
diciendo I/7
diferencia Unterschied **1**
diferente unterschiedlich **1**
difícil I/6
dígame I/3
dignamente in Würde **6**
dijiste du sagtest **1**
dime sag mir **1**
dineral viel Geld, ein Heidengeld **8**
dinero I/1
directamente I/6
disc-jokey Diskjockey **8**
disco I/2
disco blando Diskette **8**
disco duro Festplatte **8**
discutir I/2
disfrutar con genießen **7**
disparate⟨!⟩ Hammer **6, I/2**
dispuesto a bereit zu … **8**
distancia Entfernung **1**
divertirse sich vergnügen **2**
divorciarse sich scheiden lassen **6**
divorcio Scheidung **6**
docena I/2
documentos I/8
dólar Dollar (US $) **1**
doler I/5
dolor I/5
dolorosa I/4
domicilio Anschrift **5**
domingo I/3
dónde I/1
donde sea wo auch immer **5 L**
dormir I/5
dormitorio Schlafzimmer **5**
droga Droge **6**
ducha Dusche **5, I/6 L**
ducharse I/6
dueño I/7
durante el día I/7
duro I/4
duros I/1
echar werfen **2**
echar del piso I/7
echar la siesta I/6
echar una mano helfen **5**
echarse un novio sich einen Freund/Bräutigam zulegen **6**
económico preiswert **1**
educación Erziehung **6**
educado wohlerzogen **3 L**

E

Egipto Ägypten **7 L**
ejercicio I/5
El Hierro Insel auf den Kanaren **8**
él I/3
el otro día kürzlich **2**
El País große Tageszeitung **8**
el presupuesto der finanzielle Haushalt **6**
el qué I/5
el tiempo I/1
elecciones politische Wahlen **6 L**
ella sie **2, I/3 L**

ellos sie **8, I/7 L**
emisora Rundfunksender **8**
empezar a I/1, I/7
empleado Angestellter **5**
empresa Betrieb, Unternehmen **3**
empresario Unternehmer **6 L**
en absoluto überhaupt nicht **6**
en casa I/2
en condiciones ordentlich, in ordentlichem Zustand **6**
en cuánto sale/n I/2
en esto I/3
en lugar de I/7
en mi vida nie im Leben **6**
en punto Punkt … (Uhr) **2**
en seguida I/1
en serio I/4
en toda la mañana I/4
en todo el día I/5
en todos lados I/2
encantar I/4
encargado zuständiger Sachbearbeiter **3**
encargarse übernehmen, sorgen für **5**
encima de I/5, I/8
encontrar I/3
enfadarse con I/7
enfermedad I/5
enfermo I/5
enfocado die Schärfe auf der Leinwand eingestellt, fokusiert **8**
enfrente I/3
enrollarse con una chavala ‹ › mit einem Mädchen anbändeln **7**
enrollarse bien ‹ › gut drauf sein, was los machen **7 L**
ensalada I/4
enseñar zeigen **7**
entender I/1
entender de mujeres sich mit Frauen auskennen **8 L**
enterarse in Erfahrung bringen **2**
entero I/3
entonces I/2
entrada I/4
entrantes I/4
entrar en eintreten in **8, I/6**
entre I/3
entregar I/8
entusiasmado begeistert **7**
episodio I/7
época Epoche **5**
equipaje Gepäck **2**
equivocado geirrt, falsch **6**
era I/8
es hora de … I/6 L
es mejor que es ist besser, daß **2**
es para volverse loco I/3
es posible que es ist möglich **2**
es que I/3
es un poco complicado I/1
esa I/4
escaleras I/5
escalope I/4
escandaloso skandalös **7**
escapar entfliehen **3 L**
esconder verstecken **2 L**
escribir I/7
escuchar zuhören **1**
ese I/4
espacio I/6
espalda I/5
especial besonders, spezial **2**
espejo Spiegel **3 L**
esperanza Hoffnung **3 L**
esperar I/2
esquí I/5
esquina I/6
Estación de Sants großer Bahnhof in Barcelona **3**
estación de servicio I/1
estación de trenes I/1
estadio Bernabéu I/1
estado I/5
Estado Staat **6**
estar I/1
estar diciendo I/7
en el médico I/5 L

estar hasta las narices ‹ › den Kanal voll haben **5 L**
estar hasta los huevos ‹!› die Schnauze voll haben **3 L**
estar malo I/5
estar por las nubes 7
estate atento gib acht **4**
este I/2
esto I/1
estofado Iberiens Gulasch **5**
estómago I/5
estropear kaputtmachen, beschädigen **3**
estudiante I/8
estudiar I/7
estudio Studio **5**
estupendo I/5
estuviste du warst **1**
exagerado übertrieben **2**
examen I/7
excepción I/8
éxito Erfolg **8 L**
exótico exotisch **7**
experiencia Erfahrung **5**
expresión Ausdruck **1**
extranjero Ausländer, ausländisch **7**
extrañar sich wundern **6**

F

fábrica I/6 L
fácil I/3
facilidad Leichtigkeit **5 L**
factor Faktor **7**
factura Rechnung **3**
facultad (Uni-)Fakultät **5 L**
fallar I/8
falsificado I/2
falta poco I/7
faltar I/4
familia I/7
famoso berühmt **1 L**
fantástico I/3
farmacia I/1
fatal schlimm, fatal **8**
fecha de nacimiento I/8
FECSA katalanische Elektrizitätsgesellschaft **3**
festival Festival **1**
fiar de trauen **1**
fichero I/8
fiebre I/5
fiesta I/3
fijo fest **5**
filete I/4
fin de semana I/7
final I/8
firmar unterschreiben **3**
físico nuclear I/3 L
flan I/4
flash I/8
flotador Schwimmreif **4**
flotando schwimmend **4**
fomentar ankurbeln, fördern **6**
fondos I/8 L
footing I/5
forma Form **6**
formación escolar Schulbildung **5**
fórmula I/3 L
foto Foto **6**
fracasar schiefgehen **7**
fracaso Reinfall **7**
francés I/3
franquista I/6
fregar I/6
freír I/4
frenar bremsen **4**
fresco I/1
fresón I/4
frigorífico I/4
frío I/1
fruta del tiempo I/4
fue ging, war **1**
fuego Feuer **1**
fuera (von ser und ir) ginge, wäre **7**
fuera I/8
fuerte stark **8**
fuiste du gingst **1**
fumar I/3
fútbol I/7
futuro Zukunft **6**

G

galleta I/4
gambitas I/4
gana I/4
ganar gewinnen **8**

ganga Schnäppchen **5**
gas I/4
gasolina I/1
gasolinera I/1
gastar ausgeben **1**
generoso I/4
gente I/4
gerente Geschäftsführer **3**
gimnasio I/5
glaciar Gletscher **1**
gobierno Regierung **6**
gordo I/5
gracias I/1
gran parte Großteil **7**
Gran Vía I/8
grave I/5
grupo de teatro I/3
guapo I/3
guay ‹ › stark, dufte **4**
guerra Krieg **4 L**
guerra de las galaxias Krieg der Sterne **8**
guisqui con soda I/4 L
gustar I/2
Gutiérrez Aragón spanischer Filmemacher **8**

H

haber I/4
habitación I/1
hablando de wo wir gerade von … sprechen **1**
hablar I/4
hable I/1
hacer I/4
hace calor I/1
hace frío I/1
hace mucho I/4
hace muchos años que I/3 L
hacer caso I/7
hacer cola Schlangestehen **2**
hacer de todo alles mögliche machen **5**
hacer dedo per Anhalter fahren **2 L**
hacer falta I/3
hacer la calle auf den Strich gehen **2 L**
hacer la comida I/6
hacer la mili Militärdienst machen **5**
hacer la vuelta 1
hacer planes Pläne machen **7**
hacer preguntas I/6
hacer punto stricken **8**
hacer una dieta I/5
haga el favor de I/8
hambre I/4
hartarse de überdrüssig werden **1**
harto I/4
hasta I/6
hay de todo I/3
hay que I/5
haznos mach uns **4**
hecho I/5
helado I/1
hermana I/3
hice machte **2**
hijo I/6
hinchado I/5
historia Geschichte **1 L**
hoja Blatt, Seite **5 L**
hola I/3
holandés I/8
hombre I/3
hora I/5
horario Stundenplan, Zeitplan **5**
horroroso I/3
hospital I/5
hostelería Gastronomie **5**
hotel I/1
hoy día heutzutage **6**
hubo es gab **1**
huelga I/8
Huelva Stadt in Andalusien **1**
huevos fritos I/4

I

iba ging **2**
Iberia Iberia (span. Fluglinie) **3**
ida y vuelta I/2
idea I/3
idiota Idiot **4**
idos geht weg **4**
ignorante unwissend **6**
igual I/7
igual que genauso wie **1**

ilegal I/2
ilusión Ilusion, Freude **6**
imaginar sich vorstellen **1**
importante wichtig **1 L**
importar I/2
importar un bledo I/7
impresionar beeindrucken **1**
impresión I/7
impresora Drucker **8**
incluido inbegriffen **8**
inconveniente ungünstig **5**
increíble unglaublich **1**
independiente unabhängig, selbständig **5 L**
infección I/5
inflación Inflation **1**
informar de I/8
ingeniería I/3
ingeniero ruso I/3 L
inglés englisch **1 L , 7**
ingresos Einkünfte **5**
inscribirse I/8
inscripción I/8
inseguridad Unsicherheit **1**
insoportable unerträglich **8**
instrucciones para I/3
inteligente I/3 L
interesar interessieren **5**
interés en Interesse an **6, I/3**
invertir einzahlen, investieren **6**
invierno Winter **5**
invitado I/3
invitar I/4
ir a I/2
ir de vacaciones I/6
ir en metro I/6
ir fuera rausgehen **7**
irle bien a alguien I/5
ironía Ironie **8**
italiano italienisch **7**

J

jarabe I/5
jardín I/3
jarra I/4
jefe I/3
Jet de Marbella Jet-set von Marbella **6**
jolines‹ › I/7
jóven jung **5**
juegos educativos didaktische Spiele **8**
juerga I/7
jugar I/4
junio I/8
junto I/3
junto a nahe bei **5**

K

kilo‹ › 1 000 000 Peseten **8 L**
kilo y medio I/2

L

la Boca Viertel in Buenos Aires **1**
la I/1
la India Indien **7 L**
la misma gente I/3
lado Seite **2, I/1**
Lago Azul Blaue Lagune **8**
lanzarse al mercado sich auf den Markt lancieren **8 L**
largo I/6
las cinco I/3
lata‹!›I/7
lavabo Toilette, Waschbecken **5**
le I/2 L
le toca I/6 L
leche del día I/2
lechuga I/4
leer lesen **2**
lejos I/1
lengua Sprache **1 L**
levantarse I/5
leyendo I/7
libertad Freiheit **6**
Libia Libyen **2**
libre frei **5**
libro de reclamaciones Beschwerdebuch **3**
libro I/5
ligar‹ › anbändeln **7**
limpiar I/5
listo schlau, bereit **2**

lo más interesante das Interessanteste **1**
lo poco das wenige **7**
lo que les da la gana wozu sie Lust haben **4**
lo que pasa es I/4
lo que tú quieras I/3
lo que usted diga wie Sie sagen **5**
lo siento I/1
locutor Radiosprecher **8**
Londres I/3
luego I/1
luz Licht, Strom **1**
llamar I/1
llamar la atención die Aufmerksamkeit erregen **1**
llamarse I/3
llave I/7
llegar I/3
llevar I/1, I/4
llevar dentro I/8
llevar dinero I/2
llevar führen **5**
llevar media hora I/4
llevar prisa es eilig haben **3**
llevarse mitnehmen **1 L**
llevarse bien gut miteinander auskommen **5 L**
llover regnen **3**

M

macedonia I/4
madalenas I/2
madre I/3
maestro Meister **6**
mafia Mafia **8**
mala racha schlechte Phase **3 L**
maldito verdammt **2**
maldito sea verdammt noch mal **3**
maleta Koffer **2**
maletero Kofferraum **3**
malo I/5
mandar I/3
mandar por I/8
manera I/3
mano I/3
mantequilla I/4
manzana I/4
manzanilla I/5
mañana noche I/2
mañana por la mañana I/1
máquina I/5
maravilla I/5
marca I/3
marcharse weggehen **5, I/7 L**
mareos I/5
marido I/4
mariscos Meeresfrüchte **4**
martes y trece (entspricht:) Freitag der 13. **3**
más atrás weiter hinten **2**
más bien besser **5**
más de mehr als **1**
más despacio I/1
más luego später **3**
más o menos I/8
masaje I/5
masajista I/5
Matalascañas Ort an der Atlantikküste bei Sevilla **4**
matanza Abschlachterei **1 L**
matar el tiempo die Zeit totschlagen **2**
matar töten **2, I/3**
matemático I/3 L
matrícula I/3
mayoría Mehrheit **6**
me cachis ‹ › verdammt **3**
me cago en diez ‹!› verdammt und zugenäht **3**
me gustaría ich hätte/würde gerne **6**
me ha ido bien I/5
me llevo I/2
mear(se) in die Hose machen, pinkeln **4**
media luna (argentinisch) Croissant **1**
médico I/1
medina arabische Altstadt **7**
medio Mittel **2 L**
medio ambiente Umwelt **7**
medio kilo I/2

Mediterráneo Mittelmeer **7**
mejillón I/2
mejor I/8
mejorar I/5
melocotones en almíbar I/4
melones I/2
menor I/8
menos I/8
mensajero I/8
mentira Lüge **6**
menudo rollo ‹ › oh, was ein Kram! **8**
mercadillos I/2
mercado I/2
merecer la pena I/7
merluza I/2
mermelada I/4
mes 5, I/ L
mesa I/4
metálico (en -) in bar **5**
meter I/3
meter la pata ins Fettnäpfchen treten **1**
meterse con sich anlegen mit **8**
meterse en el agua ins Wasser springen **4**
metido en zu tun haben mit **6**
metro I/6
mezcla Mischung **1**
miedo Angst **2**
mientras I/4
mientras que während **8**
mientras tenga dinero solange ich Geld habe **7**
miércoles Mittwoch, Schei...benkleister **3**
Milán Mailand **2**
miles y miles abertausende **1 L**
militar militärisch, Soldat **1**
mina (argentinisch): Frau, Mädchen **1**
mínimo Minimum **1**
minuto I/1
mío I/7
miseria Elend **6**
mismo I/3
mitad I/2
moda I/4 L
modelo I/4 L
molestar I/7
momentito I/2
monedas I/1
monstruo Monster **7**
montañismo Bergsteigen **7**
montaña Gebirge **7 L**
montarse steigen auf **4**
montarse la vida sich sein Leben einrichten **5**
montar un negocio ein Geschäft aufmachen **8 L**
Montferrant I/3
montón de Haufen **1**
moreno I/3, I/5
morfar (argentinisch): essen **1**
morir I/5
morir de hambre Hungers sterben **6**
morirse I/4
mover I/5
mover el culo ‹!› den Arsch bewegen **6**
moverse sich bewegen, sich umschauen **5**
muchas gracias I/1
muchas veces I/7
muchísimo sehr sehr viel **1**
mucho I/4
muerto tot **4**
mujer I/6
multicine Minikino **8**
multinacional I/3 L
mundo Welt **1 L , 8**
Muntaner Straße in Barcelona **3**
música Musik **7**
muy I/1

N

nacer geboren werden **1**
nada de especial I/8
nada I/2
nadie I/3
naranja I/4
nata I/4
natación I/5
naturaleza Natur **1**
necesitar I/2
negocio Geschäft **6**
negro I/3
nervioso nervös **8**
ni hablar I/2

ni idea I/1
Nicolás 4
ningún/ninguna I/1
niño I/5
niño bien Kind aus «besserem» Hause **6**
nivel Niveau **6**
no es para tanto das ist halb so schlimm **1**
no estaría mal das wäre nicht schlecht **6**
no hay ni ... ni ... I/2
no hay problema I/2
no lo puedo ni ver ich kann den nicht ausstehen **7**
no me digas mach Sachen! **3**
no me hagas esto tu mir das nicht an **3**
no me puedo quejar I/6
no me quedan I/2
no quedar mal keinen schlechten Eindruck machen **2 L**
no se ponga así stellen Sie sich nicht so an **3, 4 L**
no se preocupe I/5
no sé I/1
no seáis seid nicht **4**
no sirvo I/4
no tener más remedio I/6
noche I/1
nombrar benennen **1**
nórdico nordisch **7 L**
normal I/8
normalmente I/6
notar bemerken **1**
novio I/3
nuestro I/3
nuevamente I/6
nuevo I/2
número Nummer **5**
nunca I/5

O

o I/1
o ... o ... I/7 L
o sea das heißt **1**
obra Werk, Baustelle **5**
ocurrir geschehen **2**
octubre Oktober **1 L**
ocupar besetzen **4**
oeste I/6
oferta Angebot **5 L**, I/2
oficina I/3
oficina de empleo I/8
oficio I/3
oído Gehör **8**
oiga I/3
ojalá hoffentlich **7**
olvidar I/8
olvidarse de vergessen **3**
ómnibus (argentinisch) Bus **1**
opinar meinen **4**
oportar I/5
oposición Opposition **6**
ordenador Computer **8**, I/8 L
oreja Ohr **1**
oriental I/2
original I/2
otra cosa I/5
otra noche (la) kürzlich abends **8**
otra vez I/2
otro sitio anderswo **5 L**
oye horch **1**

P

paciencia Geduld **2**
padres I/3
paella Paella **4**
pagar I/4
país I/8
palabra Wort **1 L**
pan I/2
pan integral I/2
panadería I/2
pantalla Bildschirm, Leinwand **8, 8 L**
pantalón I/2
papel I/8
paquete I/2
para I/3
para colmo I/5
para eso están dafür sind sie da **3 L**
para eso I/6 L
para mí I/4
para que um zu **2**
para qué I/2
para tanto halb so schlimm **1**
parada Haltestelle **5**

paraíso I/5
parar anhalten **4**
parece que sí que I/8 L
parecer I/3
pareja I/7
parte de eso Teil davon **1**
partido Partei **6**
partir la cara verdreschen **4 L , 7**
pasado hinter **4, I/4**
pasar reichen **2, I/4**
pasar vorlaufen lassen **8**
pasar de I/4
pasar por el estanco I/3
pasillo I/8
pastelería de al lado I/2
pasteles I/5
pastillas I/4
patatas I/2
patatas fritas I/4
patético pathetisch **7**
patín Tretboot **4**
patio Hof **4 L**
patrón Chef **5 L**
paz I/4
pedir bitten, verlangen **2**
pedir hora I/5
pedir prestado sich ausleihen **2**
película I/6
películas de amor Liebesfilme **8**
peligroso gefährlich **3 L**
pensar en denken an **1**
pensar I/4
pensión Pension **6**
peor schlimmer **1**
pequeño klein **5**
perder verlieren **1 L**
perderse ni un/una ... sich kein ... entgehen lassen **7**
perderse ni una auch überhaupt nichts auslassen **8**
perdido I/5
perdonar I/3
perdón I/1
perfectamente I/7
periódico Zeitung **2**
permanente dauernd **1**
permitir erlauben **3**
pero I/2
pero si I/7
persona Person **3**
personalmente persönlich **6 L**
perspectiva Aussicht, Perspektive **5 L , 6**
pertenecer I/3
Perú Peru **1**
pesado schwer, schwer zu ertragen **4, I/2**
pescado I/4
pésimo schlechtest **6**
pez Fisch **4**
pibe (argentinisch): Junge **1**
pie I/5
piel I/5
pierna I/5
pila Haufen **2, I/3**
pingüino Pinguin **1**
pintar las uñas I/5
pipa Sonnenblumenkern **8**
Pirineos Pyrenäen **7**
pisarse los pies sich auf die Füße treten **7**
piscina I/5
piso Wohnung, Etage **5**
piso compartido I/7
pizarra Tafel **4 L**
plantearse sich vornehmen **7**
plata (südamerikanisch:) Geld **1**
plato I/4
plato fuerte I/4
playa I/3
plaza Sitz **8, I/1, I/8**
pleno voll **5**
pobre arm **2**
pobreza Armut **1**
poco cansado I/3
poder I/3
poder Macht **6, 6 L**
poeta Dichter **1 L**
policía I/4
político politisch **6, I/6**
poner I/2
poner al día auf dem laufenden halten **8**
poner con verbinden mit **3**
poner fuerte laut stellen **8**
poner la mesa I/4
poner música Musik auflegen **7**
ponerse de acuerdo sich einigen **4**

ponerse contento I/8
ponerse en contacto con Kontakt aufnehmen **5**
ponerse moreno I/5
ponerse ropa sich etw. anziehen **8 L**
poquito a poco nach und nach **1**
por adelantado im voraus **5**
por ahí I/7
por algún sitio irgendwo **3**
por aquí I/1
por ciento Prozent **6**
por Dios um Gottes willen **6**
por ejemplo zum Beispiel **1**
por eso I/5
por favor I/1
por fin endlich **2**
por la mañana I/4
por la noche I/5 L
por lo general im allgemeinen **1 L**
por lo menos I/6
por lo pronto 6
por poco fast, beinahe **7**
por semana I/6
por supuesto I/2
por teléfono I/3
por todos lados überall **8**
por tu cuenta I/3
porque I/1
portada Titelblatt **8**
portarse bien sich ordentlich benehmen **4 L**
portero der Mann an der Rezeption, (auch:) Hausmeister, Torwart **2**
portugués I/3
postre I/4
potaje I/4
precio I/2
precisamente genau **7**
preferir I/7
preguntade fragt! **4**
preguntar a/por fragen nach **4, I/1**
prensa Presse **8**
preparado I/4
preparativos Vorbereitungen **4**
presentarse sich vorstellen **2**
presión Druck **3**
prestar I/4
presupuesto I/6
primer I/4
primeramente zuerst **5**
primitiva 6-aus-49-Lotterie **3 L , 5**
principio I/5
príncipe azul Märchenprinz **6**
probar I/4
probarse I/2
problema I/7
producción I/4 L
producir I/5
profesional Profi, professionell **8**
programa (Computer-) Programm **8 L**
progreso Fortschritt **6**
prohibir verbieten **7**
prometer versprechen **6**
propio eigen **6**
proponerse sich vornehmen, planen **7**
proporcionar besorgen **5**
prostitución Prostitution **6**
proteger schützen **7**
provocar provozieren **4 L**
pub I/6 L
publicidad Werbung **8**
público öffentlich **8**
puchero I/2
pueblo I/1
puede ser möglich, kann sein **2**
puerros I/4
puerta I/3
puerto Hafen **1 L**
pues I/1
pues nada I/4
punto de vista Gesichtspunkt **7**

Q

que aproveche I/4
qué cosa más rica wie herrlich! **1**
qué hay I/3
qué lata ‹ › was ein ungelegener Scheiß! **3**

qué le vamos a hacer da kann man nichts machen **4**
qué más te da was ist schon dabei **4**
qué más quisiera yo I/5
que no me venga nadie daß mir keiner kommt und ... **4 L**
qué pasa I/3
qué tal I/3
qué va I/3
quedar I/3
quedar en I/3
quedar con sich verabreden mit **2**
quedarse embarazada schwanger werden **6**
quemado I/4
quemar verbrennen **4**
querer I/1
queridos oyentes I/6
queso I/2
quién I/3
quieres tomar algo I/3
quinientas I/2
quinto I/4
quitar I/5
quitar (la radio) ausmachen **8**

R

radio Radio **8**
radioactivo I/3 L
radiografía I/5
rallado I/4
rápidamente I/4
rapidísimo I/8
raro I/7
ratito Weilchen **2**
rato I/6
raza Rasse **1**
razón Grund **6**
recetar I/5
recibir I/7
recital Konzert **8**
recoger aufsammeln **2**
recomendar I/4
reconocer I/3
recorrer reisen durch **7**
recuerdo Erinnerung **8**
reducción I/8
referirse I/5
regalado geschenkt **1**
regalar schenken **4**
regalo I/8
regatear I/2
relación I/7
relajante I/5
remedio I/6
repartir verteilen **8**
reserva I/8
resfriado I/5
resguardo I/8
respeto Respekt **1 L**
respirar I/5
resto Rest **7**
resulta que I/8
retirar zurücknehmen **4 L**
revisor Kontrolleur **2**
revista Zeitschrift **4**
revolución Revolution **1**
reyes Drei Könige **8, I/4**
rico reich, schmackhaft **6**
robar I/8
robo Raub, Diebstahl **3**
rojo I/2
rollo Kram, Ding **6**
ropa I/8
roto I/5
rubio I/1
ruido I/7

S

sábado Samstag **2**
saber I/4
sabías que I/8
sacar el billete Fahrkarte lösen **2**
sacar las oposiciones den (staatl.) Prüfungswettbewerb bestehen **6**
saco Seesack **2 L**
Sadurní I/3
salida I/1
salir de COU Abi machen **6**
salir de un cuento aus einem Märchen entspringen **7**
salir I/5
salir más barato billiger sein **7**
salir por I/3
salón Wohnzimmer **5**
salud I/5
saludar I/4
sangría I/3

sardinas I/2
se acabó Schluß! **4**
se le van .. en .. I/8
se lo plantea sie bringt's aufs Tapet **8 L**
se me ha olvidado... I/8
sección de señora I/2
secreto I/3 L
secuestrar entführen **2**
seguir I/7
seguír sin ... weitermachen ohne zu ... **6, I/8**
según gemäß, nach **3**
segundo de BUP entspricht: 12. Klasse im Gymnasium **5**
segundo I/4
seguramente sicher **2**
seguridad Sicherheit **5**
seguridad social soziale Absicherung **5**
seguro I/8
semana I/3
semana santa Karwoche **5**
semanario Wochenendbeilage **8**
semi-seco I/3
sentarse en I/6
sentir I/5
señas Adresse **5**
señor I/2
señora I/2
será posible das ist doch nicht möglich! **7**
servir I/4
setecientas I/2
setenta y cinco I/2
setiembre I/8
sexto sechster **5**
si I/4
si no I/4
sicólogo Psychologe **3 L**
sido I/5
siempre I/3
significar bedeuten **5**
simplemente I/7
sin embargo dennoch **6, 1 L**
sin I/4
sindicato Gewerkschaft **6 L**
síntoma I/5
sinvergüenza unverschämter Lümmel **4 L**
siquiatra Psychiater **3 L**
sitio I/3
sobre über, auf **8**
sociata (verächtlich): PSOE-Mitglied **6**
sociedad Gesellschaft **6**
solario I/3
soler hacer I/6
sólo I/2
solo I/3
soltarlo todo alles rauslassen **3 L**
solucionar I/8
solución Lösung **2 L**
sombrilla Sonnenschirm **4**
sonar I/3
soso I/4
spray Spray **2**
su I/3
súbete I/3
subida Aufstieg **3**
subir I/3
subsidio Sozialhilfe **6**
sucursal I/8
sudaca (abwertend) südamerikanischer Kanake **1 L**
Suecia Schweden **7 L**
suegros I/6
sueldo Gehalt **6**
suelo Boden **3 L**
suerte Glück **1, I/3**
superar überwinden **5**
supermercado I/2
suplemento I/8
suyo I/8

T

tabaco I/3
tabla de surf Surfbrett **4**
tablero schwarzes Brett **2**
tablón schwarzes Brett **5 L**
tacita I/6 L
tacos Schimpfwörter **3 L**
tal so **5**
talla I/2
taller de coches Reparaturwerkstatt **5**
también I/2 L
tampoco I/6
tan I/3
tango Tango **1** (wozu es zwei braucht)
tanto I/2
tardar brauchen bis **1**

tarde I/3
tarifa I/8
tarjeta Karte **3**
tarta helada I/4
taxímetro Zähluhr im Taxi **3**
te parece si I/5
teatro I/3
tebeo Comic **4**
teclado Tastatur **8**
tele I/7
telediario Tagesschau **8**
teléfono público I/1
temer I/8
temer(se) que befürchten **3**
temprano früh **4**
tener I/46
tener cosas que hacer I/4
tener en cuenta berücksichtigen **1**
tener encima auf dem Hals haben **7**
tener ilusión por sich freuen auf **6**
tener mano dura hart durchgreifen **6 L**
tener que I/5
tener sus años seine Jährchen haben, schon älter sein **5**
tener un niño I/5
tenis I/5
tensión I/5
tercer I/3
Tercer Mundo Dritte Welt **6**
terminar I/4
tesoro Schatz **8 L , I/4**
tiempo I/1
tiempo de nada I/4
tienda I/2
Tierra del Fuego Feuerland **1**
tímido schüchtern **5 L**
tipo Typ **1**
tirar werfen, schießen **3**
tocar I/2 L
tocarle a uno I/7
tocarle el gordo a alguien das große Los ziehen **3 L**
toda la noche I/7
todavía I/4
todo I/2
todo derecho I/8
todo el mundo die ganze Welt **8**
todo el tiempo die ganze Zeit **8**
todo junto I/4 L
todo tipo de I/5
todos I/7
todos los días alle Tage **5**
tomar I/2
tomar café I/2
tomar el pelo auf den Arm nehmen, verscheißern **3, 6 L**
tomar la tensión I/5
tomar una copa por ahí I/6
tomar una decisión eine Entscheidung fällen **5 L**
tomate Tomate **5**
tono Ton **1 L**
tonterías I/5
tonto dumm **4**
tortilla I/4
tos I/5
tostada I/4
total I/2
trabajador fleißig **5 L**
trabajador Arbeiter **7**
trabajar I/3
traductor técnico I/3
traer I/4
traer in der Zeitung stehen, dabei sein **8**
tragaperras (maquinas) einarmige Banditen **3 L**
traje Anzug **3**
trampas Schulden **7**
tranquilo ruhig **4**
tranquilamente I/7
transistor Kofferradio **1**
transporte Transportmittel **1**
tratar bien gut behandeln **1 L**
tratar de versuchen zu **5**
treinta y ocho I/2
tremendo fürchterlich **1**
tren I/1
tres cuartos I/6
tres por dos mil I/3
tu cara me suena I/3
tu I/3
turista árabe I/2 L
turno Reihe, Schicht **3**
tuyo I/8

U

uyy I/2 L
últimamente in letzter Zeit **5**
último I/2
un cuarto de I/2
unas I/2
unas cuantas einige **6**
único I/5
unos I/2
unos a otros gegenseitig **7**
urgente dringend **3**
usted I/1
útil nützlich **2**
utilizar gebrauchen **3**

V

vacaciones I/6
vacío leer **7**
vagabundo I/2 L
vagón restaurante Speisewagen **2**
vale O.K. **2, I/1**
valer I/2
válvula Ventil **3**
vamos a ver I/5
vanguardia I/4 L
vaqueros Bluejeans **6**
variar I/4
vasco I/4
vaso I/3
ve I/4
vecino I/7
vegetariano Vegetarier **1**
ven I/4 L
vender I/2
venga ya I/3
venido I/4
venir I/3
venirse I/2
venta Verkauf **4**
ventana Fenster **2**
ventanilla I/8
veo I/4
ver la televisión I/6
verano Sommer **8**
verdad I/7
verdadero wirklich **7**
verde I/2
vestido I/2
vestirse sich anziehen **6**
vete de aquí (irse) geh weg! **5**
veterinario I/1
vez I/6
viajar reisen **2 L**
viaje I/2
vichysoise I/4
victoria Sieg **8**
vida I/6
vídeo I/6
vídeoclub Videothek **8**
vientre I/5
viernes Freitag **2**
vino I/2
violín I/2 L
visita Besuch **5**
visitamos I/1 L
vista Sicht, Blick **2**
vistazo (flüchtiger) Blick **2**
visto I/4
viuda Witwe **6**
vivido/ a erlebt **6**
vivir I/1
vivir cosas etwas erleben **7**
volar fliegen **2**
volver I/4
volver a wieder… **2**
vómitos I/5
vuelo Flug **2**
vuelva usted mañana kommen Sie morgen wieder **3**
vuelvo I/4
vuestro I/3

Y

y I/1
y eso I/3
ya está I/4
ya falta poco I/4
ya I/2
ya no I/2
ya voy I/4
yendo (ir) gehend **3**
yo que sé I/6

Z

zona periférica Randzone **5**
zorro I/3 L

¡Escucha!

A.: **1.** b **2.** b **3.** b **B.:** **1.** sí **2.** sí **3.** no **4.** sí **5.** no **6.** sí **7.** sí **8.** sí **9.** no **10.** sí **11.** sí **12.** sí **13.** no **14.** sí **15.** no **16.** no **17.** no **18.** no **19.** sí **20.** sí.

Práctica

1. Schreiben Sie: 2. viví, viviste, vivió, vivimos, vivisteis, vivieron **3.** cambié, cambiaste, cambió, cambiamos, cambiasteis, cambiaron **4.** vendí, vendiste, vendió, vendimos, vendisteis, vendieron **5.** conocí, conociste, conoció, conocimos, conocisteis, conocieron **6.** subí, subiste, subió, subimos, subisteis, subieron.

2. Indefinido: -ar: **1.** te criaste **2.** gustó **3.** impresionó **4.** pasó **5.** gastaste **6.** llamó **7.** robaron; **-er**: **1.** nací **2.** crecí **3.** metí; **-ir**: **1.** salieron; **Unregelmäßige**: **1.** estuviste **2.** fue (ir) **3.** fue (ser) **4.** fuimos (ir) **5.** fue (ser) **6.** fuiste (ir) **7.** hubo **8.** tuvimos **9.** dijiste.

3. Wie heißt das indefinido?: 1. devolví, devolviste, devolvió, devolvimos, devolvisteis, devolvieron; **2.** moví, moviste, movió, movimos, movisteis, movieron; **3.** cogí, cogiste, cogió, cogimos, cogisteis, cogieron; **4.** fumé, fumaste, fumó, fumamos, fumasteis, fumaron; **5.** escribí, escribiste, escribió, escribimos, escribisteis, escribieron; **6.** me levanté, te levantaste, se levantó, nos levantamos, os levantasteis, se levantaron; **7.** tomé, tomaste, tomó, tomamos, tomasteis, tomaron; **8.** encontré, encontraste, encontró, encontramos, encontrasteis, encontraron; **9.** compré, compraste, compró, compramos, comprasteis, compraron.

4. Pretérito indefinido : 2. Preparé el desayuno y desperté a mi compañera. **3.** Desayunamos y después salí a la calle. **4.** Cogí el metro. **5.** Al salir del metro metí la mano en el bolsillo de mi chaqueta y noté que faltaba (!) el dinero. **6.** Claro, me habían robado. **7.** Llamé a la policía. **8.** Pero nada, no cogieron al chorizo. **9.** Así perdí cinco mil pesetas. **10.** Pensé: «¡Qué lata! ¿Porqué me pasa esto precisamente a mí?»

6. «Sí» oder «no»: 1. Sí, estuve ... / No, no estuve ... **2.** Me crié **3.** Le dije **4.** me robaron **5.** pasé **6.** pagué (!) **7.** gasté **8.** llamé **9.** me gustó.

7. «Sí» oder «no»: **1.** me gustó **2.** estuve **3.** pasé **4.** fui **5.** me crié **6.** tuve **7.** trabajé, pasé **8.** comí.

8. ¡Compara con ... : **1.** más **2.** tan **3.** tan, tan **4.** mejor **5.** más **6.** menos **7.** más **8.** tantas (!) **9.** más **10.** tantos.

11. Wie heißt das Verb?: **1.** agradezco **2.** pertenzco. **3.** ofrezco **4.** desaparece **5.** merecemos **6.** nacen.

12. ¿El indefinido ... con o sin acento?: **1.** estuvo **2.** buscó **3.** encontró **4.** tuvo **5.** dijo **6.** encontró.

13. Kleine Übersetzung: **1.** Lo siento. No me fío de mi jefe. Por eso llamé a la policía. **2.** ¿Qué, estuviste en el cine? No me fío de ti. **3.** Vivimos ocho años en Munich. Ahora ya llevamos tres años en Madrid. **4.** No voy a estar mucho tiempo. Pienso dejar mi trabajo. **5.** A veces salimos a tomar una copa. **6.** Casi siempre tengo suerte. **7.** Hasta ahora no ha estado nunca en Santiago. **8.** No van mucho al teatro, cuatro veces al año. **9.** Alguna vez tomamos coñac. **10.** Casi nunca leemos el periódico.

Lectura

1. sí **2.** no **3.** sí **4.** no **5.** no **6.** sí **7.** sí **8.** no **9.** no **10.** no.

TEMA 2

¡Escucha!

A.: **1.** a **2.** c **3.** b **B.:** **1.** sí **2.** no **3.** sí **4.** sí **5.** sí **6.** sí **7.** no **8.** no **9.** sí **10.** sí **11.** no **12.** sí **13.** no **14.** sí **15.** sí.

Práctica

1. Subjuntivos: para que no lleguemos, es mejor que vengas, es posible que haya atascos, te digo que mires, como quieran, no crea que sea, es posible que nadie se entere, no creo que ... se ahorre, mejor que no hablemos, no me importa que hagas.

2. Bilden Sie die Konjunktiv-Formen von: venda, vendas, venda, vendamos, vendáis, vendan – discuta, discutas, discuta, discutamos, discutáis, discutan – mande, mandes, mande, mandemos, mandéis, manden – reciba, recibas, reciba, recibamos, recibáis, reciban – coja, cojas, coja, cojamos, cojáis, cojan.

3. ¡Pon la forma del subjuntivo que falta!: 1. comas **2.** venga **3.** pague (!) **4.** salga **5.** esperemos **6.** leas **7.** quedes **8.** vienen (!) **9.** conozcas **10.** fume **12.** compre **13.** digas **14.** hable **15.** tenga.

4. Und weil's so gut klappt ... : 1. llame **2.** haya **3.** fumemos **4.** quede **5.** case **6.** entremos **7.** vuelva **8.** hables **9.** vuelvas **10.** entendamos **11.** traduzcas **12.** bebas.

6. ¡Relaciona!: 1. c, e, f **2.** a, b, c, d, e, f **3.** f **4.** a, b, c, d, e, f **5.** a, b, d, **6.** a, b, d. (22 posibilidades)

7. Ensalada de palabras: 1. Lo que se ve mucho en la carretera son los soldados de uniforme con sus sacos. **2.** Otra cosa difícil es cuando el revisor te pide el billete y no lo llevas. **3.** Seguramente tiene muchos niños y todos necesitan dinero. **4.** Cinco minutos más tarde se dio cuenta de que le había robado de su bolso la cartera con todo el dinero y todos los papeles. **5.** Señor, ¿sabe usted de qué lado está el vagón restaurante?

8. ¡Dilo de otro modo!: 1. No he estado tampoco en Portugal. **2.** No te voy a olvidar nunca. **3.** No me quiere nadie. **4.** ¡No entiendo nada! **5.** No he visto nunca un elefante con cinco piernas. **6.** ¿No te gusta el rock tampoco? **7.** ¡No he dicho nada! **8.** No pasa nadie por aquí. **9.** Tampoco he estado en Nueva York. **10.** Ustedes nunca han visto un casa así.

9. ¡Completar!: 1. nada **2.** nada tampoco **3.** nunca **4.** No ... nadie **5.** no ... todavía **6.** Nadie **7.** nunca **8.** todavía.

10. Pasado: 1. Antes de la comida no fumo. **2.** Hace dos semanas estuvimos en Córdoba. **3.** Antes del tres de julio no hay entradas. **4.** Desde hace cuatro años trabaja en Gran Canaria. **5.** Desde hace cuatro semanas no viene más. **6.** Desde el nueve de noviembre no ha salido más de casa. **7.** Te escucho desde hace cuatro horas. Pero hasta ahora prácticamente no has dicho nada. **8.** Te espero desde las cuatro. **9.** Antes de las cuatro no viene. **10.** Se murió hace cinco horas.

12. Drücken Sie's anders aus: **1.** Después de haber leído el libro, tenía ganas de ver la película. **2.** Ya lo había llamado antes de llegar a la fiesta. **3.** Después de olvidar su dinero, Paco no podía pagar la cuenta. **4.** Antes de conocer a Carlos Elvira ya había dejado a Enrique. **5.** Después de vivir cuatro años en Tanger, fuimos por fin a Cádiz. **6.** Antes de casarse hace dos años, ya habían tenido tres niños.

13. Übersetzung: **1.** Lo siento, no me acuerdo de usted. **2.** ¿No te das cuenta del tío? **3.** Nos informamos de los libros nuevos. **4.** ¿Por qué siempre te enfadas con tu hermana. **5.** He dejado de fumar. **6.** ¿Cuánto tiempo tardamos en escribir el texto? **7.** Hemos quedado a las cinco en la piscina. **8.** El señor Rodríguez empieza a volverse loco. **9.** Vamos a comer juntos cuando pases por aquí. **10.** Acabo de ver una película estupenda.

14. Wie heißt das Verb?: **1.** duele **2.** vuelve **3.** puedo **4.** sueles **5.** duermen **6.** devuelve.

Lectura

1. sí **2.** sí **3.** sí **4.** no **5.** no **6.** no **7.** sí **8.** no **9.** no **10.** sí.

TEMA 3

¡Escucha!

A.: **1.** c **2.** b **3.** a **B.:** **1.** sí **2.** no **3.** no **4.** sí **5.** sí **6.** sí **7.** sí **8.** no **9.** no **10.** sí **11.** sí **12.** no **13.** sí **14.** sí.

Práctica

1. ¡Busca todos los imperativos en el diálogo!: vete, llévate , no te olvides, no me digas, maldita sea, dígame, espere, no corte, dígame, déme, haga , mire, hágame, vuelva , hable , no me hagas, vamos , no me tome, déme, oiga, perdone, no se ponga, espere.

2. ¡Dile a un amigo lo que tiene que hacer!: **1.** ¡escribe una carta! **2.** ¡no hagas esto! **3.** ¡toma un vino! **4.** ¡no fumes tanto! **5.** ¡compra cigarrillos! **6.** ¡escucha la radio! **7.** ¡no llames antes de la una! **8.** ¡paga con dólares! **9.** ¡no mandes un cheque! **10.** ¡no te pongas así! **11.** ¡vete en avión! **12.** ¡no cojas el tren! **13.** ¡espera dos minutos! **14.** ¡no vuelvas nunca más! **15.** ¡lleva la cafetera a la tienda! **16.** ¡pon las cartas en la mesa! **17.** ¡no hables con el jefe! **18.** ¡pasa por la oficina!

3. ¡Dígale a su jefe lo que tiene que hacer!: 1. ¡pague más! **2.** ¡no tome vino malo! **3.** ¡deje de fumar! **4.** ¡venga a comer con nosotros! **5.** ¡quédese en casa! **6.** ¡no proteste! **7.** ¡venda la computadora! **8.** ¡compre otra! **9.** ¡váyase de vacaciones! **10.** ¡no se olvide del concierto **11.** ¡no vuelva a la oficina! **12.** ¡tire el coche! **13.** ¡no coja el tren para ir a Almería! **14.** ¡haga café para todos! **15. 16.** ¡hable con el presidente de la empresa! **17.** ¡no se queje! **18.** ¡no llegue tan tarde! **19.** ¡trabaje más!

4. ¿Sí o si?: 1. si **2.** si **3.** sí **4.** si **5.** sí **6.** si **7.** si **8.** sí.

7. Confusión: un momento/todo el tiempo – triste/alegre – seguridad/inseguridad – regalo/robo – primero/último – porque/porque no – policía/mafia – normal/especial – igual/diferente – gastar/ahorrar – futuro/pasado – exótico/conocido – día/noche – carterista/policía – arriba/abajo – arreglar/estropear – aquí/en otro sitio – algo/nada.

8. Befehle: z.B. ¡Llévame al aeropuerto! – Quiero que me lleves … – Me tienes que llevar … – ¿Me llevas … ? – ¿Qué te parece si me llevas … ? etc …

9. Pronombres : 1. Quiero verlo / lo quiero ver. **2.** Preséntamelo **3.** Me lo puedo llevar / puedo llevármelo **4.** Dímelo **5.** Me la quiere vender / quiere vendérmela **6.** Lo estoy buscando / estoy buscándolo.

10. Imperativos: 1. póntela **2.** ve a buscarlo **3.** no los pagues **4.** cámbiala **5.** no lo cojas **6.** págale **7.** dásela **8.** escríbeselo (!) a Paco **9.** no se lo digas a nadie (!) **10.** no vuelvas nunca más a tu trabajo.

11. El verbo irregular: 1. caliento **2.** refieres **3.** pienso **4.** defienden **5.** empieza **6.** despierto.

12. ¿Cómo se dice en español?: 1. Mira la tienda ahí. Espera un momento, voy a echar un vistazo. **2.** ¿A quién le toca? Ahora le toca a la señora. **3.** ¡Haga el favor de no fumar aquí! **4.** ¿Quieres cambiar dinero? Entonces tienes que ponerte en la cola. **5.** ¿Qué, está casada? Entonces metiste la pata. **6.** Dices que teneís una casa en Acapulco. ¿Me quieres tomar el pelo? **7.** Se me ha olvidado llamarla.

13. ¿Cómo se dice en alemán?: 1. Was, dein Bruder ist der Präsident von Nicaruaga? Mann, veräppel mich nicht. **2.** He, warten Sie einen Moment. Ich bin dran. **3.** Es gibt keine Zigaretten. Seien Sie so nett und kaufen mir ein Päckchen Fortuna. **4.** Gib mir mal die Zeitung. Ich werd mal einen Blick reinwerfen. **5.** Die Postämter sind grauenhaft. Da verbringt man sein Leben mit Schlangestehen. **6.** Aber das ist doch der Chef selbst. Mann, da biste ins Fettnäpfchen getreten. **7.** Oh, Entschuldigung. Ich habe vergessen, die Tür zuzumachen. **8.** Hörst du denn kein Radio? **9.** Die Kaffeemaschine geht doch nicht.

15. Crucigrama: 1. Tarjeta, **2.** Coger **3.** Quejarse **4.** Luz **5.** Cafetera **6.** Reclamaciones **7.** Atasco **8.** Instrucciones **9.** Equipaje. **Solución:** Jo, qué lata.

Lectura

1. no **2.** sí **3.** sí **4.** no **5.** sí **6.** sí **7.** sí **8.** sí **9.** no **10.** no.

TEMA 4

¡Escucha!

A.: 1. c **2.** c **3.** b **B.: 1.** sí **2.** no **3.** sí **4.** no **5.** sí **6.** sí **7.** no **8.** no **9.** sí **10.** sí **11.** no **12.** sí **13.** sí **14.** sí.

Práctica

1. Más imperativos: 1. preguntadle **2.** no empecéis **3.** dejadme **4.** no seáis **5.** vamos a pedir **6.** no empecemos **7.** dejadme en paz **8.** iros (!) **9.** callaos.

2. ¿Cómo es la forma del imperativo?: 1. callaos **2.** poned la mesa **3.** meteos en el agua **4.** mirad **5.** dejad de discutir **6.** parad **7.** iros a comprar **8.** pedid **9.** comed **10.** quedaos **11.** preguntadle **12.** hacedme caso.

3. Sagen Sie's ganz direkt: 1. no discutáis **2.** no toméis **3.** no hagáis **4.** no me llaméis **5.** no os quejéis **6.** no me toméis **7.** no digáis **8.** no metáis **9.** no gastéis **10.** no me robéis **11.** no nos molestéis **12.** no vengáis.

4. Más imperativos: 1. pásate por aquí **2.** tómate **3.** escúchate **4.** vente **5.** tráete **6.** desayúnate **7.** espérate **8.** échate **9.** estúdiate **10.** estate **11.** súbete **12.** bájate **13.** sal (!) de aquí **14.** arranca (!) **15.** cóbrate.

8. Ensalada de palabras: 1. Carmen va a tener un niño del jefe. **2.** Vamos a aprovechar que estamos en un restaurante italiano y pedimos espaguetis a la boloñesa para todos. **3.** El flotador está detrás en el maletero, debajo del colchón. **4.** Como sigamos así no vamos a llegar antes de las cinco de la tarde. **5.** ¡No me digas que me he dejado las llaves en casa! **6.** Yo no quiero jugar con el colchón porque esta niña tonta siempre me lo quita. **7.** Llevamos dos semanas sin ir a casa de la abuela. **8.** Tú sabes muy bien que a mí no me gusta pedir tortilla en los chiringuitos. **9.** Llevamos ya tres meses sin ir a casa de la abuela. **10.** ¡Dejadme en paz que yo después de comer me echo mi siesta! **11.** Vamos a aprovechar que estamos en el centro y pasamos por el Corte Inglés. **12.** ¡Iros con el flotador a jugar por ahí y cuando yo vuelva os acompaño al chiringuito! **13.** Siempre tienen que hacer ellos lo que les da la gana.

9. ¿Indicativo oder subjuntivo?: 1. quieras **2.** quiera **3.** pueden **4.** vemos **5.** veamos **6.** puede **7.** dice **8.** termines **9.** ha **10.** haya **11.** sigamos **12.** tenga.

10. Traducción: 1. inscribíos **2.** casaos **3.** despertaos **4.** sentaos **5.** quedaos en casa **6.** quejaos **7.** divertíos **8.** enfadaos **9.** comportaos **10.** callaos **nosotros**: **1.** inscribámonos **2.** casémonos **3.** despertémonos **4.** sentémonos **5.** quedémonos en casa **6.** quejémonos **7.** divirtámonos **8.** enfadémonos **9.** comportémonos **10.** callémonos.

11. Betonen Sie, worum es geht: 1. Esta bicicleta la quiero vender. **2.** Las llaves las tienes tú. **3.** La culpa la tiene Papá. **4.** Le he dado cinco mil pesetas a Emilio. **5.** A nosotros no nos invitan. **6.** ¿Esto no lo has dicho? **7.** ¿A mí me dices esto? **8.** A Paco no le han pagado todavía. **9.** ¿El café no lo quieres terminar? **10.** Mujer, a mí me vuelves loco . **11.** ¡Las preguntas las hago yo! **12.** El motor lo arreglo pero no puedo arreglar la cafetera.

12. Traducción:
Der Walkman: Hör dir das an! – Nein, laß mich in Ruhe! – Mann, komm, nimm die Kopfhörer! – Hab ich dir nicht gesagt, du sollst mich in Ruhe (Frieden) lassen! – Reg dich nicht auf! Ich will nur, daß du dieses Lied hörst! – Bitte, geh mir nicht auf den Geist! Siehste nicht, daß ich lese?

Der Tabak: Seien Sei so nett und machen Sie Ihre Zigarette aus! – Stellen Sie sich nicht so an! – Ich habe Ihnen gesagt, Sie sollen Ihre Zigarette ausmachen! Sehen Sie nicht, daß das verboten ist! – Warten Sie, ich bin gleich fertig! – Provozieren Sie mich nicht! – Hören Sie mal, drohen Sie mir nicht! – Unverschämter Lümmel, gehen Sie weg hier! – Ich, unverschämter Lümmel? Nehmen Sie das zurück oder ich hau Sie windelweich! – Mich? Gehen wir raus und regeln das wie richtige Männer!

Die Schule: Kinder, sprecht nicht alle auf einmal! – Kinder, haltet den Mund! – Ich habe gesagt, ihr sollt den Mund halten! – Manolito, raus auf dem Hof! – Kaut keinen Kaugummmi in der Stunde! – Paca und Pepe, wacht auf! – Laß Sonia (doch) das Buch! – Stört nicht! – Komm an die Tafel! – Benehmt euch! – Schreibt die Übung acht mal für morgen ab! Und daß mir keiner morgen kommt und sagt ... !

13. Relaciona: 1h, 2e, 3g, 4b, 5c, 6a, 7d, 8j, 9i, 10f.

14. El verbo irregular: 1. pido **2.** ríes **3.** consiguen **4.** sirve **5.** seguimos **6.** Repito **7.** piden **8.** sirvo **9.** reímos **10.** pido.

Lectura

1. sí **2.** sí **3.** no **4.** no **5.** sí **6.**no **7.** no **8.** sí **9.** sí **10.** sí.

TEMA 5

¡Escucha!

A.: 1. a **2.** c **3.** b **B.: 1.** sí **2.** sí **3.** sí **4.** no **5.** no **6.** sí **7.** sí **8.** sí **9.** no **10.** no **11.** no **12.** no **13.** no **14.** sí.

Práctica

1. Zukünfte: podrás salir, (cuando me toque), conseguirás, estará, vendrá, podrás hacer, habrá, tendrá que presentarse, pagarán, nos encargaremos, iremos, harán, tendrá que presentarse, proporcionaremos, tendré, habrá, tendrá, pagará, tendrá, dejaré, (cuando se vaya), tendré, dependerá, empezaré, será, tendré, podré, encontraré.

2. ¿Qué será, qué será, qué será?: 1. trabajaré, trabajarás, trabajará, trabajaremos, trabajaréis, trabajarán **2.** u.s.w. **5.** tendré (!) ...

7. Zukünfte übertragen: 1. vendré (iré = hinkommen) **2.** podréis **3.** tendremos **4.** podrán **5.** vendrás **6.** sabremos **7.** diréis **8.** hará **9.** sabré **10.** vendrá **11.** harás **12.** saldrá **13.** podré **14.** vendrá **15.** querrán **16.** saldrás **17.** vendréis **18.** sabrás **19.** saldré **20.** podrá.

8. cuando – que – quien – donde – mientras: 1. estaba **2.** quieras **3.** enseñe **4.** hemos visto **5.** está **6.** esté **7.** llegue **8.** estuve **9.** quiera **10.** vivas.

9. Aus zwei mach eins: 1. Te presento a mi amigo de Cuba que es el hijo de Fidel Castro. **2.** Aquella señora que ves allí es la prima de mi cuñada. **3.** Mi padre dice que no vamos de viaje, lo que no me gusta. **4.** ¿Me das otro pastel de los dulces? **5.** Te voy a decir una cosa que no te vas a creer. **6.** Me pones en contacto con esa chica con la que puedo aprender a bailar sevillanas. **7.** Voy a ver a mis sobrinos para quienes he comprado regalos. **8.** Paco me ha hablado de la chica de la cual está enamorado.

11. Welche Wörter gehören zusammen?: : amable/antipático – ascensor/escalera – buenísimo/pésimo – buscar/encontrar – casarse/divorciarse – comprado/regalado – debajo/encima – dormirse/despertarse – gobierno/oposición – guerra/paz – idiota/genio – llevarse bien/no entenderse nada – muerto/vivo – orden/desorden – pequeño/grande – problema/solución – pueblo/capital – verdad/mentira.

12. ¡Qué inteligente eres!: 2. ¡Qué caro es el billete a Bogotá! **3.** ¡Qué divertido es el libro de Vargas Llosa! **4.** ¡Qué caras son las entradas! **5.** ¡Qué chico más simpático es mi vecino! **6.** ¡Qué tonto es ese profe!

13. Der hat am meistens, tut's am besten etc.: 2. El que más cosas me promete es Julio. **3.** El que mejor escribe es García Márquez. **4.** La serie que más me gusta es Falcón Crest. **5.** La que más come es María. **6.** La que mejor baila es Emilia Sánchez.

14. Aquí falta la preposición: 1. en **2.** a **3.** de **4.** a **5.** a **6.** a/para **7.** de **8.** – (pensar + inf. = vorhaben, pensar + en + subst. = denken an) **9.** de **10.** a.

15. Crucigrama: 1. Piso **2.** Dormitorio **3.** Nacimiento **4.** Metro **5.** Capital **6.** Setiembre **7.** Cocinar **8.** Invierno **9.** Ganga. **Solución:** Primitiva.

16. Sagen Sie's direkter: 1. quiere **2.** dice **3.** es **4.** es **5.** trabajas **6.** sale.

17. Sagen Sie's indirekter: 1. era **2.** quería **3.** era **4.** era **5.** llegaba **6.** acordaba.

18. Wie heißt's auf Spanisch?: 1. No hay quien lo haga mejor. **2.** Lo que le falta es un buen trabajo. **3.** ¡Qué bonito es! **4.** ¿Es posible que vea el periódico? **5.** No hay quien hable mejor que ella. **6.** Lo que quería decir es que no tengo ganas de venir. **7.** No hay quien lo aprenda. **8.** ¿Eso de «no hay escalera en la casa» que significa? **9.** Estoy harto de esta discusión. **10.** Tu padre en mi fiesta. ¡Faltaba más!

Lectura

1. no **2.** sí **3.** sí **4.** no **5.** sí **6.** sí **7.** sí **8.** no **9.** no **10.** sí.

TEMA 6

¡Escucha!

A.: 1. c **2.** a **3.** b **B.: 1.** sí **2.** sí **3.** no **4.** sí **5.** sí **6.** no **7.** sí **8.** sí **9.** sí **10.** sí **11.** sí **12.** sí **13.** sí **14.** no.

Práctica

1. Runterleiern angesagt: 1. mandaría, mandarías, mandaría, mandaríamos, mandaríais, mandarían **2.** etc.

2. A trabajar, detective: 1. saldrían **2.** casaría **3.** gustaría **4.** gustaría **5.** estaría **6.** mandaría **7.** tendrían **8.** educarías **9.** avanzaría **10.** habría **11.** tendrían **12.** acabaría **13.** mayoría (falsch, das heißt Mehrheit) **13.** trabajaría **14.** tendríais **15.** viviríamos **16.** tendríamos.

3. Wortsalat wäre untertrieben: 1. En los colegios privados no hay nada más que curas, monjas, niños bien y maestros que no sacan oposiciones. **2.** La mayoría de vosotras las mujeres seguís sin trabajo. **3.** Así que educarías a tus hijas para ser buenas madres y buenas amas de casa. **4.** Con dieciséis años se quedan embarazadas y con dieciocho tienen toda la vida vivida ya. **5.** De toda esa gente que cobra el paro no hay ni un cinco por ciento que de verdad busque trabajo. **6.** A mí me gustaría vivir como la jet de Marbella. **7.** Hoy día hay más perspectivas que nunca. **8.** Hemos llegado a una situación que los jóvenes abusan de su libertad. **9.** Eso son las mismas tonterías que siempre dicen todos los políticos. **10.** ¡No te pienses que es así de fácil cambiar una sociedad! **11.** ¡Mira hasta dónde hemos llegado!

5. Verbinden Sie: 1. Si vamos de vacaciones, comeremos (comemos) fuera todos los días. **2.** Si tienes dinero, podrás (puedes) venir con nosotras a Dinamarca. **3.** Si yo tengo el coche de mi padre, no iré (voy) en metro. **4.** Si el señor García no se queda en casa, se aburre (aburrirá) menos. **5.** Si os comportáis bien, podreís (podéis) ir al cine. (Das ist *chantaje* = Erpressung) **6.** Si no aprendo portugués, no podré (puedo) hablar con mis amigos brasileños. **7.** Si Carmen no sale de casa, no encuentra (encontrará) novio. **8.** Si estudias más, aprendes (aprenderás) muchas cosas. **9.** Si fregamos todos los días, tenemos (tendremos) una cocina limpia. **10.** Si los chicos no llegan antes de las ocho, no pueden (podrán) comer.

6. Lo que podría ser: 1. yendo de vacaciones **2.** teniendo dinero podrás venir **3.** teniendo el coche **4.** quedándose en casa el señor García **5.** comportándoos **6.** aprendiendo **7.** no saliendo **8.** estudiando más **9.** fregando **10.** no llegando.

9. Traducción: 1. Cada vez hay más jóvenes que no tienen perspectivas para el futuro. **2.** El 30 % de los que todavía no tienen veinte años, no quieren aprender un oficio. **3.** El 50 % piensa que más tarde no van a conseguir un trabajo. **4.** Y el 40 % dice (Singular) que van al colegio por sus padres. **5.** ¿Dónde queda entonces el futuro de nuestra sociedad? **6.** ¡Qué pesimista eres! ¡No pienses tanto en el futuro! Venga, vamos a tomar una copa.

10. Sagen Sie Ihrem Boss: 1. no me llame Pepe **2.** déme **3.** págueme **4.** deje **5.** compre **6.** venga **7.** no me mande **8.** no pregunte **9.** déjeme **10.** búsquese.

11. ¿Qué es lo que falta?: 1. Cada vez **2.** todavía **3.** Todavía **4.** ya no **5.** cada vez **6.** cada vez **7.** Siempre.

12. Was war wohl?: 1. Serían las ocho de la mañana. **2.** Habrá llegado ya. **3.** Habrá estado en la discoteca. **4.** Las habrá pasado con sus padres. (pasaría) **5.** Será cantante de pop. **6.** Sería en el 1500 por ahí. **7.** Sería al presidente de la república. **8.** Habrás conocido a la mujer con la que te casarás la semana que viene. **9.** Costaría unas 2000 pesetas (habrá costado).

Lectura

1. sí **2.** no **3.** sí **4.**no **5.** sí **6.** no **7.** sí **8.** no **9.** sí **10.**sí.

TEMA 7

¡Escucha!

A.: **1.** c **2.** c **3.** b **B.:** **1.** sí **2.** sí **3.** sí **4.** no **5.** no **6.** sí **7.** sí **8.** sí **9.** sí **10.** sí **11.** no **12.** sí.

Práctica

1. Al trabajo, detectives: **1.** quisiera **2.** volvieras **3.** tuviera **4.** pudiéramos **5.** pudieras **6.** fuera **7.** aprendieran **8.** enseñaran **9.** mandáramos.

2. Subjuntivos: Hier genügt es von der linken Seite abzukupfern und dabei zu lernen.

3. Verknüpfen Sie ... : 1e–2c–3d–4b–5f–6a (es gibt noch mehr Möglichkeiten).

5. ¿Muy o mucho?: **1.** muy **2.** mucho **3.** mucho **4.** muy **5.** muy **6.** muchos **7.** muy **8.** mucho **9.** muy **10.** muy **11.** mucho **12.** muy **13.** muchos **14.** mucho.

6. Basteln Sie selbst: **1.** Si me llamara Paco, le podría decir lo que ha pasado. **2.** Si estudiaras más, sacarías con seguridad las oposiciones. **3.** Si mi novio me quisiera de verdad, no diría estas tonterías. **4.** Si usted firmara el contrato, empezaríamos el trabajo. **5.** Si trabajaras menos, te sentirías mejor. **6.** Si quitaras la radio, podríamos entendernos. **7.** Si usted no estuviera tan impaciente, podríamos solucionar el problema. **8.** Niño, si te comportaras bien, te llevaría a casa del tío Pepe. **9.** Si me dijerais la verdad, yo podría arreglar el asunto. **10.** Si mi novio saliera de la cárcel, nos podríamos casar. **11.** Si Fernando hablara menos, nos ayudaría más. **12.** Si me devolvieras las dos mil pesetas, pagaría el recibo del teléfono.

7. Traducción: **1.** Na hoffentlich, was wollt ich mehr! **2.** Wie könnte ich bei diesen Schulden wegfahren. **3.** Wenn du zurückkämst und erzählen würdest, daß es dir überhaupt nicht gefallen hat ... **4.** Du mußt erzählen, wie toll es dir ergangen ist.

5. In der Disco kostete der Cuba Libre tausend Peseten. **6.** Die Preise sind astronomisch. **7.** Die Armen sind dran mit neun Monaten Arbeitslosigkeit. **8.** Soll doch jeder tun, was er will. **9.** Genau das sage ich doch. **10.** Es ärgert mich, daß wir dieses Jahr nicht los können.

8. Sagen Sie, was die Leute ruhig tun sollen: 1. Que se vayan de camping por ahí. **2.** Que fumen hasta que se mueran. **3.** Que pasen todas las noches ante el televisor. **4.** Que manden a sus niños a colegios católicos. **5.** Que escuchen esa música malísima. **6.** Que coman carne de cerdo si les gusta. **7.** Que se aburran en la playa. **8.** Que paguen 800 ptas. por un vaso de vino. **9.** Que sigan comprando verdura radioactiva. **10.** Que vayan al trabajo en coche en vez de tomar transportes públicos. **11.** Que se queden en casa, si no les gusta el extranjero. **12.** Que hagan lo que quieran.

9. Traduzca: 1. Si eso fuera verdad ... **2.** Si viniera mi tío ... **3.** Si Juan lo supiera ... **4.** Si no fueras tan tonto ... **5.** Si usted dijera la verdad ... **6.** Si fuéramos a Bs As ... **7.** Si no hubieran militares (muß im Plural stehen) **8.** Si te lo pudiera decir ... **9.** Si lo supiera tu padre ... **10.** Si te llevara (hinbringen) / trajera (herbringen) el libro ...

10. ¿Por o para?: 1. para **2.** para **3.** por **4.** por **5.** por **6.** por **7.** por **8.** para **9.** por **10.** por **11.** por **12.** para **13.** para **14.** para.

12. Was wäre beinahe passiert: 1. se mata **2.** le roban todo el dinero **3.** le dice que se quiere casar con ella **4.** se queda en la calle.

13. Crucigrama: 1. Cloaca **2.** Italianos **3.** Agencia **4.** Camarero **5.** Fracaso **6.** Camping **7.** Discoteca **8.** Ostra **9.** Cubata **10.** Chavala **11.** Crímen. **Solución:** Ligar por ahí.

15. Pescar parejas: antiguo/moderno – bueno/malo – cada día/nunca – capitalista/comunista – complicado/fácil – conservador/moderno – desayunar/cenar – económico/caro – esconder/enseñar – fuego/agua – hombre/mujer – nuevo/viejo – permitir/prohibir – rico/pobre – salir/entrar – siempre/nunca – trabajador/empresario – vacío/lleno.

Lectura

1. no **2.** sí **3.** sí **4.** no **5.** sí **6.** sí **7.** no **8.** sí **9.** sí **10.** sí.

TEMA 8

¡Escucha!

A.: **1.** b **2.** c **B.:** **1.** sí **2.** no **3.** sí **4.** sí **5.** no **6.** sí **7.** sí **8.** no **9.** no **10.** no **11.** sí **12.** sí.

Práctica

1. Hinterher ist jeder schlauer: 1. Si no hubieras jugado tanto con el ordenador, no nos hubiéramos (habríamos) divorciado. **2.** Si hubiera leído el libro, sabría como son las cosas en realidad. **3.** Si la hubiera conocido antes, me hubiera (habría) enamorado de ella. **4.** Si los políticos no dijeran mentiras, tendríamos confianza. **5.** Si hubiéramos tenido tiempo, hubiéramos (habríamos) podido venir. **6.** Si yo hubiera tenido ganas, hubiera (habría) ido a la fiesta. **7.** Si el señor no hubiera tenido mala suerte, no le hubieran (habrían) robado el coche. **8.** Si me hubieran invitado al restaurante, les hubiera (habría) acompañado. **9.** Si Paco hubiera estudiado bastante, no tendría tantos problemas ahora. **10.** Si hubieras llamado a un médico, no me hubiera (habría) muerto. (muy lógico, ¿verdad?) **11.** Si el jefe hubiera vuelto esta mañana, lo hubiera (habría) encontrado. **12.** Si hubieras terminado el arroz, te hubiera (habría) dado el postre.

3. Befehl oder indirekte Rede?: 1. Te digo que no la conozco. **2.** Te digo que me dejes tu coche. **3.** El señor González dice que vengan la semana que viene. **4.** Señora, le estamos diciendo que aquí no hay sitio para usted. **5.** Señor, le estamos diciendo que se vaya de aquí. **6.** Mi jefe me dice que me (!) quede por la tarde. **7.** Le digo a mi madre que mañana viene el tío. **8.** Entonces me dice el tonto que le (!) regale mi (!) coche. **9.** ¿Qué? A mí me dicen ustedes que no trabajo bastante. **10.** El jefe dice en la fiesta que él paga por todos.

4. Ensalada de palabras: 1. La mujer de Eladio no sabe que hacer para que él deje la computadora por las noches. **2.** Ella hace todo lo posible para llamar la atención.

3. Como el pobre Gustavo no tuvo mucha suerte, le robaron su coche en Sevilla. **4.** Si nos hubiéramos conocido antes, los dos estaríamos casados ahora. **5.** ¡Vete a la videoteca! y de paso me traes una de esas películas pornográficas que tanto le gustan al abuelo. **6.** En el periódico viene un anuncio de una oferta muy interesante.

5. ¿Qué palabra falta?: 1. salido **2.** resultó **3.** llevo **4.** ponen **5.** sale **6.** venía **7.** traído **8.** llevo **9.** puso **10.** resultado.

6. ¡A pescar!: abrir/cerrar – acordarse/olvidar – colectivo/individual – comprar/vender – derecha/izquierda – duro/blando – enfermedad/salud – final/principio – insoportable/agradable – ir/volver – irse/quedarse – meterse con alguien/ponerse de acuerdo – negro/blanco – quitar/poner – riqueza/pobreza – todo el mundo/nadie – tonto/inteligente – verano/invierno.

7. Setzen Sie in die indirekte Rede:

1. Vicente comenta que a él le gustaría trabajar en una revista así.
2. Vicente dice a Bertín que no le desilusione.
3. Bertín dice a Vicente que procure entrar en una revista más moderna.
4. Alfonso cuenta que el día anterior fueron a ver la última de Gutiérrez Aragón.
5. Ricardo dice a Alfonso que estará de acuerdo en que los más bonitos son los cines de verano.
6. Jose le dice a Luis que quite la radio.
7. José le dice a Luis que perdone, pero que él no aguanta esas emisoras comerciales con tanta publicidad.
8. Luis pregunta a José que cuáles son entonces las emisoras que prefiere él.
9. Ana le aconseja a Paco que no se ponga nervioso.
10. Paco dice que oiga, que él no se mete con que ella vea los episodios del Falcón Crest ese.
11. Ana dice a Paco que él sabe muy bien de que está hablando ella.
12. Paco dice que él lleva dos semanas ya yendo al videoclub y no sabe por qué le va a tocar otra vez.
13. Ana dice que ahí queda una que no han visto todavía.
14. Agustín dice a Ana que no la pase tanto, que le dé para atrás, que él la quiere ver desde el principio.
15. Amador comenta a Isabel que le haría falta comprarse un ordenador.
16. Isabel contesta que ella no ve por qué gastar un dineral en tonterías.
17. Amador advierte que si (ella) no se lo compra, (él) se lo pedirá a los Reyes.

8. ¿Indicativo o subjuntivo?: 1. haya **2.** es **3.** estudiaba **4.** está **5.** había dicho **6.** me muera **7.** llegué **8.** empiece **9.** tenga **10.** siga.

9. ¿Por o para?: 1. por **2.** para **3.** por **4.** por **5.** para **6.** por **7.** por **8.** para **9.** por / para **10.** por **11.** para **12.** para **13.** para / por **14.** por **15.** para **16.** para.

10. ¡Traduzca!: 1. No te pongas tan patético. **2.** No te hagas ilusiones, no vas a conseguir ese trabajo. **3.** ¿Por qué no pones una película (peli)? **4.** Me haría falta un crédito. **5.** ¿No te lo crees? Ayer vino en el periódico. **6.** Por favor, no pongas la radio tan fuerte (alta). **7.** ¿No quedan asientos? No me desilusiones. **8.** Mi ilusión sería (tener) una casa con piscina. **9.** En el cine no ponen nada interesante hoy. **10.** Yo escucho la radio para ponerme al día.

11. ¿Imperfecto o indefinido?: 1. vi, acordé, era **2.** estábamos, quería **3.** fuiste, quedaste **4.** levantábamos **5.** iba, había **6.** tuve, fue **7.** leía, fumaba, bebía, pasaba **8.** estaba.

Lectura

1. no **2.** sí **3.** sí **4.** no **5.** sí **6.** no **7.** sí **8.** no **9.** sí **10.** sí.

CLAVE

Lösung und Auswertung der Wiederholungstests

Die Texte der Hörverständnisübungen stehen in [eckigen Klammern].

Test 1

1. *Comprensión auditiva*

1. nací, crecí **2.** condiciones higiénicas **3.** inseguridad política **4.** perdió, colonias **5.** pobreza, enfermedad **6.** haya atascos **7.** revisor, pidiendo **8.** se ahorre **9.** chóferes **10.** confundan, hacer la calle.

2. *Gramática*

Falta la forma del indefinido:
1. nací **2.** fuimos **3.** tuvimos **4.** robaron **5.** pasó **6.** estuvieron
Falta la forma del subjuntivo:
7. haya **8.** comprendan **9.** vengáis **10.** te quedes **11.** vayas **12.** sea.

3. *Comprensión auditiva*

1. correcto **2.** correcto **3.** falso **4.** falso **5.** falso **6.** falso **7.** falso **8.** correcto **9.** correcto **10.** falso **11.** correcto **12.** correcto.

[**Preguntas 1 a 3:** Hombre, en Buenos Aires hay una mezcla impresionante de razas. Se escucha hablar italiano igual que ruso o coreano. Tú ya lo sabes. Lo que más me impresionó fue la calle Corrientes con sus teatros, cines y cafés . El «Café de la Paz» por ejemplo con esos tipos barbudos que llevan veinte años esperando la revolución. Total, un ambiente como me gusta a mí.
Preguntas 4 a 6: En 1898 España perdió sus últimas colonias americanas: Cuba y Puerto Rico. Pero desde entonces las cosas no van mucho mejor en el continente. Entre Méjico y Tierra del Fuego todavía hay más pobreza que riqueza, más enfermedad que salud. El continente entero sigue dependiendo de los paises industrializados.
Preguntas 7 a 9: ¿Sabes qué le pasó a Encarna el otro día? Iba a coger el último tren a Bilbao y haciendo cola para sacar el billete, se dio cuenta de que le habían

quitado de su bolso cerrado la cartera con todo el dinero y todos los papeles. Así que la pobre no pudo viajar.

Preguntas 10 a 12: Lo que se ve mucho en las carreteras son los soldados de uniforme con sus sacos. Estos generalmente no tienen problema porque la gente es más amable con ellos. Los que han viajado mucho dicen que es muy difícil hacer dedo en España a no ser que una chica sola se atreva. Es posible que la confundan con otras que se ponen en la carretera para hacer la calle ...]

4. ***Gramática: ¿Qué es correcto?***

1. a **2.** a **3.** c **4.** b **5.** b **6.** c **7.** b **8.** b **9.** a **10.** a **11.** a **12.** a **13.** b **14.** c **15.** c **16.** c.

5. ***Comprensión auditiva***

1. b **2.** a **3.** c **4.** b **5.** c **6.** b **7.** c **8.** c **9.** a **10.** a.

[**Las preguntas: 1.** ¿Es caro el billete de avión? **2.** ¿Crees que merece la pena bajar a Granada? **3.** ¿Qué tal te fue en Francia? **4.** ¿Fuiste a ver algún concierto? **5.** ¿Gastasteis mucho dinero? **6.** ¿Alfonso, en qué quedamos? **7.** ¿De qué andén sale el tren? **8.** ¿Sabe usted de qué lado está el vagón restaurante? **9.** ¿Cuándo sale el rápido a La Coruña? **10.** ¿Cómo es posible que nadie tome el avión?]

Auswertung

0 – 25 Punkte:

Bueno, Ihre Schuld ist es hoffentlich nicht, daß das Ergebnis etwas mager ausfiel. Wer quer eingestiegen ist in dieses Buch (ohne Español Uno durchgearbeitet zu haben), wer von Español Uno die letzten Lektionen nur überflogen hat oder wer hier die beiden ersten Lektionen nur ungefähr durchgegangen ist, dem bleibt außer dem Prinzip Hoffnung nur noch das Prinzip Wiederholung. Eines sei Ihnen zum Trost bewußt: *Nadie nace sabiendo.**

26 – 40 Punkte:

Bueno, ausreichendes bis befriedigendes Mittelfeld. Sie haben eine schöne, eindeutige Perspektive: Es darf noch besser werden. Trotzdem: *Usted está en la onda.***

41 – 60 Punkte:

Bueno, o mejor dicho: muy bien. Da lacht auch das Herz des Pädagogen, seine Bemühungen fruchten nachgewiesenermaßen. *Felicitaciones, para usted es una cosa de coser y cantar.****

* Niemand wird wissend geboren = es ist noch kein Meister vom Himmel gefallen.
** Sie sind auf der Welle = richtig drauf.
*** Glückwunsch, für Sie ist das zum Nähen und Singen = kinderleicht.

Test 2

1. ***Comprensión auditiva***

1. compromiso **2.** encargada, recibos **3.** equipaje, atasco **4.** educadas **5.** primitiva, tragaperras **6.** leyendo **7.** colchón, despierte **8.** acércate, tráeme **9.** enfades, escuches **10.** arreglarlo.

2. ***Gramática***

Falta la forma del imperativo:

1. hagas **2.** venga **3.** salgáis **4.** cállate **5.** te subas **6.** mirad

Falta la forma del subjuntivo:

7. tenga **8.** llegue **9.** invites **10.** se quede **11.** esperes **12.** vengan.

3. ***Comprensión auditiva***

1. falso **2.** falso **3.** correcto **4.** falso **5.** correcto **6.** falso **7.** correcto **8.** falso **9.** falso **10.** correcto **11.** falso **12.** falso **13.** correcto **14.** correcto **15.** falso **16.** falso.

[**Preguntas 1 a 8:** Hola, me llamo Pepito. Soy aduanero y trabajo en el aeropuerto. ¿Qué les voy a contar? El otro día me levanté y resulta que no había café en casa. Le digo a mi mujer: «Encarna, eso no puede ser, esta es ya la cuarta vez en dos semanas que no hay café, no te puedes olvidar de comprar café. Yo así sin café no puedo ir al trabajo.» No se van a creer lo que me contestó la fresca: «Pepito, estoy harto de tus caprichos. Si no hay café, ¡desayuna en el bar o búscate otra casa donde estés más a gusto!»

Preguntas 9 a 16: Los domingos en la playa no son nada fáciles. A la madre le tocan todos los preparativos. Así que no es ningún día de vacaciones para ella. El padre se pone nervioso porque la caravana no adelanta y los niños no tienen paciencia. Una vez llegados a la playa no encuentran sitio para poner las cosas porque ya hay muchísima gente. Cuando van a comer al chiringuito no se pueden poner de acuerdo, cada uno quiere comer algo diferente. Cuando después de la comida los padres quieren echar la siesta, los niños quieren jugar y no los dejan tranquilos. Al final vuelven todos nerviosos, agresivos y sin ganas de volver a la playa.]

4. *Gramática: ¿Qué es correcto?*

1. b **2.** b **3.** c **4.** b **5.** c **6.** b **7.** c **8.** b **9.** b **10.** b **11.** a **12.** c. **13.** c. **14.** c.

5. *Comprensión auditiva*

1. c **2.** b **3.** b **4.** c **5.** b **6.** b **7.** b **8.** c.

[**Las preguntas: 1.** ¿Qué es lo que quiere el jefe? **2.** ¿Oiga, estoy hablando con el Banco de Bilbao? **3.** ¿Qué es lo que no funciona? **4.** ¿Dónde le llevo, señor? **5.** ¿Puedo sacar un billete aquí? **6.** ¿Qué vamos a hacer el sábado? **7.** ¿No te has traído ninguna revista? **8.** ¿Qué vamos a comer?]

Auswertung

0 – 20 Punkte:

Main liba Froin. Sie musse nok säfill lerna, bann Sie wolla waitakomma. Also, estrenge Sie sis an, damit es bird bessa die neckste Test. *Hasta ahora no es nada del otro jueves.**

21 – 40 Punkte:

Gebongt, Ihnen fehlt nur noch eine dreiwöchige Fortbildung auf den Kanaren. Legen Sie Ihrem Chef das Testergebnis vor, er macht sich vielleicht Gedanken über ein Finanzierungsmodell für die Fortbildung. Auf alle Fälle gilt: *Ningún motivo para cortarse la coleta.***

41 – 60 Punkte:

Klasse, Sie haben eine mehrsprachige Zukunft vor sich. Jetzt nur nicht aufgeben! Halten Sie durch, stürzen Sie sich auf die nächsten Temas. Öffnen Sie verdientermaßen ein Fläschchen Champagner, hier ist Halbzeit bis zum Zertifikat. *Puede decir* *tranquilamente: Todo eso es un funeral de tercera.****

* Bis jetzt ist es nichts vom letzten Donnerstag = nichts Weltbewegendes.
** Kein Grund, sich den (Stierkämpfer-) Zopf abzuschneiden = alles hinzuschmeißen.
*** Das Ganze ist ein ein drittklassiges Begräbnis = langweilig, weil so leicht.

Test 3

1. *Comprensión auditiva*

1. eche una mano **2.** experiencia **3.** mes que viene, proporcionaremos **4.** ofertas, demandas **5.** significa, hojas **6.** luego divorciarse **7.** avanzaría, progreso **8.** situación, abusan **9.** comunistas **10.** de extrema derecha.

2. *Gramática*

Falta la forma del futuro:
1. habrá **2.** casaremos **3.** estarás **4.** tendremos **5.** encontrarán **6.** buscaré
Falta la forma del potencial:
7. me iría **8.** pagarían **9.** haría **10.** llevaríamos **11.** sería **12.** trabajaría.

3. *Comprensión auditiva*

1. falso **2.** correcto **3.** falso **4.** correcto **5.** correcto **6.** falso **7.** correcto **8.** correcto **9.** correcto **10.** falso **11.** falso **12.** falso **13.** correcto **14.** correcto **15.** falso **16.** correcto **17.** correcto **18.** falso **19.** correcto **20.** correcto.

[**Preguntas 1 a 10:** Hola, soy Diego Maladora. Mis amigos me llaman Maradona, pero desafortunadamente no tengo tanta suerte en la vida como el futbolista ese. Vengo de un pueblo pero la vida ahí nunca me ha gustado. Desde los 4 años siempre he dicho: «Un día me montaré la vida en la capital.» No se pueden imaginar como se vive en en pueblo. No hay discoteca, no hay cine, no hay casa de cultura, ni amigos, ni chicas, ni bares en condiciones. Lo único que hay es la iglesia con un cura del siglo pasado y un bar donde se reúnen los viejos. Trabajo tampoco hay. Por todo eso me aburro muchísimo. Ahh, una cosa se me ha olvidado: Hay una sala de juegos donde puedes perder el poco dinero que tienes. Antes sí que era diferente. Había jóvenes, la gente salía a la calle, no se pasaba la vida delante del televisor. Qué le vamos a hacer, la vida va cambiando. Pero una cosa es cierta: Yo no me quedo aquí, me iré lo más pronto posible, no aguanto más. **Preguntas 11 a 20:** ¿Mi amiga Almudena? Uyy, no me hablen de ella. Tuvimos una discusión la semana pasada ... No entiendo por qué sigo hablando con ella. Dice que mandaría a sus hijos a un colegio de curas. ¡Será posible! Esa con lo antigua que es, ni siquiera encuentra marido. Pues dice que los niños que salen de los colegios públicos son «más atrasados, menos inteligentes.» Hombre, no me van a decir que yo soy un idiota. Almudena se queja de que los niños abusan de su libertad. Como ella tiene 26 años y todavía no ha llegado su príncipe azul, tampoco quiere que una niña de 15 años se eche un novio. Pues, les digo que habla igual que mi abuela de noventa años. ¡Igual, igual! Y hay que ver como habla de la mujer. Quiere que las mujeres se queden en casa para que no le quiten el trabajo a los hombres. Dice que quedándose las mujeres en casa se podría acabar con el paro ... psss, qué tonterías ...]

4. ***Gramática: ¿Qué es correcto?***
1. b **2.** b **3.** a **4.** a **5.** a **6.** a **7.** b **8.** b **9.** a **10.** a **11.** b **12.** a.

5. ***Comprensión auditiva***
1. b **2.** b **3.** b **4.** a **5.** a **6.** b **7.** c **8.** c **9.** a **10.** c.

[**Las preguntas: 1.** ¿Qué te pasa últimamente? **2.** ¿Qué me aconsejas entonces? **3.** ¿Está el dueño? **4.** ¿Podrás hacer una paella? **5.** ¿Cómo te ha ido en la capital? **6.** ¿Sabes qué me llama la atención? **7.** ¿Cómo puedes pensar así? **8.** ¿Entonces por qué te quejas? **9.** ¿Los jóvenes tienen futuro, dices? **10.** ¿Así que la culpa de todo eso la tiene la oposición?]

Auswertung

0 – 20 Punkte:
Main liba Froin, bann Sie mea lerna Sie macke bessere Test. Iss' logis, ne? Also bitte, an die Arbai! Bisher is noch mehr imperfecto als perfecto. Trotzdem, keine Bange: *En todas partes cuecen habas.**

21 – 42 Punkte:
*No te preocupes, no mamas el dedo.*** Aber natürlich kann es noch besser werden. Also, nach wie vor gilt: Genau hinschauen, Lücken aufspüren, Theorie nachtanken,

kritische Übungen wiederkauen. Genau hinschauen, Lücken aufspüren, Theorie nachtanken, kritische Übungen wiederkauen. Genau hinschauen, Lücken aufspüren, Theorie nachtanken, kritische Übungen wiederkauen …

43 – 64 Punkte:
Main liba Froin, wundabaa! Ehrlich, das Ergebnis ist wirklich mehr als zufriedenstellend. Sie dürfen sich auf die Brust klopfen: Alle leidigen Bemühungen, der allwöchentliche Termin, die selbstzermürbenden Zweifel haben sich gelohnt. *Naciste de pie.****

* Überall werden Bohnen (= mit Wasser) gekocht.
** Du lutschst keine Finger = bist nicht auf den Kopf gefallen.
*** Du bist stehend auf die Welt gekommen = hast Glück und Erfolg.

Test 4

1. *Comprensión auditiva*
1. lo maravillosamente **2.** turismo, fracasado **3.** crimen, gente aburrida **4.** disfruta, extranjeras **5.** propone algo **6.** comiendo pipas **7.** estoy dispuesto **8.** tonterías **9.** pantalla, presupuesto **10.** lanzarse al mercado.

2. *Gramática*
Falta la forma del subjuntivo del imperfecto:
1. tuviera / tuviese **2.** pasaran / pasasen **3.** fuera / fuese **4.** fuera / fuese **5.** pudiera / pudiese **6.** fueras / fueses **7.** devolvieras / devolvieses **8.** fuera / fuese **9.** ofrecieran / ofreciesen **10.** quisiera **11.** dijera / dijese **12.** vierais / vieseis.

3. *Comprensión auditva*
1. correcto **2.** correcto **3.** falso **4.** correcto **5.** falso **6.** correcto **7.** falso **8.** falso **9.** falso **10.** correcto **11.** falso **12.** correcto **13.** falso **14.** correcto **15.** falso **16.** correcto **17.** falso **18.** falso **19.** correcto **20.** correcto.

[**Preguntas 1 a 10:** Antonio es vendedor en una casa de computadoras. Le gusta su trabajo, hablar con los clientes y tratar con los profesionales, toda esa gente importante que siempre lleva traje y corbata. Pero Antonio prefiere sus vacaciones. Le encanta ponerse moreno en Marbella. A Benidorm o Terremolinos no iría. «Eso está lleno de ingleses y alemanes, gente sin cultura.» En Marbella hay gente famosa, importante. Las discotecas son de primera y las fiestas algo fuera de serie. Son estupendas: mujeres guapas, toda clase de bebidas y si te apetece un poco de marihuana o coca ... ahí lo tienes todo. No es ningún problema. Las chicas tampoco son un problema. Son más calientes que un fuego en el desierto. Ligar en Marbella es lo más fácil que hay. Antonio cuenta: «El año pasado conocí a una alemana, mujer de un tío superconocido. Pues a las dos horas me la llevé a la cama. Por poco deja a su marido y se viene a vivir conmigo. Pero se enteró su viejo ... Imagínate, si no fuera por él, yo no estaría trabajando ahora donde estoy.

Preguntas 11 a 20: Isabel no tiene tiempo para su marido Manolo. Por la mañana, cuando desayunan, se tiene que leer dos periódicos enteros. Es tan importante saber lo que pasa en el mundo que no le da tiempo para hablar con Manolo. Cuando él vuelve del trabajo para almorzar ponen un episodio de esa nueva serie brasileña. ¿De qué podría hablar con sus amigas, perdiéndose un solo episodio? Cuando Manolo vuelve por la noche, Isabel acaba de poner un vídeo que ha sacado hace dos días. Todavía no lo ha visto y esta noche lo tiene que devolver antes de las nueve. ¿Para qué saca la peli si luego no la pone? Después de la cena tiene que ver la película del «Cine Club» o algún programa como puede ser «Hablemos de Sexo». Cuando Isabel por fin apaga la tele, Manolo ya se ha acostado. Claro, mañana tiene que levantarse temprano. Así que a los dos no les hace falta hablar mucho. Para esto está la tele y el vídeo. Y cuando no hay nada en la tele y cuando ya han visto todos los vídeos, pues no se le ocurre otra cosa a Isabel que proponerle a Manolo: ¡Venga, vamos al cine!, ¿vale?]

4. *Gramática: ¿Qué es correcto?*

1. a **2.** b **3.** c **4.** b **5.** b **6.** a **7.** a **8.** b **9.** a **10.** c **11.** b **12.** b.

5. *Comprensión auditiva*

1. a **2.** b **3.** c **4.** a **5.** c **6.** b **7.** a **8.** b **9.** c **10.** b.

[**Las preguntas: 1.** ¿A qué te refieres? **2.** ¿Por qué no te quedas en España? **3.** ¿De verdad quieres saber lo que pienso? **4.** ¿Entonces dónde se queda la gente sin trabajo? **5.** ¿A qué otro sitio te gustaría ir? **6.** ¿En qué cine ponen esa película? **7.** ¿Entonces cuáles son las emisoras que prefieres? **8.** ¿Qué hora es? **9.** ¿Quién devuelve la película? **10.** ¿Qué quieres que haga?]

Auswertung

0 – 20 Punkte:
Main liba Froin, Sie chabe nok aine Menga sutuhn. Aba was solls – nemhe Sie sis swai oda drai Estunde mea Sait pro Wock. Wirklich, ohne Spaß: Es bedarf bei Erreichung solcher mehr Mini- als Maximal-Punktezahlen einer eingehenderen Beschäftigung mit Lehrstoff und Lerninhalten. *Hasta ahora no vendes una escoba.** ¿Estamos?

21 – 42 Punkte:
Schon ganz gut. Jetzt, wo wir am Ende des zweiten Buches angelangt sind, können Sie ruhigen Gewissens von sich sagen: «Ich habe mir einen Grundstock angeeignet.» Und damit dieser Grundstock nicht verkümmert: Ab nach Spananien oder Méjico oder Argentina oder Ecuador oder Costa Rica oder Nueva York. Auch da kommt man mit Spanisch inzwischen durch. Außerdem: *Así matarás dos pájaros de un tiro.***

43 – 64 Punkte:
De puta madre, hombre, ¡eres un genio! Te lo sabes todo ya. Te tenemos envidia. *Te llevas el gato al agua.****

* Bisher verkaufst du keinen Besen = bleibt der Erfolg noch aus.
** So tötest du zwei Vögel mit einem Schuß = schlägst du zwei Fliegen mit einer Klappe.
*** Du nimmst die Katze mit ins Wasser = du hast es geschafft.

Fotonachweis

Ditta U. Krebs 96/97, 118, 156/157, 180, 210
Hans Werner Schläfer 4/5, 36, 38/39, 94,126/127, 152/153,188/189,212/213
Christof Kehr 12/13, 70/71, 138

Grammatik und & Co.

Verzeichnis der wichtigsten grammatikalischen Strukturen, konjugierten Verben und Sprechformeln

SPANISCHKURSE
▪ Intensiv- und Privatkurse
▪ Wirtschaftspanisch
▪ Spanische Kultur u. Gesellschaft
▪ Literaturkurse
Weitere Infos bei:
Tel: (00 34 56) 26 05 57
GADIR
CENTRO DE ESTUDIOS HISPÁNICOS
C/HIBISCOS 6, 1º C - BOX 31
11007 - CADIZ - SPANIEN

Spanisch auf Gomera
Ganzjähriges Kursprogramm
auch mit Kinderbetreuung.
Termine auf Anfrage
Kurs und Unterkunft
ab DM 620,–
La Palmera
Anerk. Bildungs-Urlaub
Die Sprachschule auf Gomera
Hüfferstr. 18 · 4400 Münster · Tel. 0251-47365